一路走来

谨以此书献给天下的父母亲

黎泽文 编著

文汇出版社

革命精神
代代相传

蒋以任 二三年十一月

原上海市副市长、市政协主席蒋以任题字

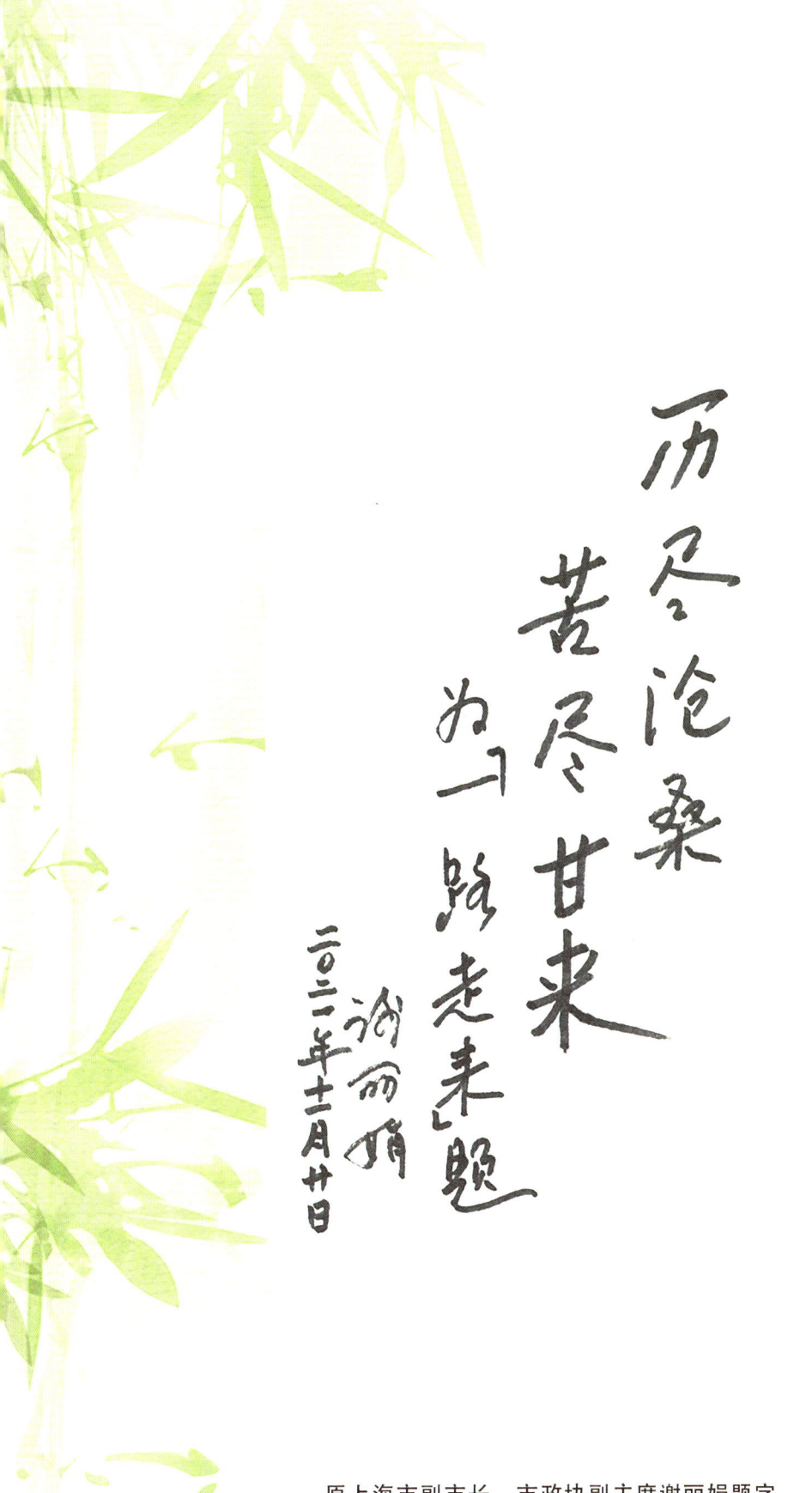

原上海市副市长、市政协副主席谢丽娟题字

原上海市副市长、市政协副主席谢丽娟题字

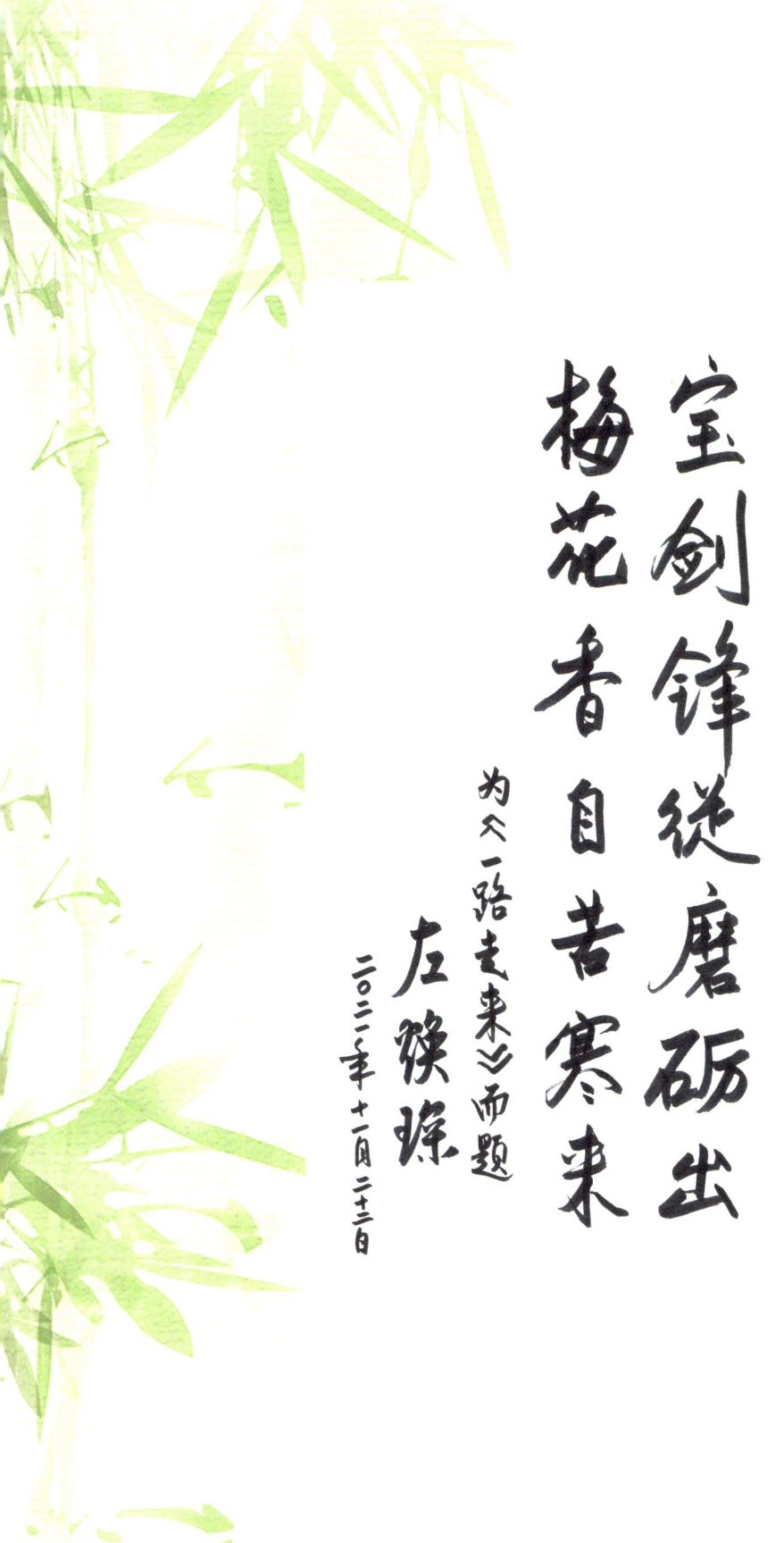

原上海市副市长、市政协副主席左焕琛题字

光荣经历，
教益后人。

陈正兴
2021.11.22.

原上海市政协副主席陈正兴题字

战友情深

抗美援朝精神永远传承

原南京军区空军副司令员韩德彩中将题字

著名画家罗希贤题字

著名国学大师、书法家苏渊雷题字

目录

序
编者的话
第一篇——岁月 1
我的外祖母 8
难忘的面试 ——记小鬼考取抗中 35
青年时代的母亲 51
迪平舅舅，我想对您说 61
往事一则 82
老物件的情怀 85

第二篇——烽火 89
力挽狂澜　强敌梦灭
——记扭转朝鲜战局的第9兵团2次战役伟大胜利 92
父亲给我讲他所亲历的抗美援朝战争 106
宋司令与小贾 111

第三篇——沧桑 117
《沧桑节选》三、八月八日 120
《沧桑节选》六、祸不单行 126
《沧桑节选》二十八、公元1974年10月23日 131
《沧桑节选》三十五、到家了 138
《沧桑节选》三十六、累死她 142
《沧桑节选》六十七、天知地知你知我知 149
《沧桑节选》七十、雪（三） 155
读《沧桑》 165
抹不去的记忆 166
重温《沧桑》作品研讨会 171

家书抵万金	180
读前辈的上海——白茅岭书信观感	214
难忘奶奶	222
感悟《思念》	226
问世间情为何物 世间亲情最无价	228

第四篇——亲情 　231

《老兵印存》的魅力	239
相濡以沫著华章	
——记作家贾华岳、华荫庄夫妇	249
华荫庄随笔三则	314
护理日记	354
我的岳母	362
我身边的红色家庭	363
我的外公外婆	366

第五篇——传承 　369

彼此的亮点	371
脊梁与催化剂	377
传承	381
对我来说	385
寄语父母	395
参与编辑《一路走来》的心得	397

后记 　398

序

今天华泽特地来找我,希望我能再一次为《一路走来》图文集这部作品作序。

华泽是我的研究生,也是我的忘年朋友,是《一路走来》图文集主人翁的女儿。我曾经为她父母创作的80万字的长篇纪实小说《沧桑》写过序。那是我含着泪读完的一部作品,也因此我对他们一家几十年一路走来的历程甚是了解。

我感到这既是一份信任,更是一份感情。这部作品追溯与感悟主人翁青少年的艰难困苦、中年的坎坷曲折、晚年的幸福温馨的如烟往事,由子女在短短的一个多月,将主人翁准备好但没有整理的一万多张老照片和几十万字珍贵书信挑选整理,把子女对父母、孙辈对祖父母的所思所想用文字真实还原。他们把长辈的故事一一整理出来。其目的只有一个,那就是传承和发扬父母的优良品格。

《一路走来》图文集真实反映了主人翁平凡而精彩的人生,展示了他们艰苦朴素、不畏艰辛、奋发努力、正直做人、踏实做事的良好家风,既是对生活的感悟,也是对人生的总结。尤其是"护理日记",是我至今看到的观察最细致、内容最齐全、记录最用心、体现父母和子女之间情感最深的一份护理记录。这份记录不仅体现了儿女对父母的一份爱心和孝心,更为患帕金森综合症后期病人如何护理提供了宝贵的参考资料,也为所有子女做出了好的榜样……

邓伟志

2021年11月22日凌晨

编者的话

转眼间，父母已经到了耄耋之年，近两年他们的身体越来越差，几乎到了风烛残年的阶段。

今天编写的这本《一路走来》是继父母在百花文艺出版社出版《童年的梦》、上海画报出版社出版《老兵印存》《思念》、百家出版社出版《冬天里的暖流》和《沧桑》之后，一直想圆的一个梦。虽然父母已经做了大量的前期准备工作，但终因父亲患了免疫性疾病成人斯蒂尔病、体位性眩晕症，脑垂体瘤压迫视神经，双目几近失明，吃喝拉撒都只能在床上。母亲患帕金森综合症已经七年多了，随着病情的发展，全身越来越僵硬，无法吞咽，留置胃管已近两年。失能的父母，显然已无法完成这本《一路走来》的出版工作。在大姐的动议下，我们邀请了沪上名家罗希贤老师做总策划，由我们子女拿起接力棒来完成这项具有历史意义的赛跑。之所以说赛跑，是因为要在一个月内去完成一万多张老照片的分类、筛选、扫描和几十年前数十万字书信、日记的整理；之所以说由我们子女来编撰具有历史意义，是因为我们是历史的见证人，我们要把老一辈的优良品德传承给我们的子女，把我们对他们的所思所想用文字真实还原，用客观、理性、中立的态度记载家族历史上曾经发生的一件件难忘的事情。其工作量之大、难度之高为我们所始料不及。但我们并没有退缩，而是在照顾好父母的前提下，夜以继日地奋力拼搏，力争将《一路走来》作为新年礼物献给亲爱的父母。

父母的人生充满了故事，而这些故事启发和影响着我们的人生。父母的一生，重视精神追求，他们留给我们的不是物质财富，而是丰厚的文化和精神财富。

《一路走来》是再普通不过的书名，也是千千万万人都可以将自己平凡而有意义的一生撰写出来为后代所继承发扬的书。全书共有五个篇章：《岁月》《烽火》《沧桑》《亲情》《传承》。第一篇《岁月》用厚重的历史真实的记忆反映父母一生的经历、工作、爱好、子女教育以及对新生活的憧憬；第二篇《烽火》，着重反映父亲作为志愿军跨过鸭绿江入朝参战中的老兵故事；第三篇《沧桑》，苦难的经历，抗争沧桑的命运，用超人的意志完成80万字的长篇纪实小说《沧桑》；第四篇《亲情》，温馨的生活，绚丽的篇章，反映人世间的亲情、真情、感情、责任、义务、永恒，主要反映在"护理日记"中；第五篇《传承》，通过晚辈对曾外祖母和祖父母在他们成长过程中的点点滴滴的回忆，反映出老一辈对后代的严格教育和深情厚望已得到传承。

《一路走来》将向人们展示一个中国普通家庭四代人的人生和命运。历经岁月沧桑，是父母对子女的爱，燃起他们生活的希望和理想的风帆；是子女对父母的爱，展现了人类最美好的精神慰藉。这是一部真实的、质朴的体验人生酸甜苦辣的作品。母亲曾经说过：体验生活是为了证明自己，创造生活则能提升自己。一个有尊严的人，无论高低贵贱，他的人生都是有品味和质量的。

2021年12月2日

第一篇

他们是我们的前辈

他们是难忘的岁月

他们是我们的榜样

他们是我们的根脉

外祖母陈淡如(1910.3-1999.5)

出生于江苏常州的一个书香门第。自幼受到良好的家庭教育。17岁考入南京金陵女子大学音乐专业。同年,由于其母病重,她被迫辍学,嫁给了年长她二岁、正在南京东南大学读书的外祖父华宝群。外祖父家族世代为官,以经商、办矿为主业,同时还创办了六所学校。

外祖父母结婚以后,接管了其中两所学校——延陵中学和延风中学,同时还创办了常州第二所慈善学校——维风学校。外祖父担任三所学校的校长,外祖母则教授国语、音乐和英文。

1937年,日本发动了全面侵华战争,外祖母的家一夜之间被炸得满目疮痍,面目全非。外祖父母从此失去了温馨的家园。1942年除夕,外祖父被日寇残害。同年初夏,外祖母年迈的母亲不堪承受家破人亡的打击,积郁成疾,撒手人寰。在不到半年的时间里,年仅32岁的外祖母失去了两位生命中最重要的亲人。为了把五个不满十岁的孩子抚养长大,出身大家闺秀的外祖母,只能一边教书,一边做零工,艰难度日,熬到了解放。

1968年秋,才华横溢的二舅华迪平被迫害致死,我们的父母因遭连累而被双双关进了牛棚,是外祖母挺起腰板,支撑起我们这个破碎的家,是她用温暖的怀抱,呵护着我们孤苦伶仃的姐弟仨……

父亲贾华岳

字静然,号维之,笔名西贝、东剑。

1933年9月出生于江苏如皋,1945年考取当地抗日中学,投身革命。1949年在华野第九兵团参加解放上海的战役。1950年作为中国人民志愿军,入朝作战。那时的父亲在九兵团司令部作战处当文员,因为有文化,做事认真,写字工整,被推荐到司令员宋时轮身边当机要文书。

父亲自幼喜爱篆刻和书法,工作后喜欢文学创作,并拜师著名女作家罗洪老师。离休后,临案不辍,先后由上海画报出版社出版了上下两册的篆刻作品《老兵印存》,由百家出版社出版了散文小说集《冬天里的暖流》和与母亲共同创作的80万字的长篇纪实小说《沧桑》。他用活到老、学到老、创作到老自勉。

父亲出生在一个开明士绅家庭,伴随着"二相公"的称呼参加革命。军旅生涯锻炼了他吃苦耐劳、艰苦朴素的生活作风,但是并没有完全磨掉他火暴的脾性。他性格直率执拗,一生中的许多阶段,都伴随着痛苦和失望。在"反右运动"中被戴上了"内定右派"的帽子,十年特殊时期也没有逃脱挨整的厄运。但是,他始终"坚守信念""永不放弃",最终成就了他精彩的作家梦,也使他的夕阳更加灿烂。

母亲华荫庄

曾用名华庄，笔名草君。1936年4月生，江苏常州人。5岁时，目睹了自己父亲惨死在日寇的枪托之下，国破家亡，家道沦落。12岁背井离乡来到上海一家纺织厂当童工。苦难的生活塑造了母亲善良、真诚、顽强、敢爱敢恨的人格特质。正是这种性格使她从纱厂女工成长为一个近八千职工的国有大企业的厂级管理干部。

母亲的一生经历了许多磨难，尤其是在十年特殊时期中，被诬陷关押，受尽折磨。后来又被送白茅岭农场"劳动教养三年"。粉碎"四人帮"后的第一个除夕，由中央工作组派专车前往白茅岭农场把母亲接回上海与家人团聚。恢复党籍的母亲，第一件事情就是把补发的工资交了党费。

在退休的十年中，她以惊人的毅力完成了一百多万字的文学创作，自传体小说《童年的梦》由百花文艺出版社出版，长诗《思念》由上海画报出版社出版，为父亲的篆刻作品集配了一百多首诗的《老兵印存》由上海画报出版社出版。最难能可贵的是，与父亲一起合著了80多万字的长篇自传体小说《沧桑》。这些作品体现了她的爱和恨，苦和乐，经历和感悟，理想和奋斗，勤奋和执着，认真和忘我。

母亲，是一个平凡而普通的人。但是，在她的生命中孕育着优秀，在她的灵魂中散发着伟大。

舅舅华迪平 (1938.8-1968.10)

1938年8月，外祖父为了躲避日寇的飞机轰炸，带着即将临盆的外祖母及一家老小被迫离开常州城逃难去了城外的钦风乡，舅舅不久在钦风乡出生。

他很小就目睹了国破家亡，立下了精忠报国的志向，并表现出与众不同的音乐天赋，10岁那年就被来招生的重庆国立音乐院老师选中，但是外祖母舍不得他在兵荒马乱的时期独自一人远离家乡，于是错过了学习音乐专业的机会。

解放后，他与外祖母一起从常州来到上海，就读于上海川沙中学。1956年被保送至北京工业学院（现北京理工大学）。1961年大学毕业后，怀着科技报国的远大志向参军入伍，作为同步随动自动火炮专业的高材生，分配到中国人民解放军总后勤部军械部，从事国防科技研究工作，并荣立三等功。

在腥风血雨的十年特殊时期，他遭到了林彪反革命集团的残酷迫害，于1968年10月28日为国捐躯，时年30岁。

1975年11月，经中国人民解放军总政治部批准，总后勤部为他彻底平反昭雪，恢复名誉，追认为革命烈士，并在北京八宝山革命公墓举行了隆重的骨灰安放仪式。随后由总后勤部军械部派专人将骨灰护送到上海龙华烈士陵园安放，英雄魂归故里。他的英名载入我党《中国共产党十一届三中全会以来的重要文献》之中。

父母家里的照片墙

父母家走廊的图片墙

祖传行医的书香门第

我的外祖母

外祖母陈淡如(1910年3月—1999年5月)

1910年,正是风雨飘摇的清朝末年,时局动荡,内忧外患。这一年的初春,我的外祖母陈淡如出生在江苏常州一个祖传行医的书香世家。外祖母是她母亲张懿在43岁时生下的最后一个孩子,常州老家话叫做"瓜秋头"。父母老来得女,比起她的两个姐姐、一个哥哥,她一出生就得到了全家人的宠爱,被温暖的亲情紧紧包围,无忧无虑地长大,拥有着快乐无边的幸福生活。她自幼接受了良好的家庭教育,温文尔雅,知书达理,琴棋书画样样精通。

外祖母的父亲陈少衡是晚清进士,是一位正统的富有使命感的知识分子,他本应和大多数富家子弟一样享受荣华富贵,但他接受了西方的新思想,选择了一条革命的道路。他跟随民主革命先驱廖仲恺先生参加了辛亥革命,并成为廖仲恺的首席秘书。他以儒雅的学士之风,渊博的学识,流利的英语,得到了廖先生的信任和同仁的认可。他热爱祖国,热爱家乡,为人正直,为官勤政,以堂堂士大夫终身。

曾外祖父一生道德文章,才华卓越。他晚年返回家乡后,夏天施茶,冬天赠衣,施粥于贫困者,为病患施医赠药;并创办义学,让贫穷学生免费入学,深受人们的敬重,他每日奔波在行善积德的生活之中,直至生命走到最后时日。当年,曾外祖父出殡时,路人见到他的大幅遗像后,哀声阵阵,纷纷下跪叩首,都说陈老先生做了不少好事,某家素不相识的老人去世后没钱买棺材,是他给买的;街坊里某家断炊,是他给钱买来了米面……然而,路人说的这些事情，家人却全然不知。他乐善好施、广施博爱的品行成为了他妻儿宝贵的精神遗产。

曾外祖母也出生在读书世家，她诗词兼修，喜欢音乐和书画，一生向善，纯良温和，慈悲为怀。她全力支持丈夫参加革命活动。我幼年时，常听外祖母说，她的母亲去菜市场、瓜果铺，买菜、买水果时，总是会买别人挑剩下来的蔬菜和瓜果。到食品店买油条、麻球、包子之类的食物，也总是会买别人嫌炸僵了的油条和破了皮、漏了馅的麻球、包子。

曾外祖父母都是那种宅心仁厚之人。他们的真诚善良和悲天悯人，以及充满书香气的家庭氛围，影响了外祖母的一生。她是在真善美熏陶下长大的，似乎很早就把"助人"两字刻在了基因里，并将慈善仁爱贯彻终生。她3岁时跟着母亲学古诗词，4岁在父亲的教导下学习汉语和英语、弹奏古筝和风琴。在优良的家风熏陶下，外祖母从小就懂得以平等的视角与人对话交流，并在文学和音乐方面有着很好的天赋。

外祖母在家排行老四，上有大姐陈式如，二姐陈展如，哥哥陈询刍。他们都继承了父母亲正直、善良的品质，一生与人无争，温良恭俭让。

她虽然出生传统世家，因为童年时期的她就受到了"五四运动"的影响，所以她的思想观念并不保守。中国人自古就讲："耕读传家，读书继世。"由于家族先人都非常重视教育，因此，在上世纪的20年代，她和兄姐们都接受了高等教育。

上世纪20年代初，外祖母的大姐嫁到上海淡水路一位经营钟表生意的朱先生家。二姐远嫁福建一位官宦家庭出身的张先生家。唯一的哥哥在当时的重庆国民政府财政厅工作。外祖母2岁起，便跟随着父母，在澳门、南京、重庆、上海等地生活。她幼年时的玩伴是廖梦醒、廖承志姐弟。优越的家境，良好的家教，父母、兄姐给了她足够的安全感，造就了外祖母恬静温和的性格，养成了积极阳光的个性。她的名字是父亲给起的，叫"淡如"，她一生与世无争，淡泊名利，人如其名。

1927年春天，生活在南京的外祖母刚满17岁。那年，年过六旬的母亲患了重症，心脏下垂十多公分，背部又长了一个肿瘤，身体状况一天比一天差。当时她的兄姐都不在父母身边。家族长辈担心刚刚入学南京金陵女子大学音乐系的外祖母精神压力太大，他们既希望有一个像父母一样疼爱她的人可以陪伴照顾，早日结婚成家，了却父母的牵挂；也希望借着结婚的喜气来驱除病魔，从而使曾外祖母转危为安。年轻的外祖母出于传统孝道，听从了长辈

外祖母的大姐

外祖母的二姐

外祖母的哥哥

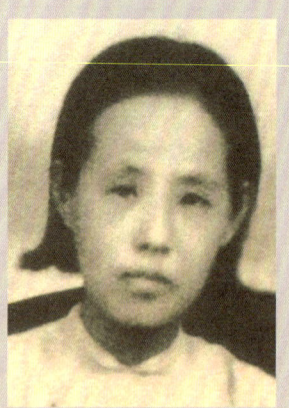
外祖母

外祖母的手迹

们的安排，嫁给了年长她二岁、正在南京东南大学读书的外祖父华宝群。

外祖父家族世代为官、经商，家族以办矿为主业，同时还开办了六所学校。外祖父兄弟姐妹共六人，上有三个哥哥、两个姐姐，外祖父亦是其父母最小的孩子。外祖父母结婚后，接手了"延陵"和"延风"两所中学，同时他们还创办了常州第二所慈善学校——"维风"学校。外祖父担任三所学校的校长，外祖母则亲授音乐、国文和英文。由于外祖母从小在其父母耳濡目染的熏陶下，深受孙中山先生"天下为公""三民主义"思想的影响。她总是教育学生"少年强，则国强"，国运的昌盛，需要靠一代代人的真才实学，要爱国爱家爱父母。他们办学的义举影响了当地的一批有识之士。

外祖母在学校里身体力行，尽心尽责，是为人师表、言传身教的好老师、好师母；在家则是孝敬长辈，贤良淑德，尊老爱幼的好儿媳、好妻子和好母亲。

外祖父母婚后共生育了四男三女七个孩子，其中一儿一女年幼时不幸夭折。

长女华荫端（即我的姨妈），早年加入中国共产党，曾在上海科技情报研究所担任领导工作，现定居长沙，今年已94岁高龄。

长子华迪康（即我的大舅），因生活所迫，从小到江苏溧阳学生意，后在溧阳商业局担任领导工作至退休。他一辈子兢兢业业，勤勤恳恳，于2005年夏病逝，终年71岁。

次子华迪平（即我的二舅），生前系中国人民解放军总后勤部军械部技术干部，从事国防尖端科技项目研究工作。1968年秋，在北京被迫害牺牲，年仅30岁。于1975年12月，被追认为革命烈士。

最小的儿子华迪科（又名张相陪，即我的三舅），在4岁那年，因实在无力抚养，忍痛送给了当地做土特产生意的张家做养子。后在一家自行车厂从事技术工作。现已81岁，在老家常州颐养天年。

1936年春，外祖母生下了我的母亲华荫庄。第二年，七七卢沟桥事变爆发，日本发动了全面的侵华战争，在中华大地上狂轰滥炸、烧杀抢掠、无恶不作。当时外祖父母的家在常州市打索巷24号（即现在的常州市第二人民医院所在地），这是一个由六个兄弟姐妹共20余人组成的大家庭。日寇的飞机扔下的炸弹，把三进二层楼房的63个房间炸成了一片焦土瓦砾。一个刚挖建的防空洞的洞口也堵死了，顿时洞内哭叫声一片。外祖父用双手拼命地扒开洞口的泥沙碎石，让大家一个个爬出。面对残垣断壁，大人们面面相觑，痛不欲生，孩子们惊恐万状。大家对日寇的暴行，怒不可遏，却又束这是一张保存了近 80 年的全家照。看起来非常普通，但仔细看就会发现，这张照片少了一个重要人物，那就是这个家的男主人。其实，当时这个家庭的男主人已经去世快 4 年了，这个男主人，就是我们的外祖父——华宝群。

这是原本有着美好家园和幸福生活的一家人。日本侵略中国，顷刻之间，国破家亡。时年 34 岁的外祖父惨死在日寇的枪托之下。从此，32 岁的外祖母带着 5 个不满 10 岁的孩子艰难度日，万般无奈之下，只能把抱在怀中仅 4 岁的三舅送人收养。这是全家最后一张合影，这也是一个时代的缩影。

日寇入侵，江南涂炭，常州沦陷，家破人亡。外祖父英年早逝。

外祖母怀中抱着三舅华迪科，明天他就要离家了，去张家做他们的养子。从此，他的名字就叫张相陪。

手无策。从此，外祖父母从此失去了温馨的家园。空袭警报还在不时地哀嚎，不知什么时候炸弹又会降临。国难当头，哀歌遍野，无以家为。大家只能随着逃亡的人流离开常州城，分别投靠城外的亲友。一路上到处是满目疮痍、火光冲天、家破人亡的惨状。

命运弄人，人生无常。5年后的1942年，那年常州的冬季异常寒冷，大年三十晚上，雪大如席，外祖父从他的大哥家回来，沮丧的脸上带着伤痕，走路一瘸一拐，戴着的那副800度近视眼镜也不见了。任凭外祖母再三追问究竟遭遇了什么事情，外祖父始终沉默不语，只是无奈地叹息，痛苦地呻吟着。就这样静静地在床上躺了6天。正月初七凌晨，外祖父用尽全身力气，踢翻了床尾的一个凳子，咽下了最后一口气。

外祖父的大哥华宝宽和二姐华宝湘闻讯相继赶到，大哥一边哭着掀开外祖父的衣服，一边抚摸外祖父紫黑色的躯体，讲述了他身上创伤的由来：年三十上午，外祖父去看望他，路经西门怀德桥堍，突遇日本鬼子拉夫，外祖父被拉去当挑工。由于外祖父从未挑过担，两麻袋黄豆约有一百多斤重，没挑好，撒了一地。鬼子就用扁担毒打、用军皮靴踢、用枪托砸，把外祖父打得遍体鳞伤，动弹不得，眼镜也被踩得粉碎，还要他把撒落在地上的黄豆一点一点捧进麻袋，然后押着他挑到鬼子的驻地，最后又被鬼子用军用皮带抽打。夜晚，外祖父趁鬼子不备逃了出来，咬着牙，步履艰难地来到了大哥家，哥俩抱头痛哭。大哥用热毛巾为他敷抹，相互诉说着亡国奴的耻辱和日寇的暴行。兄弟俩讲好，不要把这事告诉外祖母，以免她知道后着急伤心。没想到外祖父竟然就这样含冤死去！

当时，外祖父才34岁，他哪里会舍得离开年仅32岁的外祖母而去！又怎么放心得下这最大10岁，最小才6个月的三儿两女啊！外祖父天天教儿女们读书、演算、唱京戏，把着手写字，他怎么忍心抛下这相亲相爱的一家人啊！

然而，福无双至，祸不单行。同年初夏，外祖母尚未从外祖父惨死的悲痛中缓过来，更大的劫难接踵而来，她年迈的母亲不堪承受家破人亡的打击，心力交瘁，积郁成疾，最终撒手人寰。就这样，在不到半年的时间里，外祖母失去了两位生命中最重要的亲人！整个世界都暗了下来，外祖母尝尽了国破家亡的艰辛。

丈夫、母亲相继离世，从此，家，支离破碎；人，孤苦无依。一家人的生计全部压在了外祖母纤弱的肩上！每一个漆黑的夜，孤寂和无助深深地笼

罩着她,她想放声痛哭,但又怕惊吓到年幼的孩子,硬是把眼泪憋了回去。痛不欲生的外祖母清醒地意识到,今后自己就是这5个孩子唯一的依靠了。她深知,怀念母亲和丈夫最好的方式,就是带着这5个孩子活下去。女子本弱,为母则刚。年轻的外祖母将泪和痛埋在心底,以艰难、独立的方式,孤身一人,既当爹又当娘,朝朝暮暮,含辛茹苦,挑起了养育5个孩子的重担。她把全部精力和希望都寄托在了孩子们渺茫而不可知的将来。凭着这一点希望,迫使她在生死线上顽强地抗争着。她尝尽了国破家亡的艰辛,经历了太多难熬的时光,却用自己的坚韧和担当,竭尽全力支撑着一个摇摇欲坠的家。

这种痛彻心扉的苦难,磨砺出了外祖母坚韧的性格。为了生存,为了把孩子们抚养成人,大家闺秀出身的外祖母不辞辛劳,一边教书,一边打零工、帮佣。她顶着盛夏的烈日,为造纸厂拣纸脚,折锡箔,捆绑、打包、做零工。冒着严冬的寒风,奔走在三户人家帮佣。外祖母为人宽容敦厚,心灵手巧,勤劳踏实,她拼命地干活,努力地挣钱,艰难地维持着一家人的生计。渐渐的,诸多远近亲友慕名而来,要求外祖母再增加两户人家帮佣。这样一来,就使得外祖母更加忙碌,更加辛苦。她每天教完书,就马不停蹄地赶到各家去做工,直到深夜才拖着疲惫的身躯回家。然而,再坚强的人,终究是血肉之躯啊!长年累月超负荷的劳作,沉重的精神压力和超负荷的劳作,使她身心疲惫,不断透支着生命。那年冬天,因长期营养不良,压力过大,外祖母终于病倒了。这时,年幼的母亲和大舅、二舅只能去叩求家族的当家人外祖父的大哥,请来了郎中把脉看诊,开方抓药,但经多日服药,病情仍然不见好转。无奈之下,家族长辈只能做了最坏的打算,准备了一口薄皮棺木放在了家门口。最后,幸亏善良仗义的左邻右舍凑钱帮忙，把奄奄一息的外祖母送到了武进医院救治，总算从死亡线上把她拉了回来，那年外祖母才33岁。

就这样，在漫漫长夜里，艰难地熬过了一年又一年，直到迎来了常州解放，新中国的成立。

虽然，外祖母历尽命运颠簸，但她总是能够默默地接受生命中发生的一切，她既有逆来顺受、忍辱负重的宽厚胸襟，又有乐善好施、为人豪爽的侠义风骨。

我出生后，一直跟外祖母生活在一起。在我的记忆里，外祖母是一位睿智、幽默、风趣的长辈。她对膝下所有的儿孙一视同仁。我小时候特别爱吃糖，外祖母怕我糖吃多了会产生蛀牙，所以用"米字旁"来代替"糖"字，一旦我要找糖吃，她就跟我父母讲：赶快把"米字旁"藏起来。她会把汉字的左右边旁拆开来表示字意，例如："王元"是玩，"土不"是坏，"月半"是胖。

外祖母的一天，总是从早忙到晚，但她从来都不是在忙自己的事，都是在为她的后人和别人忙碌，辛苦操劳。她经常为邻居读报、代写书信，帮左邻右舍结算水电费，帮忙看管孩子，教他们读书写字，检查作业。因此，真正留给自己的时间很少。

在上世纪60年代初的经济困难时期，物资短缺，家家户户米珠薪桂，食不果腹，每个人的生活都疲惫不堪。那年的秋天，二舅华迪平在从北京到外地出差的途中，转道上海，回家看望外祖母、母亲和亲人（当时我的父亲由于在政治运动中遭受到不公正待遇，正在崇明岛围垦，进行"劳动改造"），那天，家中已经断粮，在空空如也的面粉袋中，依稀可见还有少许的面粉粘在布袋的周边，这时外祖母和母亲拿来菜刀，小心翼翼地把这些零星的面粉从布袋里层四周慢慢地刮剥下来，竟然有满满的一小碗！然后，外祖母麻利地把一些卷心菜梗和已经干枯发硬的菜叶子，与面粉搅和在一起，做成了面疙瘩，以招待远道回家的二舅，我们全家一起开心地吃了一顿难忘的团圆饭。

当年，有不少从河南、山东、安徽等地因为饥荒逃难来沪，无家可归的灾民。每当看到面黄肌瘦，走路也已经没力气的乞讨者在楼下，外祖母总是把家中有限的饭食，从锅里盛出来，用一个蓝边碗装好，掖在宽大的列宁装外套里，小心翼翼地端着。这时，我会拽着外祖母的衣角，跟着她下楼，看着外祖母微笑着将蓝边碗送到快要饿昏的乞讨者手中，还对他说"不着急，慢慢吃"，然而这样一来，她自己一天的饭食就没有了。外祖母这些默默付出，宁愿自己饿着肚子也要帮助他人的行为，让刚开始有记忆的4岁的我懂得了什么叫"慈悲",什么叫"给予"。

记得6岁那年,邻居不慎把滚烫的开水洒在了我的脸上和身上,我顿时痛得哇哇直哭,许多邻居闻声围拢过来,纷纷指责那个粗心泼洒开水的妇人。看我烫成那样,尽管外祖母非常心疼,但她没有责怪别人,而是默默地拿来肥皂和酱油涂抹在我被烫伤的部位。她流着眼泪,嘴里喃喃地说,是自己不小心,没有照看好我。通过这件事,让我懂得了什么叫"宽容",什么叫"承担"。

时间已经过去了一个甲子,但那一幕幕场景已经镌刻在了我的心灵深处,永远挥之不去!

外祖母最喜欢唱的歌和弹奏的曲子是《苏武牧羊》《秋水伊人》,还有那《渔光曲》。曾记得,当年家里还留存了一些解放初期外祖母从常州带来上海的线装书籍。印象最深的是《沫若文集》中"棠棣之花"的故事,它讲述的是战国时期聂嫈、聂政姐弟舍身报国的那种"士为知己者死"的重情重义的侠义精神。其中有一段歌词是这样的:不愿久偷生,但愿轰烈死。愿将一己命,救彼众苍生!苍生久涂炭,十室无一完。既遭屠戮苦,又有饥馑患。饥馑匪自天,屠戮咎由人。富者余粮肉,强者斗私兵。依欲均贫富,依欲茹强权,愿为施瘟使,除彼害群遍!

弹者有情,听者有泪。半个多世纪过去了,外祖母那凄凉、委婉、悠扬的歌声、琴声,至今仍不时地在我的脑海里回响。

外祖母曾说:古往今来,音乐可以将人引向正道,不敢想象没有音乐的世界会是什么样子!音乐可以抒发心中的积郁、思念和爱恨情仇。音乐是外祖母心底最大的慰藉。

纵观多少宗族家史,成就一个家族的兴盛荣耀,往往需要几代人的接力奋斗,辈辈累积和传承。但是,"书香门第"在那个特殊年代是一种"原罪"。陈、华二家祖上留存下来的一些文化遗物,在"特殊年代"的抄家洗劫中,早已荡然无存。

在外祖母的身上,既能找到传统女性的贤德,又能找到新女性所体现出来的智慧。她的一生,经历了别人几辈子才有的坎坷。她曾经历过优裕富庶、无忧无虑、温暖祥和的童年和青少年时代,但更多的是经历了年轻丧夫、丧母之痛后,遭受了人世间常人难以忍受的贫病交加、饥寒交迫、家破人亡的艰辛磨难。在她年届六十的晚年时刻,又一次遭受了人生重创:她的次子华迪平(迪平舅舅)从北京工业学院毕业后,作为优秀大学毕业生,参军在中国人民解放军总后勤部军械部，参与了新中国第一代运载火箭的研发工作，在同步随动火炮领域做出了重大贡献。但他不幸于激烈动荡的1968年10月在北京被迫害牺牲。华迪平烈士的英名已载入我党的《中国共产党十一届三中全会以来的重要文献》（1982年8月人民出版社出版，第677页）。

外祖母32岁失去外祖父，往后余生近60年孑然一身，这漫长的过程，想想都觉得艰辛和苦难。年轻丧夫，晚年丧子，是外祖母人生中遭受的两个最大的不幸，但她并没有因此而消沉，她以坚强的毅力，聚集和建立起了属于自己的精神动力、生活秩序。她遵从内心而活，从不自怨自艾，从不迎合、不依附、不讨好他人。她一旦认准的人和事，就一定会坚持到底。

这个世上的太多事情，都是出乎预料的！灾难总是降临得悄无声息，躲不开，也逃不掉。在腥风苦雨的特殊年代，我的父母双双被投入冤狱长达四年之久，外祖母硬着头皮，挺起腰板，迎难而上。她与我们相依为命，呵护着孤苦伶仃的我们姐弟仨，她温暖的怀抱是我们的避风港，支撑起了这个破碎的家。

她经常给我们读《弟子规》，讲屈原、苏武牧羊、杨乃武与小白菜等一个个蒙受冤屈、坦荡做人的历史故事。教育我们为人要正直，要有志气、骨气和节气。要做一个善良的人，多做有意义的事情。一个人，只要做好自己，时间会给出正确的答案。

也就在那个时候，16岁的我学会了缝制衣裤，用零星破布做鞋子的硬衬，纳鞋底，制作老中小三代人的鞋子。

冬天来了，外祖母把姨妈寄给她买御寒衣服的钱，买来鸡蛋、猪头肉和羊杂碎。这对当时的我们仨来说，真是难得的营养品啊，外祖母把这些食材做成了美味佳肴，让正处在生长发育期的我们仨一饱辘辘饥肠，那种香，那份爱，令人回味无穷。

在外祖母的言传身教下，我们从小就懂得，即使生活苦不堪言，也不能阻挡对生活的执着和热爱。我们仨刻苦读书，热爱劳动，节衣缩食。妹妹特别懂事，课余时间帮助年事已高的外祖母料理家务，重活累活总是抢着干；弟弟天资聪慧，学习成绩总是年级第一名。弟弟、妹妹勤奋学习、勤劳懂事，深得老师的喜爱，他们每年的学费和代办费都是班主任和任课老师缴付的。

祸福相依。这场磨难，虽然让我们仨经历了难以言喻的痛苦和坎坷，但是也让我们知道，这个世界上还有许多温情的地方，有许多温暖的人。

眼下，到了物产丰富、盛世年华的今天，我时常会不由自主地想起那些年在农村当知青，插队落户时的日日夜夜。那时候，每天起早贪黑，终日干着脸朝黄土背朝天的繁重农活，为了多挣一点工分，收工后，还要捡煤渣、绣花、搓草绳。

当严冬来临之际，干了一天农活后，晚上还要到川杨河开河工地，在工地"小太阳"灯光（汽灯）的照射下，用铁锹挖掘冻得像石头一样坚硬的河泥，把装满河泥的担子挑上岸，铺撒到麦地里。收工后，在月光下，顶着凛冽的寒风，踏着破旧的自行车回家。到家后，吃着外祖母为我准备好的热气腾腾的羊杂碎面条，那时年幼的弟弟总会用羡慕的眼光看着我狼吞虎咽的样子。这时候外祖母就会对弟弟、妹妹说，你们的大姐很不容易，很辛苦，她从一个手不能提、肩不能挑的女孩子，为了养家糊口，锻炼到现在能挑起将近二百斤的担子，该要流多少汗，付出多大的力气啊！

为了让初涉人世的我更好地把握自己，树立正确的人生观，外祖母经常对我说：这个世界很丰富，既充满阳光，又充满诱惑和罪恶，我们要做到对坏的灵魂不要怕，对善、弱的灵魂不要欺；嫉恶如仇始于与人为善，做人万不可丧失良知和道德心。一生很长，少有圆满，春风有信，花开有期。人生的一切，都要始于心，忠于心。不管是好是坏，都要心存感恩，不要抱怨，相信一切都是最好的安排。

尽管那时父母身陷囹圄，但我们有外祖母的教诲和引导，在那些年里还是读了很多好书，从而养成了看书学习的好习惯。至今印象最深的一句话，就是外祖母教我写的曾国藩说过的12个字"宁可忍耐而死，不可向利而生"。是外祖母的爱，让我下定决心，坚定意志，闯过了在农村遇到的一个又一个难关，并能做到不被外物所干扰，不被大流所同化。

上世纪70年代末，上天给了我一次改变命运的机会。由外祖母做主，我作为二舅华迪平烈士的后代，经当时的总后勤部部长张震上将特批，在父亲老战友的帮助下，参军来到了北京。在中国人民解放军这个大熔炉里，我带着强烈的荣誉感和使命感，牢记外祖母的嘱托，珍惜烈士用鲜血和生命换来的这个来之不易的参军机会。在部队期间的不同岗位上，我刻苦学习，努力工作，多次获得嘉奖，为国防事业做出了自己应有的贡献。

晚年时期的外祖母，仍然坚持看书读报，关心国际国内的大事件，喜欢唱歌，听音乐，弹钢琴。她常常用慈祥的目光看着我，云淡风轻地叙说着如烟往事，偶尔也会情不自禁地感慨："其实人没那么脆弱，人生的苦，皆是历练，熬过去，就是康庄大道。你无法控制自己的遭遇，却可以修炼一颗强大的内心。""所有的人和事，自己问心无愧就好。""不是你的，千万别强求。""反正离去的都是风景，留下的才是人生。""我这辈子经历了天堂、地狱、人间三部曲，该做的事情都做过了，生活得很满足，很值得。""这辈子对人生没什么遗憾了。"她希望我们晚辈正直真诚，善良有爱，能成为一个有担当和责任感的人。

是的，外祖母从不曾因为年龄和经历，钝化自己的感知，她不麻木，不沉沦，感受一切，原谅一切。她超强的共情能力，是因为内裹着一颗巨大的悲悯心，温柔而又坚定。在她身上体现出的那种坚韧、善良和大度，会让人的内心产生共振。见过人世间最美的善，也见过人世间最丑的恶，所以才能如此宠辱不惊。悲情如她，深刻如她，坚强如她。这，就是我的外祖母陈淡如！

然而，岁月无情，人生苦短，转眼间外祖母已是风烛残年的垂暮老人了。

在为她老人家过了90华诞的一个周日的午后，天空阴沉沉地飘着蒙蒙细雨，虽是春回大地之时，然而眼前的万物似乎都已失去了春的气息，显得苍白无力，路上都是行色匆匆的赶路人。这天午后，外祖母在睡梦中一直没有醒来，无论我怎么呼唤、叫喊，她老人家再也没有醒过来，她累了，实在是太累了，一生步履不停的外祖母，此时已经走到了人生终点的那一刻……

虽然长征医院全力救治，外祖母的生命之光还是一天比一天暗淡了，38天后的1999年5月18日清晨，外祖母还是带着过往的一切悲苦喜乐离我们而去，享年90岁。

流水夕阳千古情，凄风苦雨百年愁。

5天后，送别外祖母的追悼会在上海龙华殡仪馆大厅隆重举行。时任中央军委副主席张震上将，解放军总政治部副主任郭林祥上将，军事科学院院长宋时轮上将的遗孀郑晓存女士，总后勤部军械部领导，第二军医大学和长征医院的领导，虹口区民政局和广中街道领导等单位和同志送了花篮和花圈，并参加了追悼会。追悼会的会场两侧挽联上写着：

出身名门淡泊名利抚孤后有成功昭日月
德高望重乐善好施引家族贤达胜豪满门
往事桩桩成云烟，温故沥沥扣心弦。
岁月悠悠了无意，征程步步皆有情。

在外祖母离世后的很长一段时间里，我一直沉浸在悲痛之中，脑海中闪现的，全是与她生活的点点滴滴，那些美好的过往，早已刻在了我的骨子里。她让我感受到，后代如何做人做事，与这个家族长辈的品德修为有着很大的关系。聚德积善于大众，其质洁来还洁去，留存美德育后人。言传身教，无疑是外祖母留给我们后代的最好礼物。她的那种看淡一切，包容一切的宽厚，这种大爱淡如水，将源源流淌于我们后代的生命之中。

外祖母的一生，见证了近百年来中国的兴衰荣辱。她遭受的苦难数不胜数，但她是生活的强者。她以坚韧和超乎常人的隐忍，含辛茹苦地把5个子女养育成人成才，有道是"良母育优子"。最让外祖母感到欣慰的是，他们在各自的工作岗位上都有所建树。然而，迪平舅舅的英年早逝，无疑是她晚年最无奈的痛楚。但是，不管命运对她有多么不公，她始终温暖如阳光，以平和、坦荡、豁达的心态对待周边的一切人和事。任劳任怨，无怨无悔。外祖母倾尽一生，秉承了中华文化中"仁、义、礼、智、信"的品行修养，体现了一位历经岁月沧桑、世态炎凉的世纪老人和一位母亲高尚的德行与操守。

外祖母对我恩重如山，虽然她已离开我们22年了，但她如三月微风般温暖的笑容依然如昔，她的谆谆教诲言犹在耳，她的品德精神就是一盏不灭的灯，照亮我们前行的路，并将世代传承。对外祖母的敬仰和怀念，将会伴随我终生！

华 黎

2021年11月12日

一日之际在于晨，
一年之际在于春，
一生之际在于勤。

世界上人最宝贵，有了人就有了一切，人定胜天！
黄连树下弹琴——苦中作乐

人生在世，有三件事不能取笑：
不笑天灾，不笑人祸，不笑疾病。

陈淡如

1990年5月12日，时任国防大学校长张震上将接见外祖母和全家

1990年5月,张震上将为华黎题字:继承先烈遗志,做个好战士。

1990年5月，时任总政治部副主任的郭林祥上将接见外祖母和全家。

1990年5月,郭林祥上将为华黎题字:发扬光荣传统,做好本职工作。

家是什么？家是在每个努力拼搏日子里心中最柔软的地方；家是健康快乐的长辈和晚辈欢聚一堂，共享天伦的处所；家就是在经历世间沧桑之后，让心灵停靠的港湾。

祈愿家人和美，亲人安康。

右上图是外祖母和大表姐华凯、黎、泽。

左下图是外祖母和黎、泽及重外孙牛儿、兔儿。

没有一个冬天不能逾越
没有一个春天不会到来

只要留得平常心
笑迎冬夏与春秋

母亲在聆听外祖母讲那过去的事情。

丰富而温暖，
简单而明亮，
深远而悠长。

人生一世何所求，知足常乐方无忧。

面对远道而来祝寿的至爱亲朋，90高龄的外祖母即兴弹奏了一曲《友谊地久天长》。

上图：左起舅公的女儿、姨婆的女儿、外祖母、母亲。

中图：左起外祖母、黎、母亲、父亲。

下图：病中的外祖母开心地与她幼稚园的同学谈笑风生。

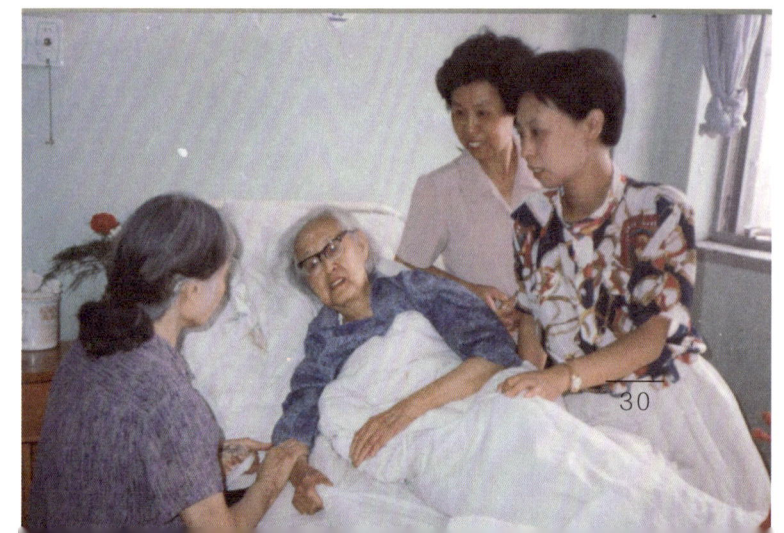

1999年5月21日，外祖母陈淡如女士的追悼会在上海龙华殡仪馆大厅隆重举行。

中国近代第一城

南通

据海江之汇
扼南北之喉

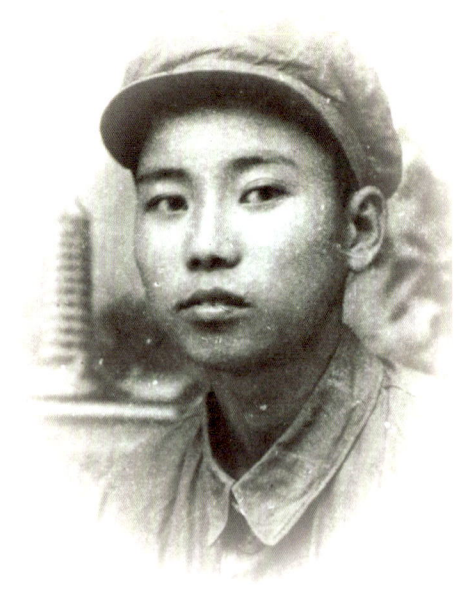

贾华岳出生在江苏南通如皋县。南通是国家历史文化名城,有一千多年的历史。在中国近代史上,南通创办了中国第一所师范学校、第一座民间博物苑、第一所纺织学校、第一所刺绣学校、第一所戏剧学校、第一所中国人办的盲哑学校和第一所气象站等"七个第一",被称为"中国近代第一城"。

  如皋是江苏省历史文化名城。如皋之名源于春秋时期，可以追溯到《礼记》的木牍和《左传》的竹简，有"贾大夫如皋射雉"的传说。如皋有众多历史文化名人，如宋代词人王观、明末四公子之一冒辟疆、清初剧作家李渔、现代神探李昌钰。如皋人古来多长寿，被国际自然医学会评为世界六大长寿乡之一。

父亲出生在如皋的一个大地主家庭。准确地说，是一个开明士绅家庭。

1945年土改前，爷爷家里开了几家酒厂。在抗日战争时期，他利用酒厂为新四军制作药酒，用实际行动支援新四军积极抗日。

听父亲说，当初的县长叶胥朝和老红军顾苞芗等曾经都住在爷爷的家里。父亲亲眼目睹着他们带领老百姓积极抗日救国，反"清乡"反"扫荡"，帮助农民抢收、抢种、坚壁清野，再也按捺不住参加抗日的决心。于是在叶胥朝和顾苞芗的面试下，考取了抗日中学（这类学校是为新四军培养政治、文化、宣传等方面的后备力量）走上了投身革命的道路。

如皋水绘园

难忘的面试
——记小鬼考取抗中

　　1945年9月抗日战争胜利时，虽然如皋县广大农村是全国著名的苏中军区通、如、海、启四县的抗日新四军老根据地。我是1946年至1948年就读于这座城里的如皋中学的，转眼已是50多年了。现在的我，真如唐代大诗人贺知章所写：少小离家老大回，乡音无改鬓毛衰。如今的母校已经升格成为全省九所国家级示范高中之一。母校建立101年来，为祖国繁荣富强，为人类文明进步，做出了自己的贡献，校友中人才辈出，大学校长、教授、大报社长，省人大主任，部队将军，运动健将，专家学者等等分布大江南北，海内海外，我们校友感到由衷的荣耀。

　　往事如烟，能回忆起的人和事已经寥寥，只有那幢两层砖木结构的楼房还在我记忆之中。楼下是我们的教室，楼上是老师和校长的办公室。现遗址仍在，但旧楼不存。当年我们在此读书，早进晚归，只觉得它巍峨高大、庄严、神秘。楼前西边院墙角有一小木板门通向前面县政府大院。这扇木门由县府人员随手开关。离木门不远处是如皋县长叶胥朝和南通专员刘伯厚的宿舍。当时的校长是被陈毅军长誉为"苏中君子"的何景平，副校长是老红军顾挹芗。南通专员刘伯厚和如皋县长叶胥朝兼任如皋中学名誉校长，时不时看到他们走过小门来到这幢楼和校领导交谈，有时也常常同师生们兴趣很浓很广泛地交谈，勉励师生努力工作，好好学习。他们和蔼可亲，言谈举止平易近人，给我们的感觉，犹如德高望重的长辈，面容总是诚诚恳恳笑笑嘻嘻的。

　　我初识叶胥朝县长和老红军顾挹芗是在1943年，他俩担任苏中军区抗日第一临时中学的正、副校长的时候，当年这类学校是为新四军培养政治、文化、宣传方面的后备力量而创办的。当时我报考该校，他俩对考生面试的题目比较特殊，且出乎意外，给我脑子里留下深刻印象，至今难忘。

　　他俩问："农民为什么要经常翻山芋藤？为什么还要经常割去山芋藤的嫩头？"我回答："因为每根每节山芋藤上都有一些小白根，经常翻山芋藤，就弄断了这些小白根，免得这些小白根和山芋藤嫩头消耗阳光、雨露和土壤供给山芋藤总根的营养,而使山芋收获减少,甚至无收。"他俩又问:"你好好地想想,能用你讲的这番道理,比喻一件事吗?"我回答:"我们这里是新四军老根据地,军队、老师、学生和乡、村干部,天天奔东村、走西庄,使用贴标语、说快板、站岗识字、扭秧歌舞、唱《杨柳青》小调、演锄奸活报剧等方式方法,宣传抗日救国、反'清乡'、反'扫荡'和在公路上挖暗沟埋地雷、在大树和屋顶上放暗哨、帮助农民抢收抢种、坚壁清野的深远意义,就是为了避开和减少同不抗日的顽军反动派的干扰与摩擦,这就和经常翻山芋藤与经常割山芋藤嫩头的道理一样,总的目的是集中所有人力物力、枪支、弹药等力量去进行抗日救国,争取抗日战争的更大胜利。"

  他们两位校长听了我这个考生的回答,盯住我仔细地看了好一会儿,接着一位校长笑眯眯地走过来,抚摸着我的头,拍打着我的肩膀,说:"小鬼,我们同意你到抗中来读书了。你已经被录取了。你,小鬼,怕不怕吃苦?"当见到我立起响亮地回答了"不怕"二字后,其中有一位首长又对着我胸前笑呵呵地捶了两下子,嘱咐我:"只有刻苦学习,将来才能掌握大有作为的本领。"

贾华岳

2003 年 3 月 28 日

跨过鸭绿江

做人要做到大部分人说你好，
做事要做到人家离不开你。

困难是激发前进的力量，
失败指明成功的方向。

人生在世，要知足，要平凡，要感恩。

贾华岳

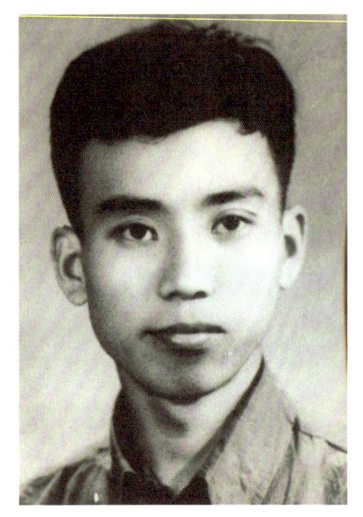 

上海安達紗廠

　　父亲从前线复员到安达纱厂以后，作为曾经在战场上荣立三等功的"英模"和一个有文化的青年才俊，确实得到了厂领导的重视和培养，他满怀信心积极努力地工作，得到了大家的一致好评。没想到反右运动开始了，他和一批一起复员到厂的文化青年立即遭到了清算，被无情地划入"内定右派"，发配去了崇明海滩，在那里坚持了3年艰难的围垦劳动。

自 傳

贾华岳 性别：男

出生年月：1933年7月

籍贯：江苏省如

家庭经济状况：

家中有土地100亩左右，2.0余亩自种

来源是剥削农民的劳动力，粮食及开酒店

生活可取之生活。

状况：

家中实行土地改革分到土地四亩，房子二

妹傅事家实行代耕收成还好。我与哥姐

平常。因我的父亲在劳动中改造自

加入农业高级合作社。

華陵庄 本厂党总支

> 参加革命前个人简历：

1938年—1943年（6—10岁）在家乡黄浦

大学，因年纪小没录取，又改考北第三信时

年纪小，不跟我去读。

1944年—1945年（11—12岁）在家乡韓化

因躲避日本鬼子扫荡，由党和老青团领子，要

每晚学习行军。任务是：坚持读书上课，

政事的政策。

1946年春在如皋县中学读一年级。 校

有好多是共产党员，学校里还常有主义革

在展育了教师地的了解，又接触事非常

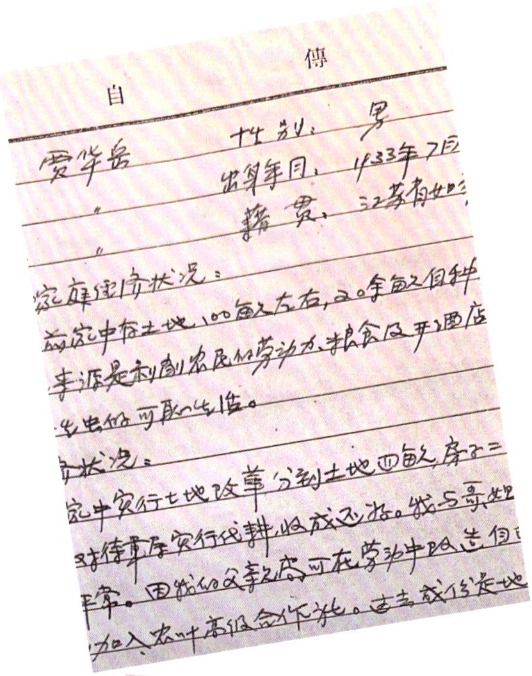

红娘

经过战争洗礼的父亲复员来到了当时上海最大的安达纱厂。纱厂女工多，且三班倒，很少有娱乐活动。当俱乐部主任的父亲就用在上海市总工会干部学校学到的工会活动经验和积累的人脉关系，开展了一系列请进来走出去的文化娱乐活动，尤其是在与上钢三厂的联谊活动过程中，通过跳交谊舞等不仅丰富了职工的业余生活，还解决了男大当婚女大当嫁的恋爱婚姻问题，得到了市总工会领导的一致好评。

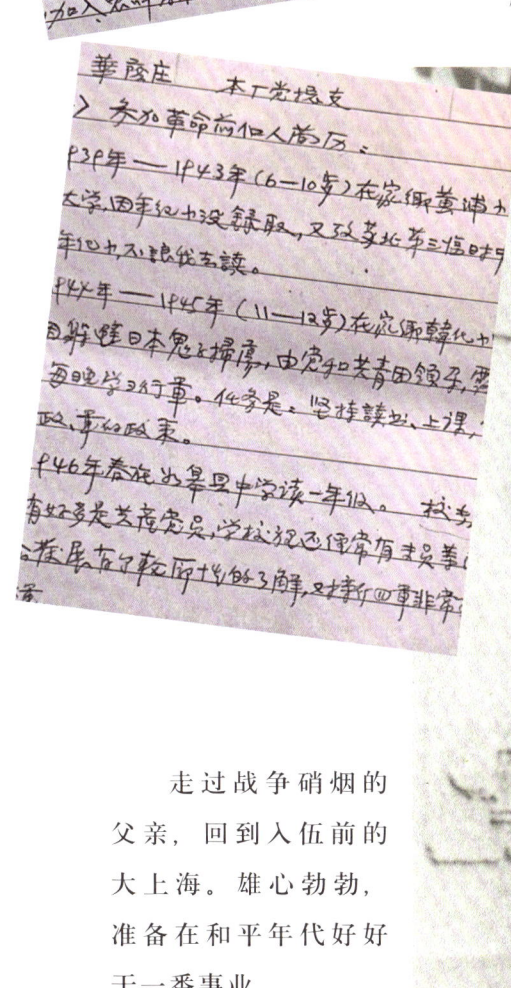

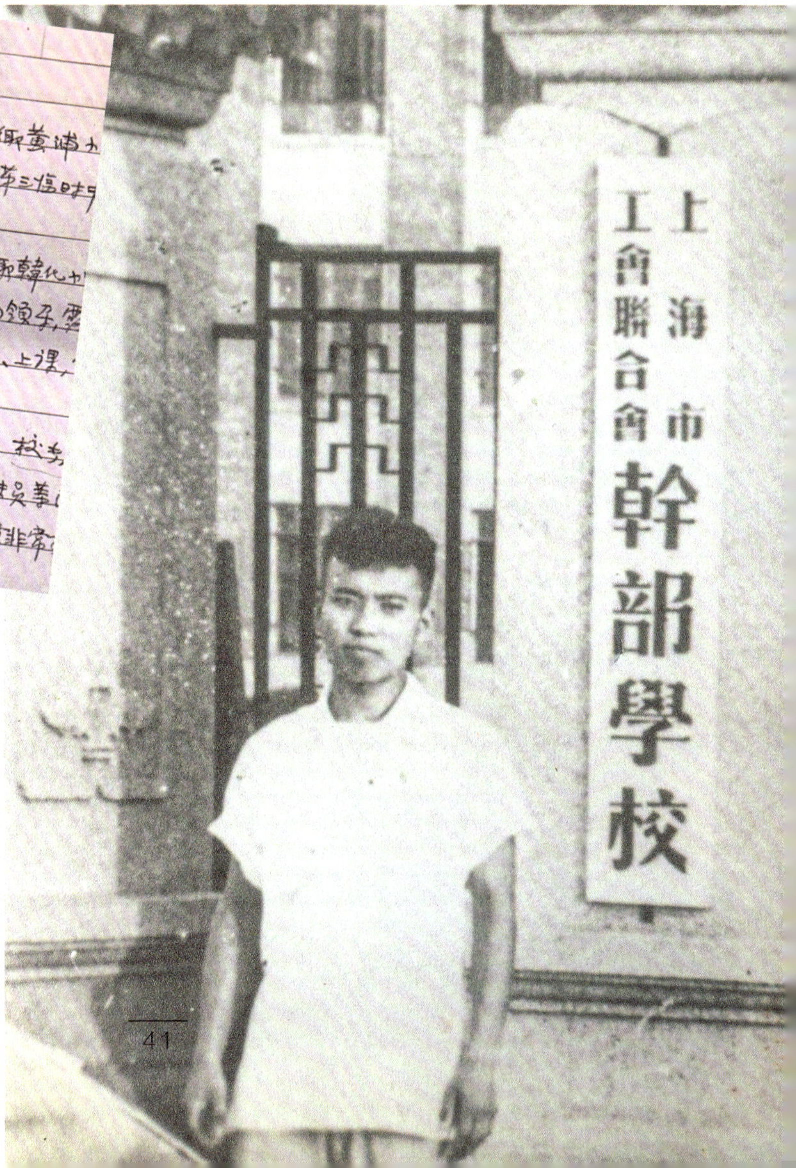

走过战争硝烟的父亲，回到入伍前的大上海。雄心勃勃，准备在和平年代好好干一番事业。

感谢上苍让我们成为了您的儿女,是父母无私的爱,在我们幼小的心灵上,撑起了一把遮风挡雨的伞。

从呱呱坠地,咿呀学语,蹒跚学步,到长大成人。一路走来,父母给予了我们天地间最无私的爱。

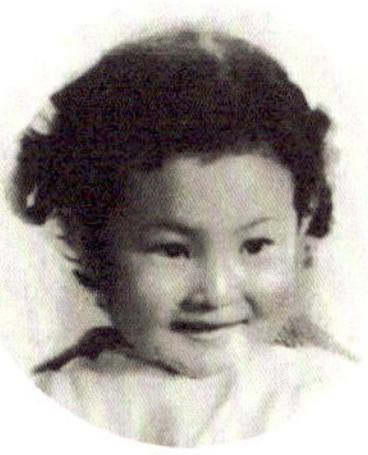

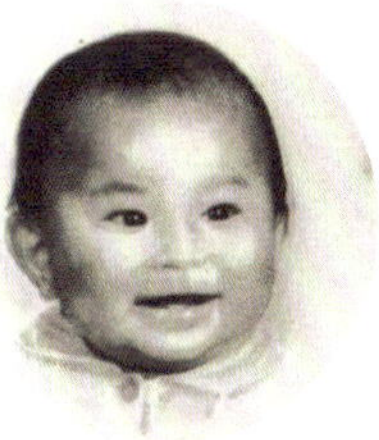

在文学战线上,我是个"老民兵"。上世纪50年代,出于对文学的爱好,我开始学习写通讯,写小故事,写小小说。稿子投给报刊,得到刊物编辑、老作家罗洪先生耐心指点,有几篇稿子,我修改多次,因为所谓"政治原因"未能刊出。我因此泄气而搁笔。后来把童年时期就爱上的篆刻书法艺术重新拾起来。到了上世纪80年代,我的老伴华荫庄执着地写自传体长篇小说《童年的梦》,又重新唤起了我追求文学的"梦"。于是一方面支持、协助她写完《童年的梦》,另一方面自己也拿起笔来写散文随笔。90年代,作为上海市作家协会会员的华荫庄,执着地要写作长篇小说《沧桑》,并要我和她合作。当然我是乐意做她的助手的。

——摘自《冬天里的暖流》

上工

早晨雾气沉沉的，升到树顶高的太阳只看见烧饼大那么一个白点，十步以外的万物都难看清。这时，我走在厂门前的公路上，二轮车、三轮车，满载菜呀、肉呀，直往市里去，来往的人群像潮涌一样涌向厂口、集镇、乡卜……

支部书记阿英朝我迎面走来："嗳，这样早，到哪去？""进城。""唔——我知道，准是迎小华去的。"我的脸红了。

她虽说边走地过去了，但还掉转头来瞟着，笑着。今天我格外神气充足，骑了在思，眼珠在东张西望，考虑着一个习作的题材，又在寻一个心中最爱的人。

"喂！嗳，你到哪去？"她向我轻声地、亲切地、放娇地笑着招呼。"还早，上工还有一个钟点，我建议沿小河边散步""上工，上工，我多想上工呀！今天上工了，四个多月，总算还有成绩……"

假日

初冬的一个厂礼拜，天气很冷，厂里组织一批干部去平花农业社帮助农民拔棉花其。

女技术员顾筱琦也报名参加。

她是个娇滴滴的女同志，在去平花农业社的路上，她后悔自己不该报名。天这么冷，何必去找苦吃。但既然报名参加了，又不好不跟着大家去。

到了平花农业社的棉田里，她看到在田间劳作的农民对工人兄弟来助农，个个脸上都甜眯眯地笑着，大家都使劲鼓掌，表示热烈欢迎。她感到十分尴尬，有点进退两难。

生产队小队长把顾筱琦派到一个中年高个子农民身边，让她跟着高个子一起拔棉花萁。这个高个子名叫林汉，是个复员军人，曾当过志愿军，在朝鲜战场上打过仗。他亲切地问顾筱琦："你贵姓？"

星期天的早晨

天才麻花花亮，东边还没见鱼肚白，只是西天还有树梢高的半个月牙躲在乌云里时而进去时而出来。

这时，在男宿舍西边的空地上，几十个小伙子单穿汗衫还热气腾腾、汗流满面的在跳木马、翻单杠、荡秋千、走浪桥，气氛挺热烈！劲道挺昂扬！四边的欢笑声与军体器械的撞击和磨擦声夹杂在一起，好不热闹。

但也有一个年岁稍大了点的，大约卅五六岁，他穿着厚厚的解放棉袄，袖拢叉子，腿肚直打颤，牙肉直打架，他在单杠与浪桥旁看着看着，满他欢笑，心也痒起来了，觉得对味口，为啥不试试看，两个小伙子给他搭了挡，才勉强在单杠上吊了两只"田鸡"，引来大家一阵开心哄笑。

本来嘛，这是今年三月头上，周围草地田野的清晨，还都银装裹似的一片白色厚霜，直有"春寒冻死老牛"的气象……

南妹

昨晚，小组长南妹同我正借着避高峰停电时间在走廊里写车间黑板报，没注意，只听背后叫了两声"小费！"，而后一声比前一声要响。我惊回头，文书宜芳冲着我问："正玉的帽子几时摘？""20号之前，保证让她拿着毕业证书欢欢喜喜过春节！"我直率的回答，引来了不少惊奇的目光。他们不敢相信自己的耳朵，显然，"正玉"二字，在他们已是一听其名，如知其人，甲班李世和紧讨的嘴巴开了腔："宜芳，你们说的就是那个文化学习有点名气的老黄牛黄正玉吗？不是你常拿她当典型人物的吗？"这时，我看见了宜芳敌起的嘴巴两边，时时刻刻挂着的酒窝更加深了，更是显眼了。她用压倒李世和的语气盯着他回答说："嗳——，聪明人！"宜芳说着的同时推了李世和一把，随而，二人都伸腰似地笑了起来。"她不正是在'校念了'三年书的老牌文盲吗？"宜芳听了李世和的这句像是还不甚了解的话之后，收敛笑容用指正的语气说道："在这一天等于20年的伟大时代

常州

史称 三吴重镇 八邑名都

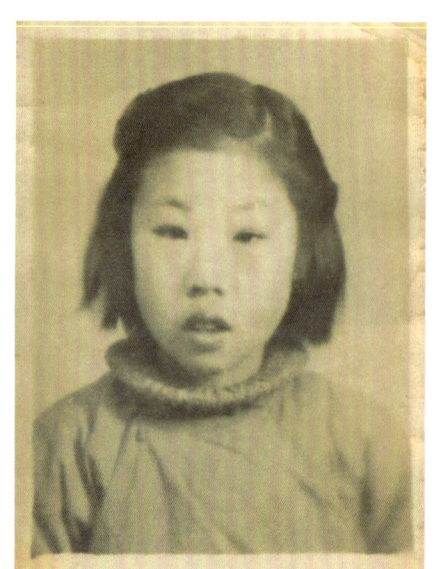

当童工时的母亲

常州，别称龙城，长江三角洲中心城市之一，先进制造业基地和有3200年历史的文化名城。常州是一座具有革命传统历史的城市，中国共产党早期领导人瞿秋白、张太雷、恽代英都是常州人，被称为"常州三杰"。

母亲12岁从家乡到上海当童工，因为年少体弱，体重不够，怕考不进纱厂，在面试时暗暗地在怀里揣了块大石头。

上海解放了!

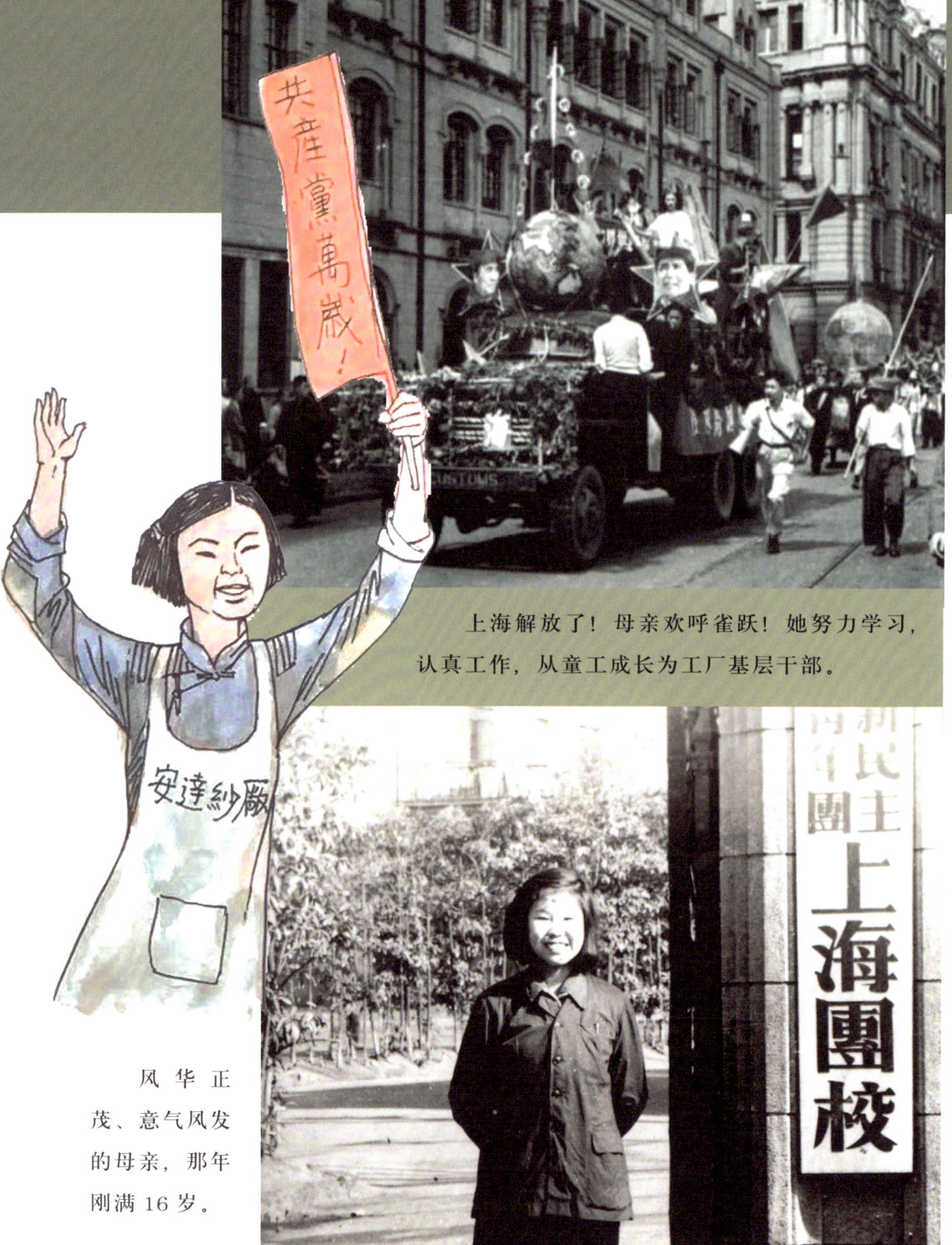

上海解放了!母亲欢呼雀跃!她努力学习,认真工作,从童工成长为工厂基层干部。

风华正茂、意气风发的母亲,那年刚满16岁。

是的，有时百事繁杂，我真想把我的童年忘掉，不让它再在我心里扬起尘土，可是理智和情感都难使我做到。我饱经沧桑的心灵总是被童年时代的饥饿、寒冷、贫困、鞭子不时地抽打着，抽打着……但也磨砺了我的志气和骨气，孕育

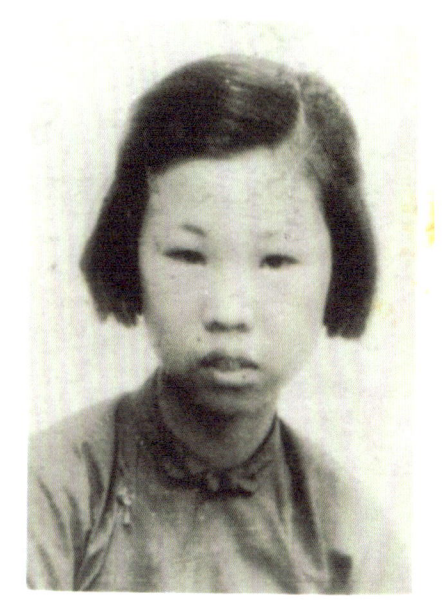

了我求知为文的梦。

从青年时代到中年，我多次想写下我童年的梦，但都未能提笔。直至我临近告别中年而将要迈向老年的80年代末，我周围的"世界"——我的朋友、我的亲人们，都鼓励我用文字把我童年的梦勾勒出来，和当今的青少年朋友做一次童年心路旅程的交流。

我当真提起笔来了。

《童年的梦》序言选段

原上海市委副书记陈沂题字

上世纪80年代母亲执笔写下了自传体小说《童年的梦》

青年时代的母亲

在人的一生中，对自己影响最深的人往往就是母亲。

在我的印象里，母亲几乎永远都在忙碌，她忙工作，忙学习，忙家务，忙写作。母亲具有极纯正的操守和近乎完美的人格。她是一个内心干净，对所有人都非常好的人。正直、善良、大度一直是母亲身上最可贵的品质。

母亲走过的岁月里，经受过国破家亡的灾难，民族的创伤。她既有童年失去父亲、当丫鬟、做童工，过着饥寒交迫的不堪生活，也有沐浴着年轻共和国的阳光，感受着温暖的幸福生活。她加入共青团后，作为组织的培养对象，被送到上海市团校学习。在党组织的教育培养下，她努力学习，踏实工作。带着强烈的翻身感和主人翁的使命感，促使母亲更加勤奋学习、努力工作，一步步走上了致力于工厂发展的基层领导岗位。1954年3月，母亲加入了中国共产党，从此，一个不满18周岁的青年女工开启了火红的政治生命。入党后的母亲以身作则、身体力行，日复一日地辛勤努力，一丝不苟地忘我工作，将工作搞得风生水起，为新中国的纺织事业做出了一定的贡献。

读书写作是母亲的特别爱好。前不久，听母亲的一位95岁高龄的老同事冯阿姨（当年是我母亲同宿舍上下铺的工友）对我妹妹说，上海刚解放时，13岁的母亲经常在工作了一整天后，晚上宿舍熄灯了，她趴在床上，怕影响同室工友的休息，她打着手电筒在被窝里看书学习、写作，几乎每个晚上都是这样，有时一写就写满半本簿子。有一次，为了第二天去给工友们上课，居然躲在被窝里写了整整一个晚上。母亲就是通过这样的方式刻苦学习，不断提高自己的思想觉悟和写作能力的。

上世纪50年代中期，母亲作为重点培养对象，被党组织安排去上海市纺织工委，从事肃反、审干工作。她把满腔热情都投入到了党的事业和火热的社会主义建设中。

母亲严于律己，襟怀坦白，宽以待人，敢于担当，为工厂的发展尽心尽力，呕心沥血。她对同事平和宽厚，关怀备至。工厂里的叔叔阿姨，无论碰

到什么困难,都愿意向母亲倾诉,然后母亲总是会竭尽全力给出解决的办法。因此,她在群众中具有很高的威信,受到很多比她年长的同事的信任和尊重。

  1965年5月,母亲作为上海市纺织系统的党员代表,被邀请去上海电视台,作了"活学活用毛主席著作"的体会报告。会后,还带回家一本很精致的天蓝色封面笔记本,里面的插页是当年的登山运动员、女英雄潘多登上珠穆朗玛峰的照片。扉页上写着"赠给活学活用毛泽东思想积极分子华荫庄同志",落款是:上海电视台。

  那年,我刚上小学二年级。我就在脑子里想:妈妈是党的人,我是党的孩子,以后也一定要成为一名光荣的中国共产党党员。在母亲的影响下,我从那时起,对自己的人生有了一个朦胧的认识。

书是母亲生活中万不可少的财富。小时候记忆最深的就是每天晚上，工作了一整天的母亲总是守着一大摞的书和纸，开始埋头写文稿，刻钢板，一直工作到深夜。认识母亲的叔叔、阿姨们都说，母亲是一个让人舒服的朋友，因为她总是喜欢仔细地聆听，然后认真地分析对方的意见正确与否。

后来，按照"三结合"的要求，而立之年的母亲被安排进了厂领导班子，担任了第三把手，成为一个近八千人（含化纤厂）单位的领导。

无论是在工作中，还是在生活中，由于母亲善于学习，因此对事物都有着清晰明了的认知。她总会把负面的东西自己吸收掉，从来不把它转移到别人身上，从不怨天尤人。半个多世纪过去了，母亲那种勤奋自律、惜时如金、只争朝夕、不断进取的精神，默默地影响了我们姐弟仨，总能激励我们去面对和解决工作和生活中的困难。

华 黎

2021年11月25日

宽容是一门艺术，更是一种精神。

与其改变别人，不如改变自己。

以宽容之心，对待曾经虐待过自己的人，也许可以延长寿命。有了命，就可以写。

写书的使命，就是写时代之痛。

华荫庄

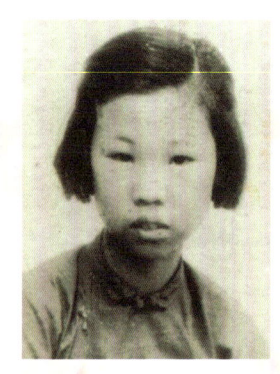
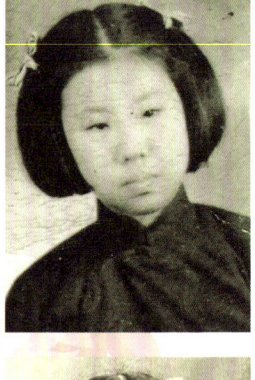

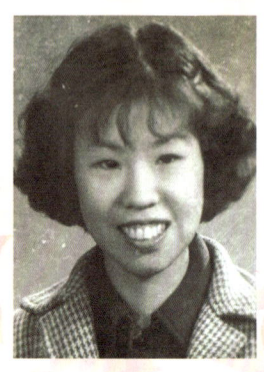

上世纪50年代初期的母亲，是一位活泼、阳光、能歌善舞的文艺女青年。

青春年华

愿日子干净，所遇皆是柔情，亦是与子偕老，岁月静好。

母亲以英雄人物为榜样，政治思想上得到了很大提高。

芳华无悔，谱写新时代青春之歌。

少壮不努力,老大徒伤悲。

要有管住自己的能力,
不要老是用眼睛盯着别人。

少年懒,老来苦。

学问学问,不懂就问;
不学不问,没有学问。

首先要相信自己,别人才会相信你。
有了目标,才会去奋斗。

只要你努力学习,不想成功也难。
要想赢,不能怕输。

征服自己,才能征服一切。
活着干,死了算。

知识就如浩瀚的海洋,深不可测。
知识就是财富。

用"枪杆子"征服人的肉身;
用"笔杆子"征服人的精神。

以慈悲心待人,
以谦卑心待己。

华荫庄

迪平舅舅，我想对您说

华迪平烈士（1938年8月–1968年10月）

尊敬的迪平舅舅：您好！

　　如今，您离开我们已是整整53个春秋了。在这半个多世纪的岁月里，天、地、人间，都已发生了巨变！有道是：天若有情天亦老，人间正道是沧桑。眼下又到了寒风冷雨的初冬季节，丝丝寒意掠过心头，那人那物，那景那情，一幕幕地飘来，又一片片地散去，天地间也仿佛在为我逝去的先辈们致哀，祭奠我们已经流逝的光阴。

　　昨天上午，弟媳来父母家，接替我照顾父母亲。我回到了位于父母家不远的住所，将这些天来，脑子里浮现的一幕幕陈年旧事逐一捋顺，让自己走进那尘封的往事之中，开始给您写信。

　　1937年7月，日本发动了全面的侵华战争，中国大地上战火纷飞，满目焦土，生灵涂炭。

　　外祖父母的家被日寇的飞机炸成了一片废墟，刹那间，一家老小失去了温馨的家园，外祖父只能带着怀着您的外祖母和一家七口人，随着逃难的人流，不时躲避着空袭的敌机，匆匆离开了常州城，扶老携幼，背井离乡，艰难地步行好几十里，去投靠城外厚圩钦风乡的远房亲戚。

　　第二年，1938年秋日的一个午后，外祖母生下了您，给您取名华迪平（迪字辈），寄托着不要战争、祈盼和平的愿望。为了纪念您出生的那个地方——钦风乡，外祖父母为您取了个小名：钦钦。

　　在您刚满三岁的那年正月初七，灾难再次从天而降，外祖父被日寇毒打，惨死在了鬼子的枪托之下。从此，外祖母孤身一人，艰难地养育着三男二女，五个不满10岁的孩子，最小的迪科舅舅刚满六个月。携幼将雏度冬夏，奔

苦难相依

浦江别母

军营报国

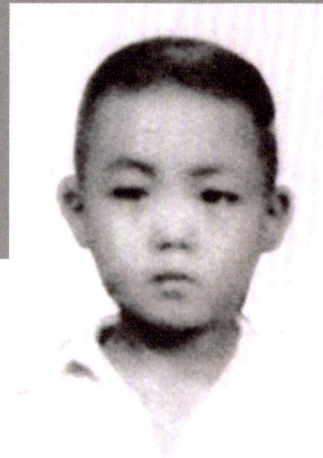

舅舅华迪平出生在战火纷飞、兵荒马乱的1938年8月,童年的苦难,抗日的烽火,造就了他的志气、骨气和节气。

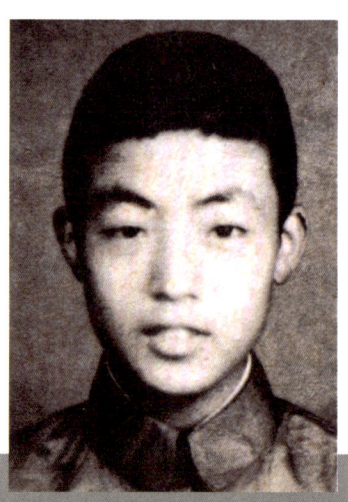

上:舅舅华迪平幼年,摄于1942年。
中:初中毕业。
下:在上海川沙中学高中毕业。

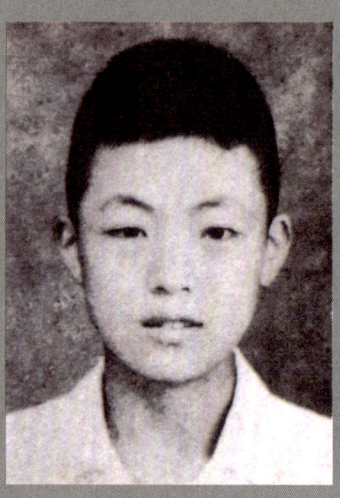

波辛劳熬春秋。您从小就目睹了国家的战乱，家庭的不幸。

您常常坐在小板凳上，听外祖母讲述岳飞"精忠报国"的故事，虽然当时您还不知道什么叫民族气节，但已经懂得了忠良受人敬仰，千百年来被世人传颂。而那卖国贼、奸臣秦桧却只能永远跪在岳飞墓前的耻辱，世世代代被后人唾骂。您是那样认真、专注地学唱着岳飞的《满江红》：

"怒发冲冠，凭栏处，潇潇雨歇，抬望眼，仰天长啸，壮怀激烈。三十功名尘与土，八千里路云和月，莫等闲白了少年头，空悲切。靖康耻，犹未雪，臣子恨，何时灭。驾长车，踏破贺兰山阙。壮志饥餐胡虏肉，笑谈渴饮匈奴血，待从头收拾旧山河，朝天阙。"

您一边吟唱，一边一字一句地问明白歌词的意思，并对外祖母说："娘，鬼子兵就是匈奴，对不对？"您紧握着拳头，咬着牙说，"我长大了要像岳飞那样精忠报国。我要和好多好多中国人一起，把欺侮我们中国人的鬼子抓住，要他们跪在中国人面前。"您还把邻居家的小朋友聚集在一起，把岳飞的故事讲给他们听，并教小朋友们唱《满江红》。

听外祖母和母亲说，您自小天资聪慧，生性耿直，嫉恶如仇。三四岁时的您就非常懂事，具有超常的领悟力，同时也展示出了您过人的音乐天赋。《热血》《夜半歌声》《黄河大合唱》，聂耳、冼星海、田汉那些人民音乐家、作家创作的抗日救亡歌曲，都是您最喜欢唱的。外祖母的教诲和这一切，铸就了您刚正不阿、坚强不屈的性格。尤其一首《热血》，竟然让当年重庆国立音乐院来招生的老师对您的才华感到惊叹，要让不满10岁的您去山城读书。但那时，正处在兵荒马乱、动荡不安的战争时期，外祖母不舍得让年幼的您独自一人远赴他乡。

1949年，新中国成立了。您跟随外祖母离开了家乡常州，来到了上海浦东北蔡，连跳两级入学到了离家20多公里的川沙中学，这是您人生的又一个驿站。您带着强烈的翻身感和求知欲，在知识的海洋中如饥似渴地学习。您和我母亲一样，都喜欢看苏联小说《生活与命运》《这里的黎明静悄悄》《卓娅和苏拉的故事》，尤其是捷克作家尤里乌斯·伏契克创作的纪实文学《绞刑架下的报告》，该书记录了法西斯侵略者的暴行，字里行间却处处闪耀着革命乐观主义的人性光辉。

每到周末放学，您为了节省车费，总是步行回家。一到家就帮着外祖母料理家务，缝补浆洗，打扫院落。面对外祖母心疼的目光，您总是轻松地说："我这样走路、干活，比起当年的红军长征，只是几百分之一啊。练好铁脚板，我们还要解放台湾呢！"您是一路行来一路歌，唱着苏联歌曲《在乌克兰》，这是电影《钢铁是怎样炼成的》的主题歌。您乐观开朗的神情，振奋、感染着周边的每一个人。

青少年时期的您就已具有强烈的使命感，为中华崛起而读书，希望将来报效祖国，报答母亲，成了您生命的信念。

翻过一座山，还有下一座山在等候。您清楚，进入大学远非人生的终点，前方还有征途万里。

您把成长岁月中的收获和友情铭记于心，努力让自己成为一个对国家、对社会有用的人。奉献祖国的意志愈加坚定，追梦之行一路向前。

上世纪50年代中期，我们国家需要为经济、工业、科学技术的快速发展奠定基础，重点发展重工业和军事科技。为了服从祖国的需要，您毫不犹豫地放弃了去音乐学院求学的机会，怀着科技报国的远大志向，背负着家族的期望，来到了首都北京，就读北京工业学院（现为北京理工大学）"同步随动火炮专业"。

翻过一座山，还有下一座山。您清楚，进入大学远非人生的终点，前方还有征途万里。

在大学期间，您刻苦好学，勤奋努力，积极上进，团结友爱。您还经常自己作词编曲，唱给同学们听。正如您的大学同班同学杨兴瑶（南京理工大学计算机系教授）于1998年7月18日写给我母亲的信上说的那样：

记得踏进大学校门不久的第一个印象，就是迪平学友戴着白手套，指挥学校管乐队时的潇洒情景。我是那么羡慕他的才华，多么想加入他领导的乐队，但毕竟人数有限，无奈之际，我只好常常向华迪平借来手风琴在宿舍里学拉。拉得虽不好，但在迪平的耐心帮助和鼓励下，居然能慢节奏拉出当时最流行的苏联和波兰乐曲，并在很大程度上帮助我完成了艰苦的五年学业。

他曾微笑地对我说：我常常听你哼那些软绵绵的古曲，这和当前形势不协调，你为什么不多哼些我教的那些歌曲呢？不要把自己搞得太内向。我听了他的这番话，久久不能忘怀。是的，音乐可以激励人的斗志，鼓励人们向上；同样，音乐也可以使人消沉，孤独。在那些难忘的日日夜夜里，迪平同学每隔1～2周就教我们一首或激情奋进的革命歌曲或音调优美的民歌，在晚自修前能跟着他指挥学唱歌曲，对于紧张的我们，的确是一大乐事。每当我消沉、苦恼时，心中常常响起迪平的激情话语和嘹亮声音。

还有您的同学施如良，于1998年9月24日在写给我母亲的信中有这

舅舅华迪平在解放军这个革命志士的大熔炉里,不断地锤炼着自己的意志,坚持不懈地努力践行,搞科研,下部队,去边陲,去到祖国的大江南北。

么一段话：

　　他无论在学习上、政治要求上对自己都非常严格。积极参加学校里各项政治活动，爱憎分明，待人真诚坦率。在参加十三陵水库劳动中，他不怕苦不怕累，为上海同学做出了榜样，在一般人眼里，上海来的同学多少有点骄气，但迪平同学一点没有。

　　记得在三年经济困难那年（1961年），正巧我和迪平同学编在一个毕业设计课题小组，在后期我们三人一起到上海搞设计。住在海军招待所里，迪平同学每天早晨起得很早，帮助清洁工一起打扫走廊卫生，没有一点大学生的架子。平时对吃穿很随便。迪平同学这种艰苦朴素的精神是值得我们上海同学学习的。由于迪平同学对学习很钻研，最后在毕业设计答辩中以优异的成绩完成了大学学业。

　　童年岁月烟云风雨，青春韶华如火如荼。您经过5年的寒窗苦读，以优异的成绩毕业。参军来到了中国人民解放军总后勤部军械部，开始了您的军旅生涯。

　　在军队这个革命志士的大熔炉里，您不断地锤炼着自己的意志。在您眼中，"军人"身份是您生命中浓墨重彩的一笔。您坚强，淡定，从容，是一位有着大格局的人，总是以自己信奉的原则为人处事，心无功名利禄，坚持不懈地努力践行。

　　又一个除夕之夜到了，故乡的月亮，故乡的星星，黄浦江畔的外祖母和亲人，都盼着您归来，一起吃上一顿阖家团圆的年夜饭，但是您又没有回家。

　　您牢记古人的一句话，"男儿国是家"。您深知一个国家的支柱就是军队。有了强大的军队，我们的民族将不再任人欺凌，有了高科技的军事装备，我们的祖国才会日益强大。古人曰："天行健，君子以自强不息；地势坤，君子以厚德载物。"在部队的这些年里，您开足马力，刻苦学习先进知识，以顽强的拼搏精神，每天超负荷地工作。整整八个春秋，您放弃了部队给予的每年一次近一个月的回沪探亲假期。

　　您一如既往地坚守岗位、只争朝夕、攻坚克难、勇毅前行，珍惜着每一个日月星辰。您曾对我母亲说过："活了干，死了算。"人生两极——生与死。生死之间，您为了心中的理想，一直在拼搏，在奉献。在那激情燃烧的岁月里，您把对人民军队的热爱和忠诚，都融入到日常的工作中去了。

　　搞科研，下部队，去边陲，到祖国的大江南北，您无暇浏览山水风光，在旅途的一个个不眠之夜里，您反复思考、勾画着发展规划蓝图。心中憧憬

京工画报

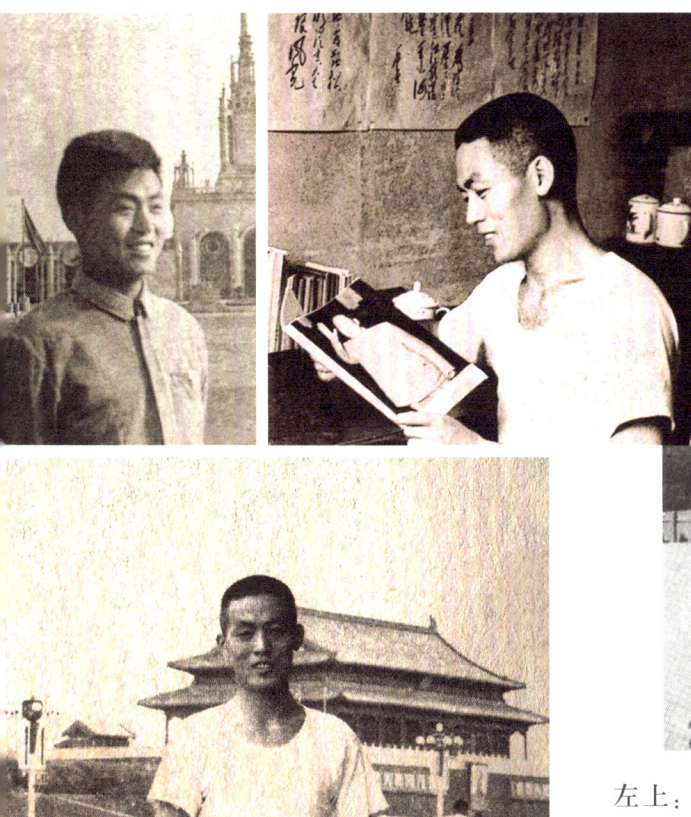

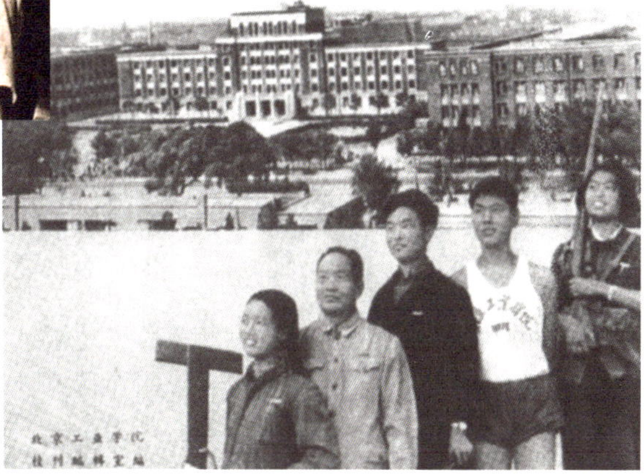

左上：舅舅华迪平在北京工业学院。
上中：舅舅华迪平在军械部单人宿舍。
右上：1959 年《京工画报》封面中的舅舅华迪平（右二）。
左中：舅舅华迪平 1967 年在北京。
下中：1957 年在北京某部队实习（后排右一为舅舅华迪平）。

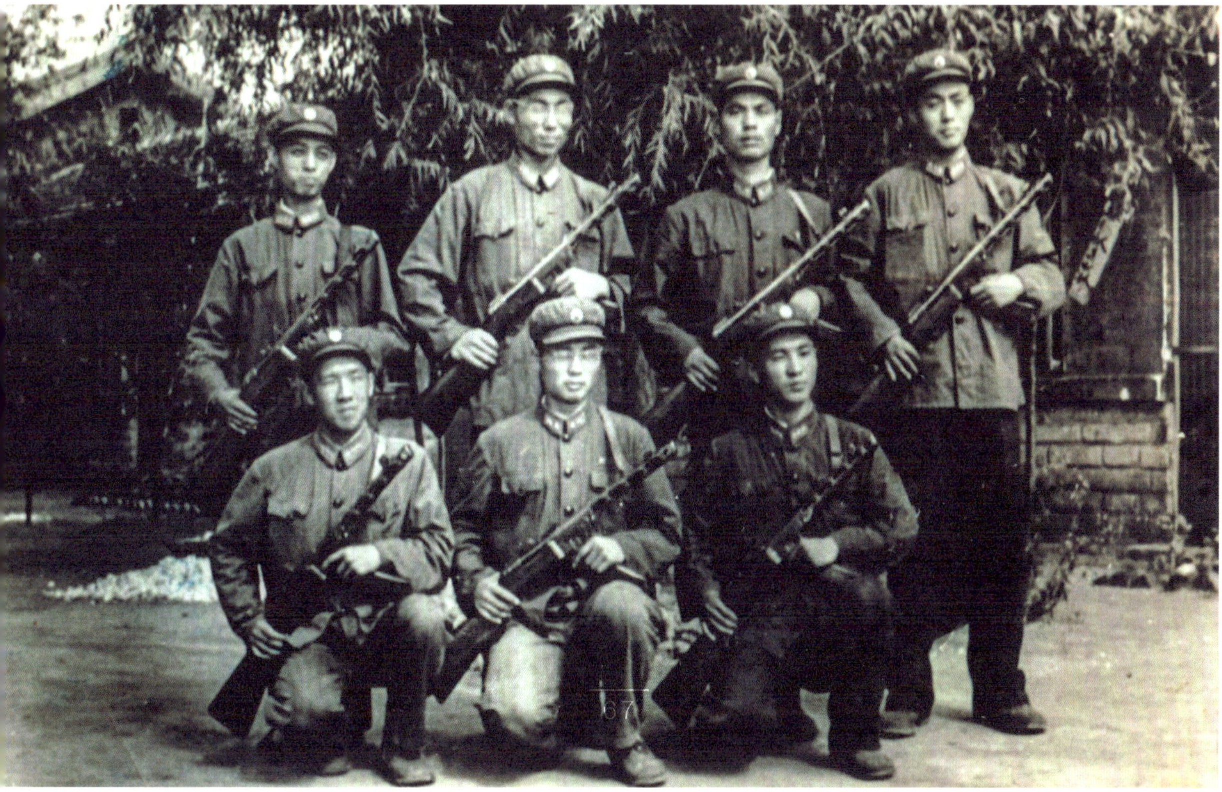

着一个目标，那就是要让我们国家自己的运载火箭早日飞上蓝天。火箭发射成功的一声巨响，祖国的现代军事科技史上，将翻开崭新的一页。

您生活上克勤克俭，绿色的军装被您越洗越淡了，您却把换发的新军装上交了，您总是说："人的本色才是第一生命。"

您对战友情同手足，体现着春天般的温暖。当得知战友李振民家中发生困难，您悄悄地寄去了30元；您去食堂打饭，当知道职工徐绍生的妻子因病需要手术缺钱时，您硬是塞给了他80元。生活中，这些事情还有很多，但您生前从没对家里人说过，而是在您牺牲第8个年头的1975年春天，外祖母与我们去北京总后勤部军械部时，从您战友的口中才知道了您做的一件件善事。这些钱，在上世纪的60年代初期，可是一个不小的数目啊！您对我的母亲说过，您很想买一把小提琴，但是您最终也没有攒够买琴的钱，却把攒下来的钱，毫不迟疑地给予了需要用钱的战友，这样的事情不胜枚举。您就是这样一个对别人慷慨、对自己吝啬的人。

世上没有空中楼阁，任何拔地而起的高楼大厦都离不开坚实的地基，祖国的山山水水在您的心中流淌。您的勤奋好学、忘我工作、助人为乐和出众的才华，获得了部队一次又一次的嘉奖。由于您突出的工作能力和业绩，曾荣立过三等功。然而这一切，您也从未对家人提起过！

上世纪60年代中期，一场浩劫席卷中国大地。一时间，大字报铺天盖地，不法分子横行霸道。暴风雨中的人啊，已经容不得自己多想了，接着就是随波逐流地被人领向街头巷尾，"破四旧，立四新"。当时流行的口号是："横扫一切牛鬼蛇神，荡涤一切污泥浊水。"您所在的总后勤部军械部，看似平静的阜外大街165号大院，也已是山雨欲来风满楼。按理说，您是搞技术的，完全可以继续您的研究工作。然而，当时的工作氛围已被打破，乱象丛生，部长办公楼门前一张张大字报出现了，并且一层层地覆盖翻新，批判对象是当时的军械部部长梁冰。"特殊时期"打破了太多的常规，同时派生出了一桩桩冤案。从小情深义重的您不顾个人安危，爱憎分明，立场坚定，仍然坚持着自己的职业操守，您不愿将宝贵的光阴浪费在无休止的内战争斗中，继续着您的"同步随动"研究工作，充分体现了您作为一个军队科技工作者的执着和担当。

记得我最后一次见到您，是1967年的4月29日。那时，军人出身的父亲被诬陷关押，母亲则每天在单位接受着文攻武卫没完没了的审查和批斗。那次，是您出差来上海，回家看望外祖母和家人，您将满腔的愤慨和无奈，

二舅华迪平与姨妈、大舅、父母、小舅在上海和北京时的合影。

化作了一首首黄河大合唱的歌声,《黄河颂》《黄河谣》《黄河怨》《保卫黄河》《黄河船夫曲》……顷刻之间,楼上楼下、楼前楼后的街坊四邻都涌到了家中,家里的桌子板凳都坐满了,有的孩子坐在了窗台上,有的就只能站在门外,为的是听您那高亢动听的男高音。

灾难总是悄无声息地降临,躲不开,也逃不掉。

记得那天深夜,我听到您对外祖母和母亲说:"我是一名军人,本应该属于战场,但现在国家面临着前所未有、持续不断的内乱,我们军队也未能幸免,真是令人担忧啊……人最痛苦的是失去希望,只要有希望在就好!我这次回北京后,也不知道下一次什么时候才能再回来看望你们……"第二天,您就匆匆告别亲人赶去位于外白渡桥旁的总后勤部零五招待所。没想到,这竟然会一语成谶,这次见面成为了您与亲人的诀别!

那时的中国大地,已然没有了书香清风、井然秩序,到处都弥漫着一股黑云压城城欲摧的戾气。

家族的先辈都是文化人。有一种传承,那就是一代代的子孙后人都喜欢书写家信。正所谓:"烽火连三月,家书抵万金。"无论是战争时代,还是困苦岁月,抑或是新中国刚成立的百废待兴时期,一直到动荡年代,书写家信早已成为这个家族每代人约定俗成的习惯。

那年的秋天,社会正处在秋风秋雨愁煞人的政治氛围中……您一向很有规律地每隔20天左右就会给家里写一封信。然而,那时家里已经有两个多月没收到您的来信了。

我铭心刻骨地记得,1968年11月1日那个寒冷的早晨,天空阴沉沉的,北风呼啸着席卷浦东大地,似乎预示着有什么不幸要降临。默默忍耐思念之苦的外祖母迈着蹒跚的脚步,与我母亲来到北蔡邮局,向北京总后勤部军械部发了一份电报。电文是:"华迪平近况好坏请速告。"到了傍晚时分,早已放学回家的我,只见母亲在同事的搀扶下,跌跌撞撞一步一步艰难地走上楼,进了家门,悲愤至极的母亲再也控制不住了,撕心裂肺地喊道:"不可能啊,不可能!"号啕大哭了起来……

此时,外祖母在我的搀扶下,颤颤巍巍地走到窗前,仰望已经漆黑的天空,再也撑不住了,她痛哭流泪,捶胸哀号,她想不通啊,上苍为什么要一次又一次地折磨她。此刻的她,泣不成声地说:"难道迪平就这么匆匆忙忙地离开这个世界了吗?"……您的牺牲,对外祖母几乎是致命的打击!

那一天,那一刻,深深烙印在岁月之中,永不消逝。那一年,我11岁。

这是我平生第一次感受到了什么叫"悲痛欲绝",什么叫"生离死别"。外祖母又一次经受了常人难以忍受的痛。那些日子里,我看到外祖母苍老的容颜,每天以泪洗面,她的头发像霜打了一样,越来越白了。在此后的无数个日日夜夜,无奈、悲哀、愤慨,甚至绝望,都在折磨摧残着外祖母的身心。母亲则白天强忍着悲痛,一边挨整,一边工作。晚上回家就在信笺上不停地写、写、写!在钢板上用力地刻、刻、刻!她把字字血、声声泪都倾注到了字里行间。

迪平舅舅,1968年10月28日是您牺牲的日子,您的离去,成为了亲人们心中永远的痛。这个日子也成为了家族永远的纪念日。

您是大器之才,命运系于国运。您短暂的一生,具有历代正直的知识分子身上那种"士可杀不可辱"的气节,您以壮士断腕、视死如归的气概,坚定自己的立场,绝不向祸国殃民的恶势力低头。为了伸张正义,维护真理,您用30岁年轻的生命,谱写了一曲忠于共和国的英雄赞歌!

就像母亲在纪念您的一首诗里写道:
为什么,为什么?
属于您的只有三十个春秋,
这么短暂,这么急促。
来时匆匆,炮火连天,
去时匆匆,血雨腥风。
您带走了未竟的事业,
带走了亲人永恒的思念!
京工五年人才铸,
为报祖国献身国防,
一代精英党哺育,
部队八年成脊梁。
正义在胸,你强敌面前不屈辱,
手无寸铁,你壮士一去不复返!
此恨无尽,
问苍天,
路茫茫……

然而,在那个黑白颠倒、人妖混淆的年代,您的牺牲却成了一大罪状。

为此,"罪臣之母"的标签,被强加在了外祖母的身上。外祖母作为旧时代过来的知识女性,只能忍辱负重,忍气吞声,欲哭无泪,她和父母一起遭受了种种迫害,不断地被监视、跟踪、批斗。全家过着居无定所、颠沛流离、极其不安定的迁徙生活。

那些年里,在万籁俱寂、夜深人静之时,我总会看到听到外祖母不时地自言自语:"什么时候才能为迪平昭雪平反啊?""什么时候天才会亮啊?"

天道有轮回,苍天饶过谁。

1971年的"九一三"事件,向世人宣告了"林彪反党集团"的覆灭,他们企图篡党夺权、残害革命者的真相终于昭然天下。

正义没有缺席,正义最终战胜了邪恶!

拨乱为治,回归正道。1975年11月,经邓小平同志批示,总政治部批准,于1975年12月24日,我们的党为您平反昭雪,追认您为革命烈士,在北京八宝山革命公墓为您举行了隆重的骨灰安放仪式。拄着拐棍的总后勤部军械部部长梁冰(他被迫害致残)亲自致悼词。外祖母、父亲(当时我母亲正被迫害关押着)、端姨、康舅,以及您的后代,从祖国的四面八方来到北京,参加了您的骨灰安放仪式。翌日,总后勤部军械部委派了您的战友谢大军、熊秉茹护送您的骨灰到上海,安放在龙华烈士陵园。您终于魂归故里,英魂永存。

我还要告诉您的是:1974年初春,我响应当时国家的号召,去到川沙北蔡农村插队落户。虽然当知青的日子很艰苦,但生活逼迫我很快就学会了在农村的各种生存技能,我喂过猪,种过地,开过河,代过课,原以为自己会在农村生活一辈子,但幸运之神却猝不及防地来到了我的面前。1979年秋末,您生前的部队中国人民解放军总后勤部来上海招兵(当时仅在徐汇区招收十名女兵),外祖母得知这一消息后,立刻给时任总后勤部部长的张震上将写信,在张部长的特批下,我作为您的后代,承载着外祖母和全家的重托、期盼,参军来到北京,接过了您手中的枪。

在部队期间,我时刻牢记外祖母和亲人的嘱咐,肩负着责任、使命,珍惜您用鲜血和生命换来的这个来之不易的参军机会。在十多年的军旅生涯中,我加入了中国共产党,当过通信兵、保密员,协助第二军医大学张良德副校长编写红二十八军战史,并在该校政治部政治教研室和训练部外宾训练队从事教学工作。在不同的岗位上,我刻苦学习,努力工作,多次获得嘉奖,为国防事业做出了自己应有的贡献。

1975年12月24日，华迪平烈士的骨灰安放仪式在北京八宝山革命公墓礼堂隆重举行。翌日，总后勤部军械部派专人护送华迪平烈士的骨灰到上海，安放在上海龙华烈士陵园。

1981年1月，中华人民共和国最高人民法院特别法庭审判了林、江反党集团，将这帮民族的败类、人民的公敌，钉在了历史的耻辱柱上，这是中国近代历史上难以忘怀的一页。您的英名被载入了《中国共产党十一届三中全会以来的重要文献选编》和《中国大百科年鉴》。您坚持真理、敢说真话、勇于探索，为了祖国的科学进步，不遗余力地努力拼搏，用自己短暂的人生践行了儿时许下的诺言：为祖国奉献一切！

　　迪平舅舅，您虽然已离我们而去，但您的亲人和战友却无法把您忘怀。在1998年的八一建军节那天，母亲接到了您的战友谭文德（时任总后勤部军械部部长）、宁静、李由、彭棣辉、刘茂烈的来信。信中是这么说的：

　　迪平同志才华横溢，追求真理，嫉恶如仇，虚心上进；他精于业务，认真负责，拼命工作，为我军的军械建设工作做出了自己的贡献。他多才多艺，琴棋书画无所不会，看他写毛笔字，如同书法艺术欣赏，当我们一起唱歌，听音乐，特别是在他指挥下放声唱歌时，更是深深地感到了他多方面的才干。他的确是一位不可多得的很有抱负、很有发展前途的英才。

　　我们为有这样一位好战友、好兄弟感到荣幸和骄傲，为他的不幸遭遇深感痛心和惋惜。在那个反常的年代里，我们为此事一直是愤愤不平的，心情无法平衡。经过拨乱反正，公道已讨回。现在已是国富民强，一片繁荣景象，烈士的在天之灵足以告慰。我们的战友、兄弟之情将永世长存。

　　2009年1月20日，您的同学杨兴瑶又给我父母写了一封信，他在信上如是说：

　　看到了五十年前的照片，真是感慨万千，这一切恍如昨日一般，一幕幕在我脑中浮现……

　　因为这些都是和迪平一起度过的，光阴似箭，岁月如梭，他总是牵起我无尽的思念和回忆，就像苏联电影《忠实的朋友》中所唱的那样，"无论是动荡的岁月还是暗淡的时光，忠实的朋友永远在我身边"。同时，又让我想起了臧克家的诗："有的人活着，他已经死了；有的人死了，他还活着……"我想迪平兄还活在我们心里。照片中的他和我挨得如此近，命运为什么把我们分开这么久远？……

　　迪平舅舅，您的离去，悄然中给我们后代留下了太多的念想。您的正直豁达，您的清正坦荡，您的才情学识，这一切熔铸了您的高风亮节。您有诗人的气质，有古代士大夫的风骨。我们对您的敬重和爱戴，会化作不尽的思念和无涯的缅怀，奔流在岁月的长河中。我们的心灵祭奠是长久的，永恒的。

迪平舅舅，我想对您说：

我们的祖国，从来不会辜负英雄。

如今，我们生活在祥和安宁的和平年代，那些曾经的血腥、苦难、动荡的日子，早已经成为尘烟滚滚的历史。

半个多世纪过去了，我们早已从懵懂的孩童长大成人了。如今的我，也已经是一个年过花甲的人了。

应该告诉您的是，外祖母一直和我们平静祥和地生活在一起，过着宽裕安逸的日子，享受着岁月静好、温馨快乐的晚年时光，并在我们的陪伴下走完了人生的最后一程，她老人家已于1999年5月18日清晨在上海长征医院，安然离世，享年90岁。她与外祖父的衣冠和神主牌一起，长眠于淀山湖畔的上海华侨公墓。

漫漫征程，一路走来，我们虽然经历了太多的悲欢离合，苦难沧桑，但我们没有沉沦，没有颓废。我们都在各自的工作岗位上兢兢业业，尽心尽责，为祖国的发展，为党的事业，做出了应有的贡献。

为有牺牲多壮志，敢教日月换新天。

我还要告慰您的是，您曾经从事的国防科技事业后继有人，日新月异。如今，我国的航天科技已经走在了世界前列。盛世中华，如您所愿！

长城是一首诗，黄河是一曲歌，英烈的名字永世传颂。

您的一生志存高远，胸怀祖国，修身立德，淡泊名利。在我们的家族史上，您的英名，一个中国军人的忠贞不屈，一个知识分子的执着求索，一个大爱者的无私坦荡，一个性情中人的达观泰然，一个赤子的拳拳报国之心，将永远铭记在每个人的心中！您是为国捐躯的时代勇士，是有志富国强军、献身国防高科技的精英，是一位真正值得我们后代敬仰的国之脊梁！

岁月悠悠再回首，往事如烟情依旧。每年的清明节和纪念日，我们都会虔诚地去看望、祭拜外祖母和您，向后辈讲述这个家族的故事。这份情，这份爱，将会绵绵不断，世代传承。

感谢上苍，让我们成为您的后代，感谢命运，赋予了这一血缘的偶然，也许这就是人世间所说的"缘"与"情"。我们只是暂时的分别，愿来生我们还是相亲相爱的一家人！

华 黎

2021年11月19日

华迪平烈士

2018年10月28日,是舅舅华迪平为国捐躯50周年的纪念日。我们仨和第三代贾一,代表全体亲人来到了上海龙华烈士陵园祭奠。迪平舅舅,您用炽热的鲜血换来了国家的安宁与太平,用生命换来了我们现在的美好生活。我们和子孙后代不会忘记您的英名,永远缅怀您!您是中华民族的骄傲,您那宁死不屈的勇士精神,将激励着我们,永志不忘。

这一块块的墓碑,代表着一份份的忠诚。中华大地,无数革命先烈、仁人志士,为了民族的解放、国家的富强和人民的幸福,战斗到生命的最后一息。革命烈士永垂不朽!

母亲写给长眠在龙华烈士陵园的迪平舅舅英灵之信（一）

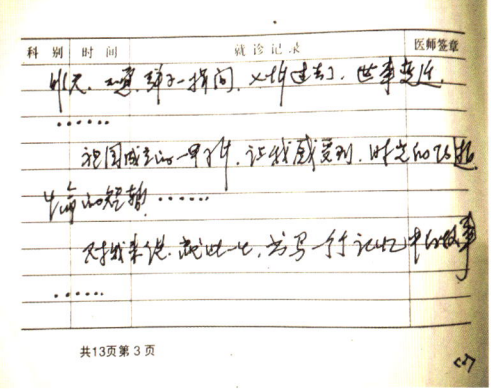
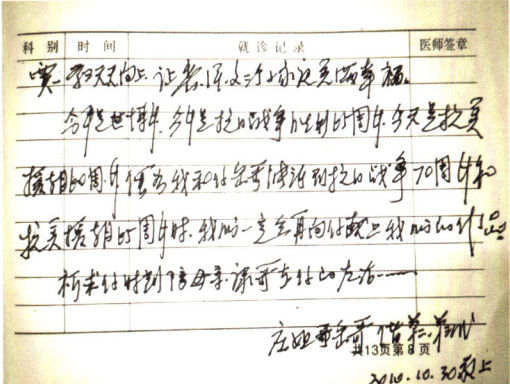

母亲写给长眠在龙华烈士陵园的迪平舅舅英灵之信（二）

母亲写给长眠在龙华烈士陵园的迪平舅舅英灵之信（三）

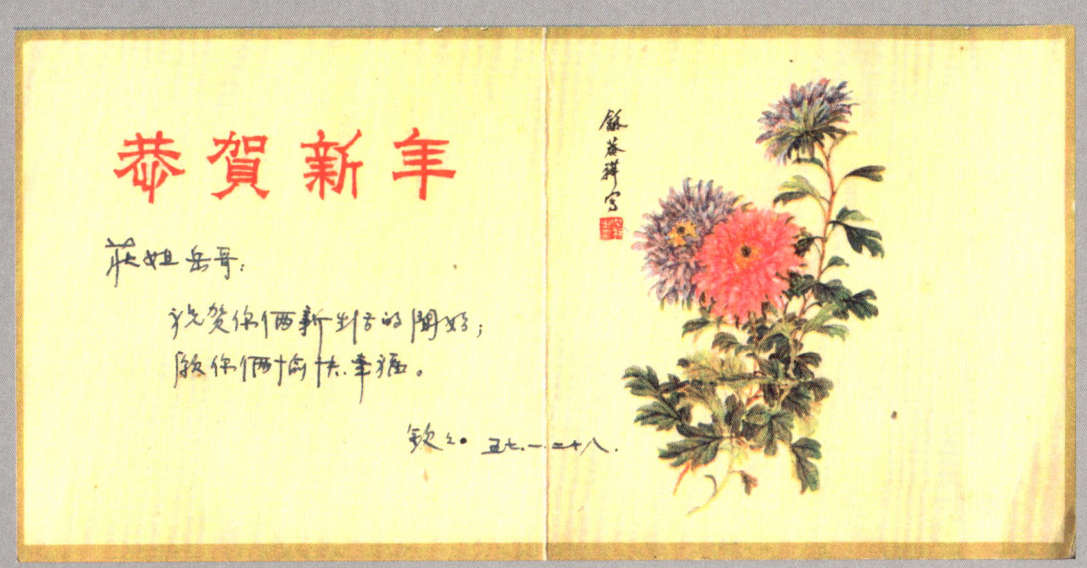

这是迪平舅舅在父母结婚当日从北京发来的贺卡。

注："钦钦"为迪平舅舅的小名。

满江红 悼迪平同志

烟雨登楼身已是暮秋时节，龙华园黄花苍柏旧时英烈今宏辞壮忠魂，馨花绕长城碧血戎衣列哀乐起，叹末老男儿遗宏业，浦江岸，意亲别，鸣鹤志长空声，盼九天霹雳怒，飙一曲乡新奇冤十载难未酬，壮志腔血现忠奸善恶，早分明魂安息

辛丑惊冬女于斗室 罗坪

往事一则

4月5日是清明节,每逢佳节倍思亲。

清晨我站在窗前,遥望着蔚蓝的天空,凝视着花盆里的万年青,浮想驰骋,往事像银幕上的一个个镜头,掠过心头。最使我难忘的是1975年12月24日这一天的事情。

这是阴雨连绵的一天,我肃立在亲爱的舅舅华迪平烈士的遗像前,把两只丝绸织成的小花圈和两盆万年青,小心翼翼地捧在手里,和舅舅的其他家属,在舅舅生前的部队——军械部首长陪同下,一起乘车去八宝山革命公墓。

汽车在宽阔的公路上飞驰,我望着苍黄的天空,心儿随着颤动。

汽车在八宝山革命公墓的礼堂门前停住了,我们全体家属及部队的首长们缓步走进灵堂。这里已有几百个臂戴黑纱,胸佩白花,噙着泪水,默默地站立着的人们,他们是舅舅生前的好友、同志,军械部首长含着眼泪,哀乐声声,哭泣阵阵。被林彪、邱会作一伙迫害致残的军械部部长梁冰同志拄着拐杖走到灵台前读了悼词。悼词说:华迪平烈士是1960年北京工业学院毕业到军械部,他爱憎分明、立场坚定、文武双全,在"同步"火炮的研究上做出了重要贡献。

在林彪、邱会作一伙妄图颠覆无产阶级专政的危急时刻，华迪平同志挺身而出，为捍卫毛主席的革命路线，同林彪、邱会作一伙做了殊死的斗争。在邱贼私设的监狱里，华迪平同志坚强不屈，视死如归，任凭林、邱一伙的严刑拷打，百般折磨，宁死不屈。最后在北京被迫害牺牲……说到这里，梁部长的声音愈加颤抖了。

我用手拭去已经模糊了我的视线的泪水，抬头仰望着舅舅的灵台。灵台的中央安放着舅舅的骨灰盒，四周是常青松柏和总后首长及我们亲属敬献的花圈，花圈的缎带上写着："革命烈士华迪平同志永垂不朽。"接着又是梁部长哽咽的声音："华迪平同志的牺牲，使我们失去了一位好同志，好战友，是我部的一大损失。我们永远悼念他，学习他的革命精神和高尚品质。"

我听到这里，再也抑制不住悲痛，失声痛哭起来。在悲壮的哀乐声中，同志们泣不成声。舅舅，您用火红的鲜血染红了八一军旗，您用革命意志写下了无产阶级威武的军容。您不愧为党的骄子，无畏的战士。

追悼会在阵阵哀乐声中结束了，我走出陵（灵）堂之前，又朝着迪平舅舅的遗像鞠了三躬……

这件事到今天已有两年多了，但我还记忆犹新。在清明节里，我更加思念光荣牺牲的小舅舅。舅舅，我一定继承您和无数革命烈士的遗志，接您的班——向科学的尖端进军，攀登科学高峰。1975年12月24日，成了我永恒的记忆。

为有牺牲多壮志，敢教日月换新天！

贾文　1978.11.4

84

老物件的情怀

  父母都是喜欢念旧、怀旧的人。因此，对家族前辈留下的一些生活物品怀有一种特殊的情感。这些体现生活经历、承载着几代人回忆的老物件，虽然经过了特殊年代的洗劫和多次搬家，但还是被我们完好地保存下来了。母亲常说："忘记了过去，意味着背叛。"在岁月的长河里，不知不觉中，家人之间对这些老物件就产生了情感上的默契和共鸣，并逐渐地使之成为一种家风。

  在为父母装修住所的时候，我们特地在书架上方留出了一排空间，摆放了一些近则几十年、远则百年以上的老旧实物，并把它称为"怀旧角"。

  我们这样做，并不是因为这些老物件有多么贵重，这些老物件所处的年代有多么美好，而是因为它是对真实生活的尊重，人间烟火味，最抚凡人心。它们见证了日月交替、家国变迁，见证了那个不能忘怀的岁月和年代。它们是情义的存在，散发着记忆的气息，有一种穿越时空的主题空间。

  时光太长，虽然湮灭了许多宝贵的回忆，但每当看到这些受过岁月洗礼的老物件，总会让我们产生出许多感叹、感慨。历经风雨，穿越世纪，早已物是人非，这些老物件承载着太多的故事。睹物思人，触景生情，每当我们触摸它，记忆的闸门便会被打开。往事如烟，那人，那事，那景，历历在目。在艰难的岁月，灰暗的时光，脆弱的瞬间，绝望的处境下，这些老物件神奇地让我们排解忧愁、积蓄力量，熬过一个个难挨的日子，体验生活的苦辣酸甜，观赏别样的江山风月，给予了我们太多的心灵慰藉和欢乐悲伤。沉浸其间，于是，

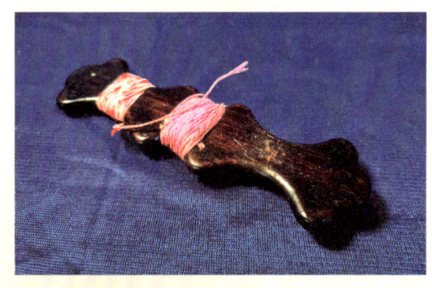

母亲：你不会再回到我们身边了!!!盼只盼如有来世再相会。再用这些包粽子的线包粽子给我们吃……这块你出嫁时的针线板已陪伴我六十年左右了。有了它，我会穿针引线。有了它，我会自制衣袜。有了它，我一生都能劳作渡过。针线板呀针线板母亲呀母亲，为我们子孙缝制了多多少少衣物。母亲你多少心哟!!!又到吃粽子的时候了。我把粽子上的一根根线，又缝在这线板上!!!　　庄儿叩上 2009.2

母亲出嫁时针线板祈代代相传，有一双勤劳的手，就有用财富。

要离开生活、工作战斗了的曾经拥有的一片热土，百感交织。童年、少年、青年此年直至步入中年。从安达纱厂到公私合营，到国棉28厂……一草一木都洒下了

我对这片土地的性、爱、仇、恨、汗、血、泪、一腔热血、一团始终炽热炽烈、炽烈、炽烈……
生有离不开手——劳动生活、穿针引线

平淡的时光变得斑斓，阴翳的天空有了暖阳。

例如，那个小小的红木针线板和一把红藤小剪刀，至今已有150多年的历史了。小时候听外祖母说，那是她的母亲结婚时的陪嫁物，寓意"慈母手中线，游子身上衣。临行密密缝，意恐迟迟归。谁言寸草心，报得三春晖"。如今它来到我的手中，已经是第五代了。

一个印有"赠给最可爱的人"的搪瓷茶杯，是70年前祖国人民慰问团赴朝时，送给正在参加抗美援朝志愿军作战的父亲的一个纪念品。

还有那个印有梅花图案的热水瓶，是半个多世纪前，迪平舅舅留下的遗物。因为迪平舅舅喜欢毛主席诗词《咏梅》，那段"已是悬崖百丈冰，犹有花枝俏"的诗句，正是迪平舅舅坚毅刚强性格的写照。

一个锈迹斑驳的煤油炉，是在动荡年月里，母亲被诬陷关押在白茅岭劳改农场时，我从上海带过去为患重病的母亲熬中药、煮稀饭时的炊具。

值得一提的是一个尼龙小指套。母亲在指套边上写了这些文字："千针万针钩成的手指套，一、二个晚上就穿了！如果没有这个手指套，食指可想而知！！！"当年的情景是这样的：母亲遭受迫害期间，在车间干着高强度体力活"摆筒管"，家里买不起手套，我就把旧尼龙袜拆成尼龙线（棉线不耐磨），一针针、一线线，钩成一个个小指套（有几百个之多），母亲在摆筒管时套在食指上用以保护食指。

那个已经换过三次锅底，还是被母亲擦得铮亮的铝锅，购于上海刚解放时。母亲专门写了一张小纸片放在锅盖上面："1949年上海解放了！！！华荫庄与姐姐华荫端从奴隶到主人翁，翻身了。用这只买回的锅子煮烧了多少喜怒哀乐……"

是啊！上面的这些文字，真实地记录下了母亲当时的心情和处境。没有烟火，哪有人间。

还有那一本本歌颂英雄人物的连环画册，教会了我们很多做人的道理，是我们幼时度过的难以磨灭的美好时光。

生活是需要历史和回忆的。旧时的回望，新时的期盼。如今我们也到了人生的桑榆时光，再目睹这一个个老物件，怀旧气息，迎面扑来，它不仅映射着琐碎而真实的生活，更多的是一路走来的生命风景。它让我们看到在崎岖不平的风雨人生路上，是如何被这尘世间烟火气抚慰、温暖和治愈的，这一锅一铲叙述着柴米油盐的温情。它触动到我们内心深处最柔软的情感，感恩亲人间不弃不离的相依相守。它能引起我们对人生更深刻的领悟和正面的思考。此刻，仿佛外祖母的话在耳边回响："要做一个内心充满阳光的人，对每一件热爱的事物都要全力以赴，时光一定会让人满载而归的。"

  时代变迁，光阴荏苒。一个家族的家风，需通过一代又一代人的积淀和传承，逐渐地浸润到每一个后代的骨子里，成为家族成员之间的精神纽带，甚至形成他们性格的一部分。我们有责任将此清白家风代代传承。

华 黎

2021 年 11 月 25 日

第二篇

为什么战旗美如画，

英雄的鲜血染红了它；

为什么大地春常在，

英雄的生命开鲜花。

　　抗美援朝，又称抗美援朝运动或抗美援朝战争，是20世纪50年代初爆发的抗美援朝战争的一部分，仅指中国人民志愿军参战的阶段，也包括中国人民支援朝鲜人民抗击美国侵略的群众性运动。1950年7月10日，"中国人民反对美国侵略台湾朝鲜运动委员会"成立，抗美援朝运动自此开始。10月，中国人民志愿军赴朝作战，拉开了抗美援朝战争的序幕。在抗美援朝战争中，志愿军得到了解放军全军和全国人民的全力支持，得到了以苏联为首的社会主义阵营的配合。1953年7月，双方签订《朝鲜停战协定》，从此抗美援朝胜利结束。1958年，志愿军全部撤回中国。10月25日为抗美援朝纪念日。

　　抗美援朝战争锻造形成的伟大抗美援朝精神，是弥足珍贵的精神财富。2020 年 10 月 19 日，习近平强调：在新时代继承和弘扬伟大抗美援朝精神，为实现中华民族伟大复兴而奋斗。2021 年 9 月，"抗美援朝精神"被列入党中央批准中央宣传部梳理的第一批中国共产党人精神谱系。

力挽狂澜　　强敌梦灭

记扭转朝鲜战局的第 9 兵团 2 次战役伟大胜利

1950 年 6 月 25 日，抗美援朝战争爆发。美国立即派兵入侵朝鲜并侵占中国领土台湾，中国的安全受到严重威胁。9 月 7 日，华东军区司令员陈毅来到驻上海地区的第 9 兵团，在兵团军以上干部会议上传达了中央军委命令，解除第 9 兵团渡海登陆作战的训练任务，要求部队适应新的作战任务，立即集中突击进行人员补充，开到江北继续练兵 3 个月，随时应付帝国主义挑衅，准备与"天字第一号"的美国军队作战，这是很艰苦的任务，一定要完成好。

1950 年 9 月 28 日，9 兵团司令员宋时轮与先头部队一同北上，立即到济南找山东省委和省政府，要求帮助解决第 9 兵团赴寒区作战的防寒装备尤其是冬装问题，山东省委和省政府答应尽全力帮助部队解决。

在第 9 兵团北运山东期间，朝鲜战局严重恶化。10 月初美军大举越过"三八线"，疯狂进攻，北朝鲜处境危急。美空军飞机多次深入中国边境纵深进行侦察、轰炸。应朝鲜劳动党和政府的请求，为了"抗美援朝，保家卫国"，中共中央和中央军委决定：1950 年 10 月 19 日，第 1 批志愿军由邓华（第 13 兵团司令员）率领其 4 个军 12 个师立即开赴朝鲜参战。邓华兵团出敌不意地出现在朝鲜战场，第 1 次战役首战告捷，在一定程度上打乱了美军的侵略步骤，提高了全军将士的斗志，但整个战争形势尚未根本扭转。在这种情况下，毛泽东和彭德怀等决定：志愿军发动第 2 次战役并调宋时轮（第 9 兵团司令员）率领 3 个军 12 个师（每师 1 万余人）、3 个军部和 1 个兵团部 3 万余人，共 15 万人赴朝参战。

1950 年 10 月 13 日，第 9 兵团宋时轮司令员与副司令员陶勇、参谋长覃健、副参谋长王彬签署命令：原国民党军（成都战役起义的董宋珩司令员）第 16 兵团与本兵团合编，第 47 军编入第 26 军；第 41 军（缺 124 师）编入第 27 军；第 79 军及第 41 军 124 师、独立纵队、警卫团编入第 20 军；第 16 兵团部技术人员等编入本兵团部统一分配。

在改造整编成都战役起义的第 16 兵团期间，我跟随宋时轮司令员在常

熟的第9兵团团部工作，合编结束后，我被调到山东曲阜第9兵团司令部作战处工作，并于朝鲜期间在宋时轮司令员身边誊写了很多机要文电，参加了朝鲜第2次、第5次战役的全部过程。

1950年10月23日，中央军委电令第9兵团："请令宋时轮同志即来北京；宋兵团须从速进行政治动员和军事训练，并准备先开一个军去东北。"毛泽东要直接了解第9兵团的情况，在山东整训3个月的计划也将发生变化。

10月24日，毛泽东、周恩来接见了宋时轮。当宋时轮全面汇报了第9兵团的详细情况之后，毛泽东说：时轮同志，为何劳师远征把你的兵团调入朝鲜而不就近调动部队，这一点不用说你是清楚的。军委要用人之长，要用部队所长，解放战争你兵团练就了一身的硬骨头，是善打阻击、勇战恶敌的部队之一，现在用你兵团目的就在于此，我们要争取战略主动，扭转战局。我们一定要争取主动，夺取战略上的胜利。长津湖地区位于西线志愿军侧后，要在这里画一条线，绝不能让"联合国军"跨过这条线。你兵团的任务就是占领有利地区，割裂敌东西联系，以消灭美军两个团为主要目标，特别是以打美陆战第1师为主。美国人是最怕死的，只要陆战第1师顶不住，抓住这个主要的精锐就可以化解矛盾，争取主动。战役要立足于你的兵团独立作战，不要寄希望于增援，德怀同志也没有兵力支援东线；战役部署和指挥由你全权承担，我们不遥控；战役目标是让敌人从何而来再从何而退，之后稳定战局，这是最理想的方案。

最后，毛泽东做了两个决定：一是第 9 兵团全部运东北整训，并让代总参谋长聂荣臻和宋时轮具体商定第 9 兵团北运的详细计划和防寒装备问题的解决办法；二是让朱德总司令亲自赴兖州，慰问第 9 兵团并进行战前动员。由此足以看出毛泽东对第 9 兵团行动和实际困难的高度重视。

1950 年 10 月 28 日，朱德受毛泽东之托来到曲阜慰问第 9 兵团。朱德不辞劳苦逐个找军以上干部谈话，讲形势，谈此次出兵朝鲜作战的意义，谈如何以劣势装备战胜优势装备的美军（在这一点上特别强调了要大家树立敢打、必胜信心），讲如何动员基层官兵积极参战等。29 日宋时轮主持召开全兵团团以上干部会议，并请总司令做动员报告。出席动员大会的兵团首长有副司令员陶勇、参谋长覃健、政治部主任谢有法、副参谋长王彬。在宋时轮的陪同下，朱德迈着稳健的步伐，走上主席台，会场响起了阵阵掌声。总司令环顾四周，向大家招手致意，他操着浓重的四川口音，单刀直入地说，美帝国主义不顾我国政府的警告，越过"三八线"，直逼我国东北边境，严重威胁到新中国的安全，对此我们决不能置之不理。为了保家卫国，支援友邻，中央决定派出中国人民志愿军，协助朝鲜人民反对侵略。中央军委根据朝鲜战场的实际情况，解除你们攻台训练任务，参加志愿军，你们肩负着光荣而伟大的使命。我们的战争是正义的，有世界和平民主阵营的支持，我们一定

能胜利。朱总司令还指出：出兵朝鲜作战是党中央的英明决策，第9兵团第20、第26、第27军是第三野战军的主力部队，在华东战场上打过许多硬仗、漂亮仗，这次入朝参战，在宋、陶二位指挥下，一定会打出雄风来的。总司令的动员讲话不时被热烈的掌声所打断，会场的气氛隆重、热烈。

毛泽东于1950年10月31日电示华东军区：第9兵团全部于11月1日开始，先开一个军，其余两军接着开动，不要间断。到达战区之后，受志愿军总司令部指挥，以寻机各个歼灭南朝鲜首都师、第3师、美军第7师及陆战第1师等4个师为目标。至此，第9兵团的开进任务在几经变化之后，最后定为由山东直开朝鲜前线作战。

11月3日，第27军先头部队到达沈阳，4日，后续的第20军、第26军和兵团部接着开动，宋时轮带兵团前进指挥所同时出发，准备经沈阳去新义州，指挥先头部队过江入朝。在沈阳时，宋时轮曾向东北军区首长汇报了第9兵团还没有解决防寒装备问题。据当时东北军区副司令员贺晋年回忆："时轮同志十分爽直，向我谈了由于行动匆忙，准备不足，部队冬衣严重缺乏的情况。我立即下令将军区仓库中存放的原日军大衣、棉鞋悉数调给第9兵团使用。但由于这批物资数量有限，不能满足兵团需要。"

华东、济南、东北3次解决寒衣的计划均未达到目的。朝鲜东北部地区为世界寒区之一，第9兵团广大指战员入朝作战困难可想而知，在没有寒衣的情况下，就向寒冷的朝鲜开拔了。根据朝鲜战场东线敌我力量对比，11月5日，中央军委决定第9兵团立即入朝鲜，担负江界、长津方向作战任务，以转变战局。11月6日，彭德怀致宋时轮、陶勇电报指出东线战场（小白山以东）宋兵团应诱敌深入至旧津里、长津线，以消灭美陆战第1师两个团为目的。

1950年11月7日，宋时轮指挥第9兵团开始隐蔽入朝，长长的队伍，悄无声息地在夜幕中前进，脚步接触地面踏在积雪上不时发出轻微的沙沙声，天边的月色被一块块乌云隐去，四周一片黑暗，刺骨的寒风穿透了将士单薄的军装，时时扑打着每个人的手和脸，第9兵团部队第一次领略来自西伯利亚寒流的严酷。第20军由辑安（今集安）跨过鸭绿江，经江界、云松洞进至柳潭里以西及西北地区，17日完成集结任务；第27军自临江进至朝鲜向长津地区前进，21日到达旧津里地区；兵团指挥部随27军过江后，立即向江界胜芳洞指挥位置前进；第26军过江后，于临江、中江镇地区集结，21日进至厚昌口地区，担任兵团预备队兼志愿军总预备队。至此，第9兵团第

1、第 2 梯队全部秘密完成战役集结行动。

从当时的实际来说，第 9 兵团并非严格意义上的陆军。因为陆军军种所必需的炮兵、工程兵、装甲兵、陆军航空兵等兵种，第 9 兵团都不健全或根本没有。兵团各师炮兵团大多以迫击炮为主，没有重型火炮；各师工兵营尚不能称为工程兵部队，而且数量很少；武器装备较差。所以，当年兵团的老同志深有感触地回忆说：志愿军第 9 兵团与其说是陆军，不如说是步兵更准确。陆军所要具备的兵种第 9 兵团不具备，这就形成第 2 次战役东线战场志愿军步兵第 9 兵团，要对付全部机械化装备、陆海空三军联合立体作战的"联合国军"第 10 军。

"联合国军"总司令麦克阿瑟认为，中国军队及大量军用物资从中国东北地区通过鸭绿江入朝，将造成"联合国军"迅速占领全朝鲜的困难，要求美国空军轰炸中国东北地区的军事基地和鸭绿江上所有的桥梁，阻止中国人民志愿军继续入朝，以实现其两个星期内完成"最后攻势"，让美军官兵"回家过圣诞节"的企图。11 月 8 日，美国空军开始发动为期两周的"空袭战役"，麦克阿瑟命令美国远东空军司令乔治·斯特拉特迈"以最大的力量""摧毁在满洲边界上的朝鲜这一端的全部国际桥梁"。"空袭战役"期间平均每天出动各种飞机达 1000 余架次，共投弹 41127 吨，输送兵力 77495 人，发射火箭弹 9585 枚，炸毁汽车 7361 辆。

11 月 24 日，麦克阿瑟视察西线第 8 集团军，向前线的指挥官和士兵灌输速战速决的战略设想。他对美军第 24 师师长约翰·丘奇说："我已经向第 24 师的小伙子们的妻子和母亲打了包票，小伙子们将在圣诞节回国。可别让我当骗子。赶到鸭绿江，我就放你们走。"尔后，麦克阿瑟乘飞机经鸭绿江口掉头向东，在空中他清楚地看到白雪皑皑的朝鲜和中国东北地区，都市、村庄、荒野历历在目，没有大部队运动和集结的痕迹。他自豪地向随行人员宣布："交通已完全彻底被摧毁，鸭绿江两岸并无中共大部队运动迹象。"

11 月 19 日，宋时轮提出了歼灭东线之敌的 3 个方案。攻击发起前，最后确定的方案是：第 27 军担任长津湖两侧正面进攻，第 79 师、第 94 师于长津湖西侧向柳潭里美陆战第 1 师主力发起攻击并实施包围；第 80 师、第 81 师于长津湖东侧向新兴里内洞峙美军第 7 师第 31 团和第 32 团一部发起攻击并实施包围；第 20 军担任向长津西侧进攻，第 58 师向下碣隅里实施进攻，并切断长津湖东西两侧之敌的联系；第 59 师向死鹰岭之敌进攻，断敌退路；第 60 师向黄草岭、古土里美军陆战 1 师师部进攻，断敌陆路补给线；

第89师向社仓里美第3师一部实施攻击,断敌东西两线联系。第26军担任兵团预备队。在这个作战部署中,攻、防、阻、堵、歼、迂回、包围等作战样式同时使用,使敌"丈二和尚摸不着头脑"。

宋时轮晚年回忆说:当时只能这样打算和部署,因为第10军主力的3个美军师相对分散,特别是陆战第1师和第7师,而长津湖天然的屏障把这两个师也分开了。从兵团部署上看是分散了一点,但是为了首尾相顾,先把敌人围起来,尔后再定先吃谁、后吃谁的问题。这个方案打国民党军可以,打美军行不行哩?行则坚持使用,不行则变换打法,总之是要在运动中打歼灭战。不变是相对的,可万变不离其宗,即大量地消灭敌军有生力量。第2次战役十分重要,它关系到整个战局的发展趋势,"须知胜利愈大我们就愈好办事"。

原定11月25日发起反击,宋时轮从实际出发,考虑到各部队仓促入朝,准备工作尚未就绪,过急发起战役如打成"夹生"于全局不利,遂向志愿军首长建议,第9兵团26日发起反击。由于作战部署几经调整,第20军第58师未能于25日赶到指定集结位置,攻击时间只好再延迟一天。此时,宋时轮已将预备队第26军由厚昌口地区南调长津东南地区。

宋时轮命令第20军、第27军于27日黄昏,向长津湖地区发起进攻。

至此，朝鲜2次战役打响！当晚，第27军由东北、东南、西、西南四个方向对柳潭里美陆战第1师第5、第7两个团完成包围；第20军控制死鹰岭、割裂了柳潭里与下碣隅里敌人的联系。28日拂晓，第27军完成了对新兴里地区美第7师的合围。至此，长津湖地区的柳潭里、下碣隅里、新兴里、社仓里被围之敌有美陆战第1师、美第7师、美第3师的部队，共计5个团、1个坦克营、3个炮兵营，约1万余人。敌以坦克组成防护圈，在火力掩护下，夜间死守，白天依靠飞机、火炮掩护，用火力杀伤志愿军。彭德怀、毛泽东先后致电宋时轮，要求采用围点打援的战法，先歼运动增援之敌，后歼被围之敌。宋时轮果断决定首先歼灭新兴里美第7师第31团和第32团第1营及师属炮兵第57营，对柳潭里、下碣隅里之敌采取钳制性攻击，对社仓里美第3师暂取守势。作战部署调整后，他命令第27军第80师、第81师担任围歼新兴里地区敌人的主攻任务。第20军第59师暂归第27军指挥，主要担负阻击美陆战第1师第5、第7两个团突围南逃的任务。自27日黄昏发起攻击至28日晨，长津湖东岸第27军第80师、第81师全力围歼新兴里之敌，毙、伤、俘敌400余，捣毁第31团指挥所和炮兵第57营指挥所。因侦报新兴里地区美军为1个营（实为1个加强团）的信息不准确，致使突入新兴里的第80师遭到较大伤亡。美陆战第1师，扬言去为第31团解围，均被第20军主力、第27军一部阻于被围地域未果。

战役初始一夜，担任主攻新兴里美第7师第31团的第27军第80师减员三分之一；担任包围陆战第1师并阻其突围、增拨新兴里的第79师减员近二分之一，其中冻伤占两个师全部减员数量的三分之一。主力部队的主力师仅10余小时损兵折将近半，这个数字使宋时轮痛心疾首。

一夜间，新兴里地区之敌在第80师连续猛烈的打击下，防守地域越来越小，部队残缺不全，企图固守待援。28日，被围之敌在大量飞机、火炮和坦克的密切配合下反扑，企图夺回已经失守的部分阵地。第27军、第20军各师在寒冷、饥饿、疲劳和低劣装备的极端不利条件下，坚守既得阵地，未让敌人前进一步。为了配合歼灭新兴里之敌，防止敌人增援，宋时轮进行部署调整：令第94师随时准备投入新兴里战斗，令第20军第58师、第27军第79师向下碣隅里、柳潭里实施钳制性攻击，由侧翼保障第80师第2次进攻新兴里的战斗。此时，毛泽东电告宋时轮："此次是我军大举歼敌根本解决朝鲜问题的极好时机。"

内洞峙位于新兴里以西不远，美第7师部署的兵力是第32团一个整营，直属第 31 团指挥,并配备炮兵、坦克各一部。该营在第 80 师勇猛穿插、积极歼敌的打击下,至 29 日拂晓,营指挥所被摧毁,残部逃往新兴里。激烈的战斗,使第 80 师再度严重减员。29 日晨,据不完全统计,全师战斗和非战斗减员已达三分之二。万余人的师在不到两天时间损失 6 000 多人。宋时轮得到此报告的时候震惊了,损失速度按这个指数上升,全兵团能支持多久?面对强敌还敢不敢打?能不能打?在严重的局面困扰面前,宋时轮想:不能退缩,退则全盘皆输,退则死!他指示参谋人员通知第 80 师并告第 27 军,各团调整建制、整理战斗组织继续作战,消灭当面之敌任务不变。作战刚刚开始,条件异常恶劣,荆棘丛生,大雪皑皑,饥疲冻馁的 10 余万将士与险恶的大自然、与用现代化装备武装到牙齿的"联合国军"做殊死搏斗,部队每前进一步,都在用鲜血和肉体与死神做无情的抗争。

第 27 军(军长是彭德清)打得太艰难了,一个重要原因,是对当前之敌的确切数量未弄清楚。经两昼夜连续作战,从俘虏口中得知,新兴里之敌为美 7 师第 31 团(含第 32 团第 1 营)及师属炮兵第 57 营和坦克分队,是一个加强团,共计 5 个营的兵力。柳潭里被围之敌为美陆战第 1 师第 5 团全部、第 7 团两个营和第 11 炮兵群 2 个营。两处敌人超出战前估计的数量 3 倍以上。宋时轮得到报告之后,再次下定决心,集中兵力,先打弱敌,首歼新兴里第 31 团,尔后转兵歼柳潭里美陆战第 1 师。

正当第 9 兵团展开歼灭战的时候,又一场严寒袭击东线战场,气温骤降,战场积雪过膝,对部队指挥、联络、作战行动造成极大困难,冻伤减员也大幅度增加。宋时轮要到新兴里亲自指挥,副司令员陶勇认为,司令员统筹全局,不能离开指挥位置,结果陶勇来到第一线。11 月 30 日 23 时,第 80 师主力从东、西、南、北 4 个方向同时向新兴里之敌猛攻,长津湖东岸顿时被战火硝烟笼罩。激战至 12 月 1 日凌晨,敌人被压缩至狭小地域。陶勇指示:第 80 师、第 81 师务求将敌全歼。战至 11 时许,敌伤亡惨重,待援无望,遂于 13 时在 40 余架飞机掩护下,以 10 余辆坦克为先导,沿公路向南突围。第 80 师、第 81 师在敌机猛烈轰炸、随时都有可能牺牲的条件下迅速追击。敌人在南逃途中被歼过半,另一半大部企图乘汽车越过封冻的长津湖与湖西的美陆战第 1 师会合,结果冰冻的湖面难以承受压力,全部塌落水中冻溺而死。小部残敌窜到后浦里、泗水里地区,被第 81 师阻击部队全歼。至此,美第 7 师第 31 团(加强团)全部被歼。

以团长麦克里安被击毙和接任团长职务的弗斯重伤后落水而死及团旗被

缴获为标志，美军第 7 师第 31 团不存在了。12 月 2 日 4 时，新兴里战斗结束，志愿军第 27 军创造了我军有史以来一次消灭美军 1 个建制团的纪录。宋时轮立即向志愿军总部和中央军委报告："新兴里南逃敌，为 27 军今拂晓全歼于新岱里、后浦一线，大部被击毙，俘 150 余。汽车、坦克全部缴获。"彭德怀得到这个胜利的消息异常高兴地说：全歼美军 1 个整团，应该嘉奖第 9 兵团、嘉奖第 27 军。

12 月 3 日，毛泽东致电宋时轮、陶勇和覃健等，指出："我第 9 兵团数日作战，已取得很大胜利，不但在下碣隅里地区将陆战第 1 团及其他数部增援队基本歼灭，而且在新兴里地区将美 7 师 1 个多团完全消灭。敌方在数日内可能增援的部队，只有 2 个李承晚师和美 7 师 1 个多团。如我军能将这些增援队各个歼灭，在朝鲜战局上将起很大变化。"朝鲜东北部地区的自然条件极为恶劣，山高、沟深、人烟稀少。长津湖是朝鲜北部最大的一个天然湖泊。它的东面，有朝鲜北部的另一个大湖赴战湖。两湖之间相距不过 30 余公里，构成了长津湖区。此地区是朝鲜北部最为苦寒的山区，来自西伯利亚的寒流，每年冬季都要经过这里向南直抵咸兴附近的日本海。区域之间群山横陈、沟渠交错，地形特别复杂。雪寒岭、荒山岭、剑山岭、死鹰岭……如此一些地名令人不寒而栗。这一地区进入冬季，气温在零下 25 度至零下 46 度之间。装备落后、衣着单薄的志愿军第 9 兵团就是在这样的自然条件下同世界第一强国一流的军队作战，其艰难困苦可想而知，其胜利更是来之不易。

12 月 9 日，美陆战第 1 师再次攻击古土里以南隘路阵地时，坚守在阵地上的志愿军官兵已全部冻僵。入夜后，美陆战第 1 师过桥的车辆和人员川流不息，对于这样停停走走退逃的部队，第 9 兵团为什么没有发起激烈的进攻？是寒冷、疲劳与饥饿，使部队失去了战斗力。

第 20 军第 60 师第 180 团第 2 连在黄草岭上守一个阵地，几天来一直没有消息，敌军突围部队经过时，该连也没有什么动作。当派人到该阵地时，看到的是全连 100 多人全部是射击姿势冻死在阵地上。"他们头上戴的还是大盖帽，用一条毛巾和帽子包扎在一起，显然为了御寒和防风，怕把耳朵冻掉，身上穿的是薄棉军装，脚上是一双翻毛皮的高帮单皮鞋。他们怎么能抵得住从西伯利亚过来的零下 48 度的寒流？"为了整体，为了胜利，设伏部队只能匍匐在雪地上或堑壕内纹丝不动，严寒的冬季，在无遮无盖的野外阵地上，单薄的军装只能遮体，岂能御寒。

1950 年底，成建制连队冻亡，在宋时轮兵团里并不少见。12 月上旬，

宋时轮接到第27军的报告，立即致电彭德怀并报中央军委，电报中讲到：第27军第80师第242团第5连，除1名掉队者和1个通信员之外，全连设伏准备歼灭美7师第31团，待战斗打响后，该连无一人站起。打扫战场时发现，全连干部、战士成战斗队形全部冻死在阵地上，细查尸体无任何伤痕和血迹。兵团政治部保卫部长丁公量回忆说："20军张翼翔军长说到他的体会是这一仗的艰苦要超过长征的时候，廖政国副军长表示同感，他说从这么多天的冻饿来说，长征没有这么冷，饿得没有这么久。"就是在这样的情况之下，宋时轮仍然向毛泽东、彭德怀保证："对当前任务坚决竭尽一切努力，以完成之，请放心。"

第2次战役东线长津湖地区作战，宋时轮运筹帷幄，各军密切配合，给建军有百余年历史、自诩为"重装备典型"的美"王牌军"——陆战第1师和第7师以歼灭性的打击，共歼1.39万余人。志愿军司令部、政治部联合向第9兵团发出贺电：

"你们在冰天雪地、粮弹运输极端困难的情况下，与敌苦战半月有余，终于熬过困难，打败了美国侵略军陆战1师及美7师，收复许多重要城镇，取得了很大胜利。这种坚强的战斗意志与大无畏的精神，值得全军学习。正由于东西两线的伟大胜利，基本上改变了朝鲜的局势，迅速地转入对敌反攻。"

第9兵团东线作战是在极端困难的条件下进行的，自10月上旬由上海北上山东曲阜后仓促入朝作战，前后仅1个多月时间。东线战场自然条件极为恶劣，山高路险；人烟稀少，又值普降大雪，气候严寒，直到入朝之后，大部分部队仍然穿着华东地区过冬服装；官兵缺乏在严寒地区作战的经验；运输力量不足，物资只能完成实际需要的四分之一；保障工作组织不周密；粮、弹、被装运送顾此失彼。由于多种原因，进入战场的部队吃不上饭的情况时有发生，少则两天，多则9天吃不到热饭。

时任志愿军前线后勤指挥部副政治委员兼政治部主任的张平凯，于1950年12月22日在《东线后勤工作的检讨与意见》中说：部队进入战地后，在海拔2000米以上的大山区，一无村庄，二无粮食，随身携带一点粮食，为防空也不能烧熟；有的部队晚上藏着煮土豆，送到阵地上全部冻成冰块，数量又少，不能保证一饱；作战部队喝不到开水，指战员于火线上吃冰雪，3天之后都拉肚子，好人变成病人；运输工具不足，部队得不到粮食供应，直接影响了战斗力。就是在这极端困难的条件下，宋时轮身先士卒，带领第9兵团以惊人的毅力克服困难，取得了重大的胜利，从根本上扭转了朝鲜东线战局。仅以美陆战第 1 师为例，该师作战兵员总数 24124 人，战斗减员 4418 人，非战斗减员（冻伤亡）7313 人，减员总数为 11731 人，占作战兵员的 40% 多。第 9 兵团总员额 15 万人，作战部队 12 万人，战斗减员 19202 人，非战斗减员 28954 人（主要为冻伤亡），减员总数为 48156 人，占兵团总数的 32.1%。"联合国军"第 10 军此次东线作战是全线大溃退，未能达成战役企图。志愿军第 9 兵团在东线是全线进攻，战役作战目标实现，并完成了巨大的战略任务。

毛泽东对作战部署给予肯定，认为是从整个战场着眼，具体到一个局部的。由于这样或那样的原因，打乱原部署计划的情况时有发生，第 9 兵团也不例外。尽管如此，宋时轮仍然指挥若定，随机应变，完成任务，毛泽东曾多次发电，给予高度赞扬。

自然条件恶劣，战争环境残酷，第 9 兵团指战员在经历 28 天战斗之后亟须休整。12 月 17 日 5 时，宋时轮向毛泽东、彭德怀及东北军区首长请示："我兵团休整，部署即位五老里至永兴间地区，当否请即决定指示，以便遵照布置一切工作。"毛泽东对宋时轮兵团的作战给予高度评价，致彭德怀与宋时轮、陶勇等电说："第 9 兵团此次在东线作战，在极困难条件之下，完成了巨大的战略任务。由于气候寒冷、给养缺乏及战斗激烈，减员达 4 万人之多，中央对此极为怀念。为了恢复元气，养精蓄锐，以利再战，提议该兵团在当前作战完全结束后整个开回东北，补充新兵，休整 2 个月至 3 个月，然后再开朝鲜作战。"第 2 次战役志愿军转变朝鲜战局的目的达到了。美国国内把美军在朝鲜的失败称为"美国陆军史上最大的败绩"，前总统胡佛沮丧地说："联合国军在朝鲜被共产党中国打败了。现在世界上没有任何军队足以击退中国人。"中国人民志愿军总结这次作战得出的结论则是："扭转朝鲜战局，使朝鲜战场的形势发生了根本性的变化，为抗美援朝战争的最后胜利奠定了基础。这一胜利，大大超出了战役预定计划。"

《宋时轮兵团在朝鲜第 2 次战役取得很大胜利》到此全文完，半个月后计划写完《宋时轮兵团在朝鲜第 5 次战役》。我由于参战了这两次战役，亲身感触极深，一定要尽力写出它来，以纪念抗美援朝战争 60 周年！我如不尽力而为，我们这些战场幸存者，是对不起那些牺牲的革命英雄烈士的！借此也让我们的下一代决不能忘记父辈们爷辈们为保卫祖国和平建设和国土完整而进行的浴血奋战！这也是今日我们幸福的源泉！忘记了这些最可爱的人的丰功伟绩，就是可鄙可耻的背叛！我和我的老伴华荫庄在校对此文时，几次禁不住地泪珠成线滚滚而下,深切地怀念着倒在朝鲜的几万位最可爱的战友!

此文参考了下列书刊:《毛泽东军事文集》《抗美援朝战争史》《武功文事彪炳青史——缅怀宋时轮将军》《大江南北》《宋时轮传》《建国以来毛泽东文稿》等等。

贾华岳

老兵话当年

父亲给我讲他所亲历的抗美援朝战争

那年十月，树叶正处于秋天的变色季节。

父亲要我陪他外出办事，他不仅守时还喜欢打足提前量，我们在交通银行四川北路支行开门前近一个小时就到了。因为营业时间未到不能进，老爸腿脚不便，在这尴尬的时间段里，我们老父子似乎找不到合适的地方等待，于是就随机应变在银行门口的公交站头休息椅上并排坐下，听洒水车轻松的音乐不断飘来，看上班上学的人朝气蓬勃。但不能干坐着吧，就有了以下难得的、与平常吃喝拉撒不一样的"父与子的对话"。

是为缘起。

父：记得当年，我就是从这里离开上海，去朝鲜参加抗美援朝作战的。

我：啊？就是从这里吗？

父：是啊。1949年我所在的华东野战军第9兵团参加了解放上海的战役，把国民党军队赶出了上海，就在这里成立了上海警备司令部，宋时轮就是新中国成立后第一任上海警备区司令员。而我是在你的姑妈介绍和引导下参军的，当时我还在上海读高中，你伯父在上海做中学老师。但你姑妈解放前早已参加了地下党，她对我说：即使你再读下去又怎么样呢？难道以后还想回到家乡继续做地主家的"二相公"么？不如参军吧！就这样我放弃了继续读高中的计划，成了一名学生兵，那年我16岁。

我：十几岁，那还不就是个小孩嘛。小孩出征，心中是不是有长着翅膀的"战神雅典娜"引领？

父：哪有那么浪漫啊！我们9兵团是响应祖国和毛主席的伟大号召，在宋时轮司令的亲自带领下，雄赳赳气昂昂地跨过鸭绿江参加抗美援朝战争，是抗美援朝保家卫国！

我：爸，我们子女平时很少听你讲起过去战争中经历的事，最近我也看了一些抗美援朝的历史资料，特别是长津湖战役时你们9兵团打的一场漂亮的硬仗，你给我讲讲呗……

年逾80的父亲停顿了一番，欲言又止，衰老的脸庞上昏花的眼睛望向远处的天空——60年前的朝鲜战场。此时此刻父亲的眼神隐隐约约仿佛有了年轻的光。他说：我不想说，它太艰苦太惨烈了，一般人难以想象！长征都没有这么冷，饿得没这么久。

我理解，就像桑塔亚那说的，理解自我是古典主义的安慰方式，逃避自我是浪漫主义的安慰方式。有音乐和风景时，人的经验是逃避自己。所以，我没有追问，老父亲不愿意回忆那段烽火连天的战争岁月，他老了。

可是，父亲调整了一下情绪，好像是自言自语，也像是在对我说……

父：1950年的秋天，是，也是现在这个季节，中国人民志愿军赴朝打了第一仗！宣告抗美援朝战争开始。二战结束不久，美国霸占台湾并趁朝鲜内战之机悍然出兵，直逼中朝边境，侵略称霸之心昭然若揭，妄图扼杀我们刚刚成立的新中国。毛主席应金日成请求，派兵出征！这就是"抗美援朝，保家卫国"。那年，我刚满17岁，在9兵团司令部作战处当文员。首长看我有文化，做事认真，写字工整而且很少出错，所以就被送到宋司令身边当了他的机要文书。

我看父亲还想说，就接着问：那时新中国百废待兴，经济衰微，从实际来说，你们当年的9兵团还不能算严

格意义上的陆军,怎么与"天字第一号"的美国军队开战?

父:是的,9兵团不如说步兵更准确。因为陆军军种所必需的炮兵、工程兵、装甲兵、陆军航空兵等兵种,第9兵团都不健全或压根儿没有。敌我武器装备悬殊之大可谓天壤之别。但这是一场不得不打的仗!

我:那怎么打?小米加步枪,对付全部机械化装备、陆海空三军联合立体作战的"联合国军"第10军"北极熊团"?

父:打得太艰难了。那时对敌人的确切数量弄不清,从俘虏口中得知,超出战前估计的数量3倍以上。这场战斗太不对等,人为刀俎我为鱼肉。敌人除了有步兵武器外,还配备大量火箭炮、反坦克炮和迫击炮,特别是其坦克连装备了当时最先进的坦克,所以没有什么语言比这场战斗更能说明,我们现在为什么要拼了命地发展军事国防航空航海力量,落后是要挨打的。1950年底,我们部队主战朝鲜东线战场,严寒袭击东线战场,气温零下40摄氏度,积雪超过膝盖,指挥、联络、作战都困难重重,寒冷、疲劳与饥饿,非战斗减员人数巨大,使部队失去战斗力。为了胜利,很多战友以射击姿势冻死在阵地上的,华东地区过冬的服装,差不多就是单衣单裤单皮鞋,怎么扛得住西伯利亚过来的零下40摄氏度寒流?可是设伏部队匍匐在雪地上,严密伪装隐蔽行动,纹丝不动!视死如归!完成战役集结迅速又秘密,后来美国舆论界人士惊叹,9兵团开进和集结是"当代战争史上的奇迹"!敌人都说是奇迹懂吗?奇迹!

父亲激动地继续说:"就是这一切来得太突然,死亡来得太突然,还没有走到战场,志愿军已损失惨重。我亲手抚摸过战壕中战友的遗体,硬邦邦的,像石头一样,比石头还要硬,那是牺牲有时间了,还软和一点的,是才(牺牲)不久的。有的前几小时还在联系,就那样活活冻死了。我那时就感觉胸膛紧紧地锁在了一起,心痛,人整个身心受到强烈的震荡,往后的所有都是创伤了。"

父亲忆念起牺牲的战友,哽咽了,倔强地微微仰起头,我知道他是不想让儿子看见眼泪。

我就试图故作轻松地发问。

我:后勤保障工作真有那么难吗?

父:难啊,粮食、弹药、被服、装备、运输顾此失彼,运输力只有25%不到。不难的话,当时志愿军前线后勤指挥部政治部主任要写检讨?部队进入战地后,在海拔2000米以上的山区,一无村庄二无粮食,冰土豆还吃不饱,有的部队3天就开始断粮,全军5天后发生粮荒,没有开水,有的人3天之后拉肚子,好人变病号。就是在这极端困难的条件下,我的老首长宋时轮司令员身先士卒,以惊人的毅力克服困难取得重大胜利。

接着父亲又说:"就是在那种隆冬季节,极寒严酷环境下,东线作战部队凭着钢铁意志和英勇无畏的战斗精神一路追击,奋勇杀敌,扭转了战场态势,打出了军威国威!你知道吗,"没有不能克服的困难,没有不可战胜的敌人",是志愿军九兵团27军勇士的口号。

一阵秋风,秋叶慢慢地飘落下来,恰巧落在父亲的肩膀上。秋叶代表死亡也代表更新,它壮丽地点燃过自己。

此时此刻,银行开门营业的时间到了。我问父亲,老爸您要取现金干吗呢?他说:我要以我和你们妈妈的名义一起捐款,捐给……

贾 文

生活上向艰苦朴素的人学习，
工作上向勤奋努力的人学习。

低头是一种能力，它不是自卑。

别人骂你不还口，别人打你不还手，别人把吐沫吐在你脸上，擦干净，远离他。

工作中有小人监督未必不是一件好事，不怕失败的人一定会成功，怕失败就会更加失败。

宋司令与小贾

在我军军史上，宋时轮将军不仅是一位能征善战的"谋士""斗士"，更是一名宽宏大量的指挥员。从两件小事上，就能看出他的为人。

1950年冬，志愿军准备发起第二次战役之际，年轻的贾华岳奉命来到9兵团司令部，为宋时轮抄写作战文书、报告。

有一回，同事送来一份文稿，要小贾快速誊清。然而，文稿写得十分潦草，字迹难以辨认。由于工作高强度，小贾很疲惫，挡不住阵阵来袭的困意。抄着抄着，他的双眼就模糊起来，最后伏在桌上睡着了。

不知过了多久，小贾突然感觉自己的肩膀被人轻拍了几下。他抬头一看，竟是宋司令！

宋时轮拾起掉在地上的纸笔，笑着说："小鬼，你是不是从电话排来的呀？怎么在我的桌上支起了这么多'电话线''电线杆'？"

小贾回答："首长，我不是电话兵，也没干过架线的活。"他一边回答着，一边揉了揉迷糊的双眼，暗自懊悔：怎么刚到司令员身边工作，干这样要紧的活儿竟打起瞌睡了。要是耽误了事，就算枪毙了自己，也没办法挽回损失啊！

宋时轮却并没有责怪他，反而向他解释说："小鬼，你这字写得认真、清楚，笔画横平竖直，这横笔像电话线，竖笔像电线杆，这不就是从'电话排'来的吗？把这半张纸写好，就赶紧去休息吧。"说完，宋时轮又从兜里取出两片白参，递给小贾："把这两片药含在嘴里，5分钟后取出来，找个干净纸包包好，以后要是困了，又有急事的时候，就再拿出来含着，记住没？"

这时小贾才明白，司令员见自己累倒，让警卫员取来了自己的保健品。当时，这白参可是稀罕货，而且是专门给宋将军的。对小贾来说，司令员这么关心爱护自己，实在难为情。他说："司令员，这是您的，我不能吃。"

宋时轮板起脸，严肃地说："不行，你必须执行命令！"说着，就把两片白参塞到了小贾手里。

含着司令员的药片,小贾精神振奋起来。他加快了抄写速度,半个小时后就完成了任务。

40多年后,每当提起这段经历,贾华岳仍然很感动。

作者:老街巷口　　摘自微信公众号战旗视界

历经风雨沧桑的父亲，愿幸福、快乐、吉祥永远伴随着您！

1990年5月11日时任军事科学院院长的宋时轮上将接见外祖母、父母及全家。

1990年5月,宋时轮上将为华黎题字:继承光荣传统,刻苦努力学习工作。由时任秘书穆俊杰代写,其中的"学习"、"可以"的字迹是宋时轮亲笔。

父母与原上海警备区司令员余光茂同志合影。

父母、泽、文与雷渊深将军和夫人合影。

第三篇

波澜壮阔风云突变

起伏跌宕波诡云谲

悲欢离合苍茫人生

岁月匆匆沧海桑田

父母用了10年时间创作的自传体长篇小说《沧桑》。

序

邓伟志

《沧桑》是华荫庄、贾华岳夫妇共同劳动的结晶。在这洋洋80余万字的巨著中，有的文字是由华荫庄女士先"切"，再由贾华岳先生去"磋"的，有的篇章是由贾华岳先生先"琢"出来，再由华荫庄女士来"磨"的。切磋琢磨整十载，酸甜苦辣其中味。《沧桑》，不是用墨写的，是作者蘸着泪水和汗水写出来的，是作者用自己在"文革"中流出的鲜血写出来的。

这是邓伟志老师为《沧桑》所作序言的第一段

倾盆泪千里泻
瑞江红
色吞天
拍案起
扭乾坤
天地肝胆鬼神
千载凄凉恨天
三十匆匆如梦
石破天惊粉碎的窒
沧桑写
残阳如注血
往事越千年

华荫庄词 贾华岳书

《沧桑》节选

三、八月八日

我一连喝了两杯自来水，似乎还不解渴，心里还是火辣辣的，似乎有一股无名火冲上来。想到刚才一路来上班的情景，好像眼睛里也要冒火了，"文革"初期那种白色恐怖的场面又出现了，我夏小君好像患上了瘟疫了，不是吗？当年一听说平弟畏罪自杀的消息后，一些人表面上对我避而远之，但暗地里还是同我打招呼："小君，真对不起，只要我们心里有数就可以了，场面上么我们就当不认识。"是呵！有时和一些同事明明在讲话，看到哪个领导，哪个头头一来，马上180度大转弯……

平弟被平反的消息传开后，我的瘟疫病也没有了。呵！人啊人，真是人心莫测！

像刚才在路上，小葛子明明看到我，如在平时，没话还要找话说，可今天却像不认识似的。当然，现在是"运动"时期，人性都扭曲了，我理解他。想不到在男工宿舍转弯处，小葛子在背后拉了我一下，他神秘兮兮地左右前后看看，看见没有人，才在我耳边讲了两句："早晨在厨房间洗碗时，李白平说今天有好戏看。"

我还没反应过来，小葛子已经不见了。

"夏老师，今天又是你第一个。唉！这究竟是为什么呀？"

我抬头看见朱多神情沮丧地坐在我对面："朱多，朱多，发生什么事情了？你从来也没有这样唉声叹气过，为什么呀？告诉我。"

电话铃响了，朱多拿起电话对着话机说："我不理解，你们为什么要这样做？南山已被你们轰走了，你们失去了多少群众和干部，你们的案子破了吗？没有！案子反而一起连着一起在发生，我不怕你们对我打击报复，我一个高中毕业生，在这个年代能够当上宣传部的办事员，算抬举我了，我不想要你们这份抬举了！随你们便吧！我决不会让你们牵着鼻子走！"砰的一声，朱多把电话搁了。我还从来没有见到过这位66届高中毕业生如此动怒。

"朱多，朱多，究竟发生了什么事情？"

电话铃又响了，朱多又抢在我前面拿起了电话："我，朱多……"

朱多没有讲第二句话，就把话筒挂断了："夏老师，专案组可能会对你采取行动，看来他们真是狗急跳墙了。他们关门造车，掩耳盗铃，知法犯法，不走群众路线，干着亲者痛仇者快的事情。夏老师，我朱多无能为力呵！此时此刻，我只能对你说一声，你是我走出校门，踏上这社会后最好的一位良师益友，我不会辜负你这些年来的言传身教，我朱多可以在任何场合斩钉截铁地讲'夏小君的名字永远不会与反革命标语连在一起'。"

"什么？夏小君……反动标语……"一下子，我蒙了。

"再打第三次来，我就搁第三次。"朱多愤愤地说。

我已经明白是怎么回事了，突然，我变得平静了。我取了毛巾，让朱多擦擦脸上的汗水、泪水，可我一时又想不出一句话来安慰他，只把风扇调到最快的一档，似乎还不够呵！朱多的汗水、泪水和我心中的泪水流淌在一起。

门被推开了，是肖令。肖令今天的嗓门有点像没有放响的鞭炮："朱多，专案组要我来问你，你为什么两次把电话都挂掉？"朱多连乜都没有乜她。肖令又把话头转向我："夏小君，专案组让我通知你九点半去他们那里开会。""嗯！开会？你回去告诉他们，我夏小君决不会迟到一分钟！"

"朱多，你过来，我有话要对你说。"肖令还想说下去，只听见朱多说："有什么话放在台面上讲。肖令，我不会像别人那样挖苦你，讽刺你，打击你，什么投机钻营啦，乘直升机啦，我们毕竟是同窗，从小学、初中到高中，不容易啊，整整12年，现在又分在一个厂里，多难得！人啊！实在点好，不要见风使舵。肖令，你变得我快不认识了，我担心你晚上睡觉会做噩梦！"

肖令哪里听得进朱多的话，依旧跷着二郎腿，也是我最最看不惯的。毕竟是一个女人，脚一跷一跷的像什么话。

"呵！你们谈吧！我去开会了。"是呀！开会意味着什么？大不了与南山一样吧！办学习班！再次下放劳动！好呀！无官一身轻。总不至于把我投入大牢！总不至于将我置于死地！

我向楼下走去，朱多一面追下来，一面喊着："夏老师，他们要抓你！"

"朱多，朱多，你不要命了是不是？你还有没有组织纪律性？"肖令拼命拉住朱多往楼上跑，正在这时韦雪萍也来了，和肖令一搭一档牵制着朱多。

"朱多，放心吧！路要慢慢走，走急了要摔跤的。我抽斗没有锁，里面有我为西贝开好的市二医院记账单，还有退到的三斤半粮票和二两油票，请你一定要交给他，叫他下班后别到这里来等我，看样子今天他们是要给我来车轮大战了，甚至晚上也不会让我回家了。"

到了专案组，还未进门，只听见里面吵吵闹闹的。"我不同意，你们这样做毫无根据。"听得出，这是市公安局经文保组老武的声音。

我没有逗留，直接走了进去，一下子鸦雀无声。

"夏小君，等你这么长时间了，目的是让你能够自觉交代，把问题说清楚，争取一个好的结果。就是现在还来得及，交代比不交代好，早交代比晚交代好，晚交代比不交代好。其实这些你都懂，我们真不明白你为什么要走死胡同，而且是越走越远。你还年轻，争取从宽处理，将来还是可以与家人团聚，否则谁也救不了你。"

"我说你段寿明讲完了吗，要达到什么目的赶快说。"

"嗨！专案组，专案组，不得了啦！这里又有一张反动标语！"

"蔡阿五，你嚷什么呀？告诉你，你捣乱可要进班房的呀！"

"段寿明，不，不是，段科长。你看，这里，这里真的有一张反动标语。是我刚才在你们窗下面看见的，拿去，拿去。"蔡阿五把手里的一张纸头往他们台上一摊，还真的让段寿明暴跳如雷："哼！夏小君，你好大的胆子，终于跳出来了。抓！抓！我现在正式向你宣布，经局党委书记韩文雷批示，对你夏小君'隔离审查'。"

"夏小君，你到底是跳出来了。你真的把我们当饭桶，竟敢如此明目张胆地与我们'四级八方'联合破案组较量。好呀！那就较量吧。走，自己上车去，免得我们动手。"蒯天西还想讲下去，蔡阿五又发表演说了："蒯天西、段寿明，你们为什么不快点滚出我们厂里，为什么不快点死，我们厂里已经翻天了，反革命分子竟敢把反动标语投到你们办公室门口了，你们不依靠全厂群众齐心协力破案，却在这里乱搞。你们这样盯住夏小君算什么？蒯天西、段寿明，你们都应该滚回去。我们厂里的事情由我们厂里 6000 多职工自己来解决，你们不是把南山罢下来了吗？绊脚石踢开了，案子破了吗？不但没破，自南山被你们搞走后，不是又出来三起反动标语吗？而且从你们嘴里吐出来的，这些反动标语都是一个人所写，这说明什么问题？蒯天西，你凭什么叫夏小君跟你走？怎么？吉普车，因为有吉普车你们就可以随便抓人？"

早班的工人开始吃中饭了，专案组门口，托儿所门口，人越来越多，水泄不通，蔡阿五好像是抓住了时机竟跳到吉普车的顶上去："同志们，人总是有良心的，我刚才给专案组报了案，把拾到的又一起反动标语交给了他们。按理他们应该明白是怎么回事，可是他们还做白日梦，你们倒说说看他们到底是哪一家的破案组，当然他们可以为所欲为，仗势欺人，可以不顾事实，可以继续睁着眼睛说瞎话。然而现在毕竟不是'文化大革命'的初期，我决计不会再像当年那样夹了炮仗让你们去放，跟着你们去当敢死队。"

"蔡阿五，怎么，你每月 10 元钱的补助费不要了，是吗？"

"哈哈！作为我这个非布尔什维克，这 10 元钱我就不要了，交党费吧！"

人群在涌动："四级八方联合破案组滚回去！"

蔡阿五跳下吉普车，蒯天西乘机把我往吉普车里塞。我也不知道哪里来的劲，狠狠地把她推了过去，我站在托儿所门口的最高一级台阶上："同志们，姐妹们，谢谢大家对我的关心！历史是人民写的，我夏小君的历史是我自己写的，我将以一份清清白白的历史奉献给全厂同志们。相信在他们对我采取行动后，厂里也还会出现反动标语，因为使亲者痛的事，只能让仇者快。相信厂里、区里、局里、市里的四级和由八方面组成的联合破案组，他们最终是收不了场，无法向革命群众交账的！"

我只感到背后有人重重地把我从台阶上推下去，就在我准备爬起来时，有好多双手伸过来扶我："夏小君，挺住，有人想把你往死路里整，我们支持你！总有一天会真相大白的。"也就在这时，我被他们塞进了吉普车，也就在这时，朱多拼命敲打着车门："夏老师，夏老师，我会照顾好你母亲和孩子的！"朱多拉着车门不让开。"走！走！到公检法去！难道天下没有王法了？""朱多，别硬来，要出车祸的。"

人越来越多了，吉普车前前后后围满了人。就在这时，人群中有人大喊："失火了，棉花仓库失火了，大家快去救火呀！"

吉普车启动了，只听见阿海骂着山门："我操他妈的，当心我把车子开到黄浦江去，这算什么年代呀，老子不干了！"阿海真的跳下了车。"阿海，阿海，你发疯啦！你敢违反纪律，你敢捣蛋？""我告诉你段寿明，我不怕你！不就是个局保卫处的科长，不！快当上处长了吧，你想踏在别人肩膀上再爬一级是不是？你们太不得人心了。我阿海要是今天为你们开车子，我在地底下的老子也会找到我的。是我的老子当年开着大卡车把夏小君他们从江苏接到上海来的，他们是厂里最后一批童工，夏小君是他们中间最小的一个，只有12岁，我的老子看着她长大的。前几年，你们就整夏小君，我的老子就有想法，可是他敢怒不敢言。这些年来，我虽然一直给你们捏着方向盘，可是，你们中间那种勾心斗角，那种尔虞我诈，那种违法乱纪，那种争风吃醋，我，我早就看够了！你们的表演已经淋漓尽致了，因为我还有人性，因为我还要活得像个人的样子，所以我阿海今天不想捏这个方向盘了。"

"阿海，你回来！阿海，你回来！有话慢慢说，发发牢骚也好。给我一点点面子，再帮我开一次，就开今天一次，求求你了。常言道，新官上任三把火，你总不能让我老段连一把火也放不起来吧？"

"老段说得对，我们是把夏小君弄到外面去办毛泽东思想学习班。厂里干扰太大，你也看见了，就眼前这股保夏的势力……"

"阿海，关键时刻，不要让我们太难堪，你老婆的工作包在我们身上，保证明天就从日夜班调到长日班，争取到供销科去当个仓库保管员。我段寿明决不食言，除非我今天被车子轧死。那我也真的变成……""短寿命。"

车子终于启动了，我能说阿海是急功近利，还是什么？

车子越开越快，声音越来越远："四级八方联合破案组滚出去！"

"北棉厂出十五贯了！北棉厂出十五贯了！"

"夏小君，我们支持你！"

"夏小君必须老实交代！"

"夏小君……"

我被突然伸来的几只手用布头蒙住了眼睛，正想用手扒掉布头时，双手也被反绑了起来。"我抗议，我抗议你们。"我还想说，嘴里也被塞进了油揩布。我在座位上狠狠地跳着，用双脚蹬着，我的小便已经湿透了裤子，我的眼睛钻心一样疼痛，车子剧烈地晃动，我的双脚也被人踩着。我明白，从今天起，我已经没有了自由。

我清楚地感觉到，吉普车已经从上纤厂、二硫化碳车间开到厂外面去了，并继续向浦西方向开去。我难受极了，我的喉咙里快要冒火了。

"阿海，是否请你再开得快一点，要不，到目的地会碰上长日班吃饭时间，我们又会被动的，毕竟不是在我们自己厂里，可以随心所欲。"

"那么，段处长，请你自己来开。"

"不，不！我没有其他意思，就是你再抓紧点时间。算了，咱们不争了，为了一个共同的目标，我们才走到一起来的。"

"我说段科长，算了，我叫你段科长习惯了。说白了，我可不是为了你们的目标和你们走到一起来的，我阿海是为了我自己的目标才与你们走到一起来的，你们可不要在达到目的后改变对我的承诺，那我阿海是真的要翻船的，这翻船可不是搁浅，是要兜底翻的，我给你们招呼在先，我希望明天能够看到娟娟已经调上长日班了。言而无信，不如猪狗。"

"好！好！一言为定，一言为定。"

车子真的像飞一样，好像整个车子要翻身了。

"阿海你可不要捉弄我们呀！我可是有心脏病的人，吓不起呵。"

"老蒯别紧张，凭阿海这点车技，我是有数的，他可以开到180码，现在只有140码，我倒觉得还可以，你是不是心里太紧张了。不是我老武不与你们配合，事到如今，我也只能逆水行舟了，可是心里总觉得不是个味道。像今天的事，我们完全可以立即掉头，管她韩文雷什么局党书记，听别人说，她不过是王洪文的老相好，才让她坐上这个宝座。"

"老武，你没有喝过老酒吧？怎么讲起话来竟不知道东西南北，连内外有别你都不懂了！不管怎么样，我段寿明是要把这个案子破到底的！难道让她来把我们绑起来？情况就是这样，她在台上，我就是反革命，我在台上，她就是反革命。革命呵，不是请客吃饭，革命是暴动，是一个阶级推翻另一个阶级的暴烈运动！"

我浑身上下像火山一样要爆发，看不见，讲不出，不能动。我拼命地把脑袋激烈地摇晃，以表示要他们对我松绑。"喔唷，老段啊，是否你来调我一下，我的两只脚都麻木了。"这时我才知道紧紧踩住我双脚的是蒯天西，这个连畜生也不如的臭婆娘，她倒喊起两只脚发麻了，我连麻木的知觉也没有了！

就在他们相互"调班"的时候，我的双脚从脚尖一直痛到心里。段寿明的两只脚要比蒯天西大得多，力气也大得多啊！我痛得浑身是汗。我也不知道自己已经尿湿了多少次，只感到屁股就像浸在水里一样，只感到脑袋痛得像炸开一样难受，我只能把头向左右两边拼命撞击，竟昏昏沉沉的什么也不知道了……

六、祸不单行

我的眼睛越来越模糊……

我的伤口也越来越痛，嘴巴肿得张不开，手摸上去更加痛，我用舌头轻轻地舐着，觉得上面的牙齿与牙齿之间有一个窟窿，不停地淌着血，舌头还碰到一团软乎乎的东西，我用食指十分小心地伸了进去，总算把这团东西挖了出来，一股臭味难闻极了，是一团棉花，已被紫黑色的浓血浸透了。

我用仇恨的目光搜遍了这间牢房，也无法找到被他们撬落的牙齿。

我"歇斯底里"："放我出去！放我出去！我没有写反动标语！"

可是没有人进来，门也始终不开。

我把身旁的一盆盆散发着馊气的饭菜，像天女散花一样泼向墙上，洒满地面，还不解我心头之恨，我又继续拿起搪瓷盆在门上乒乒乓乓地敲打起来，白天敲，晚上敲，白天喊，晚上喊，"我是冤枉的！冤枉啊！冤枉！"声嘶力竭。

我心中就像有一团火在燃烧，眼睛里也像有两颗上了膛的子弹，我也不知哪里来的力气，拉起大马桶把粪便往旁边的小水池里一倒，把马桶上的铁扳弄下来，然后在墙上写着：冤枉！冤枉！不料我的食指和中指都被铁扳戳破了，鲜血直流。我把铁扳往门上砸去，干脆用手指在墙上写，墙上留下了鲜红的歪歪扭扭的字迹：血债要用血来还！我夏小君是冤枉的！至死不服！

我从墙上扒下石灰屑，左手一把，右手一把，冲到牢房门口，大喊："段寿明，你有种现在就来提审我！蒯天西，你这只女妖怪，你如果再撬我的牙齿，我就用我嘴里现有的牙齿一口一口地咬烂你的臭肉！来人啊！你们为什么不敢来提审我？公检法的武专家，你是标标准准的大饭桶。"我从白天叫到黑夜，从黑夜叫到白天，人也不过来，鬼也不过来。

我就这样无休无止地乒乒乓乓敲啊喊啊，不知过了几天，牢门开了。

进来的是那个老革命，我不屑一顾。总认为他们扮演的是一个红、一个黑的角色，来挖点我的情况，好向上司领赏去。她对我说："呵！我没有保护好你，让你受罪了。其实我心里也十分难过，我现在还没有能力，或者说，时机还没有成熟，可是你要相信我，我会帮助你的。"

我依然没有理睬她。

"夏小君，我知道你会对我有想法，我可以理解。"她叹了一口气，继续说，"是呵！'一朝被蛇咬，十年怕井绳'，我能够理解你，也十分同情你的遭遇，同情你全家的遭遇。"

"你，你究竟是什么人？你怎么知道我家里的情况？你知道我丈夫现在是不是在与那些王八蛋拼命？你知道我母亲和三个孩子现在怎么样？求求你，求求你，你能告诉我吗？"我抱住她的大腿不放，"求求你，你放我逃出去，好不好？只要我活着，我会报答你的，求求你，你放我逃出去吧！我不会犯法的，我要见亲人啊！"

"夏小君，你冷静点，千万别这样，我完全理解你此时此刻的心情，我会把你想知道的情况告诉你。至于我是什么人，我只想告诉你，我会做一个一撇一捺二笔组成的相互支撑着而不是散了架的人，一个真正的人。然而，人在江湖中，都会有不同的经验和教训，所以，今后当着你们单位里的那些人，还有我和老胡子同时出现在你的面前时，你必须服从我们对你的看管，要相互配合默契，这是斗争的需要，也是策略。请你理解我。"

我不解地看着她。唉！她到底是什么人？难道就是老胡子称呼她为"老革命"的又在干什么地下工作了？我茫然不知所措。我一会儿点点头，一会儿又摇摇头。

她转身向门外走去，左右看看，只听见她说："老胡了，如果野狗突然出洞，你就连咳三声。"

她又进来了，手里捧了个包。我一眼看出，这包是母亲用一百多块儿各种颜色的布角料拼凑起来的。

看到母亲亲手缝制的包，我又激动起来："嗨！不！我也不知道你叫什么名字，对不起，我说女同胞，这只包怎么会在你手里？是我母亲还是孩子送来的？还是西贝送来的？还是怎么的？你赶快告诉我好不好？"

"我是要交给你，是你们厂里的人送来的，你根据这张清单，看看是不是这些物品，然后在这清单上签上你的名字。"

我一看，是小利的笔迹，单子上写着："送夏小君物品如下：棉袄一件，棉鞋一双，绒线帽子一顶，白糖一斤，肥皂两块（红梅、固本各一块），上海粮票30斤，人民币20元，一封信（这三个字被划掉了）。"日期是1973年8月27日。粮票和钱是用一根大头针别在一起的。可是现在到我手里只有棉袄、棉鞋、帽子以及30斤粮票，其他什么都没有。因此我不肯签名，只是迫不及待地把棉袄穿在了身上，人也抖了起来。

"你不肯签名，也不要紧，因为物品和清单不相符合，反正到我手上就是这几样东西，你别急。"

"我急什么呢，我急的是，为什么不是我丈夫西贝的笔迹，他可能又犯肝炎了。可能为了我被关起来，他去闯祸了。还有，还有，唉！还有我的确冷得不得了呀！"

"因为你昏昏沉沉时一直喊冷，人也抖个不停，才通知你们厂里给你送棉衣来的，你这样冷，就把棉鞋也穿上吧！

因为这些天来，你一直没有好好吃饭，抵抗力太弱了，身上没有热量。按理现在正是处暑，常言道处暑热煞老鼠，你看，我们穿着短袖还热呢！你再这样不吃不喝，还没等到将来事情大白于天下，你的身体也垮了。"

我穿上了棉鞋，神情呆滞，不断地叹着一口口气。

她在我旁边坐了下来，我赶快把棉鞋脱下来给她垫在屁股下。"不，不要，你穿吧！坐在水泥地上舒服。我嘛！我这个姓也比较少，辛苦的辛，今后，面上我就是看管你的，私下你就叫我辛大姐，我要比你大10多岁。你的情况，我基本上有点数了。"

她略沉思了一会儿："你能答应我不激动吗，就是说从今以后，在你生活中再有突发事件时，你一定要冷静下来，你应该学会冷静，因为你也毕竟入党20多年了吧？咱们共产党人连死也不怕，还怕什么，你说是不是？"

虽然我真的心急如焚，家里一定又发生什么事情了，然而我为了想从她口中知道家里的情况，特别是母亲，她是不是又病了，还有西贝和孩子们到底怎么样了。所以，我硬是咬紧牙关，点头表示一定冷静下来。唉！我越是想冷静越是抖得厉害，身体在不停地颤抖着。

"首先，我告诉你，你的母亲和三个孩子还都是好好的。"

"那，是不是西贝复发肝炎，又送到隔离医院了，还是什么？"

我瞪着眼睛，张着嘴巴，喘着一口口气听辛大姐给我讲情况。

"我有个表妹叫李心，在你们厂里布机间，她告诉了我有关你们家里的事情：'那天8月8日，也就是夏小君被那些强盗绑架的一天，我上早班，10点左右，我正好到医务室去看病，走到饭间门口，看到夏小君的丈夫西贝被十几个男工押着向化工厂那个方向走去，一面走，一面有人讲："把头低下来，快，快走。"只听见西贝讲："你们又想把我关起来是不是？你们有本事召开全厂人会！你们究竟要干什么？我问你们，夏小君现在在哪里，我有话对她讲，她正犯着肾炎。"'不一会儿，早班工人出来吃中饭了，我不去医务室了，干脆跟着那伙人，一起向化工厂走去，直到他们把西贝关进化工厂防空洞。我明白是怎么回事了，我心里想，好辣手，一下子把夫妻俩都关起来了，我想赶快给夏小君家通风报信。当我走到厂大门口，只见停着一辆装货物的大卡车，上面装了好多东西，横七竖八，是从工房里开出来的，车上站着十多个男男女女，正叽里呱啦地讲："夏小君的小女儿真凶，刚才抄家时，许三子还被咬了一口，还把热水瓶砸在他的脚上，还说，这叫以牙还牙。夏小君大女儿也了不得，一定要我在抄家的清单上签名，我对她说：'等你妈妈来通知我签名吧！可惜这辈子你再也不会见到你妈妈了。'她大女儿拉住我不放，一定要盖手印，还说：'怎么，你们想抢了东西就跑，办不到！'我又对她说：'你把这印泥准备好，让你的父母去敲手印和脚印吧！他们已经犯法了，等待他们的将是实行无产阶级专政。'嗨！连那个扮演杨子荣的夏小君的小儿子也了不得：'包连我认识你的！我决不会放过你，等我爸妈放出来后，一定会找你算账！'"看到这些我气得直奔工房夏小君的家，走到夏小君家门口，只见很多人围在那里，我直往二楼冲了上去，看见还有几个男工在她家里翻箱倒柜，夏小君的母亲被人揿在墙角里，她手里捧着被砸碎的镜框，我赶紧俯下身子把她扶了起来。我这一来，这些人都冲着我来了：'你这算什么？'我说路见不平，拔刀相助。老人家听到我这么一说，一激动跌倒在地上。她告诉我，他们来抄家，又砸了她儿子的镜框，说夏小君写的反动标语草稿藏在镜框里。小君的三个孩子正在和抄家的人摆事实讲道理，突然又来了许多人说学校工宣队要找他们谈话，又把三个孩子弄走了。孩子弄走后，他们说：'老太婆，还是放明白点，鸡蛋怎么碰得过石头呢？你的三个宝贝现在去子弟学校，一个人关一间教室，正在办学习班。'我差点肺都被气炸，我对夏小君的母亲说：'我料他们不敢对你怎么样。'并给她倒了一杯冷开水，用毛巾帮她擦擦汗水和泪水，重新把她扶起来，让她躺在床上。我对着那几个人抄家的老造反骂了一声：'连畜生都不如的东西，法律不会放过你们，残忍！'我转身向楼下冲去。那些人堵在楼梯口：'李心，你算反戈一击，还算什么？'我一连朝他们吐了两下口水，一口气奔到车间里，向轮班长请了半天假，向厂外冲去，我准备不要这份工作了。'"

"呵！不讲这些了，总之，表妹李心对我表示，一定会竭尽全力照顾你的三个孩子和你最不放心的母亲。表妹她单身一人，无牵无挂，一旦认准了的事她将义无反顾。"

听完了辛大姐的话，我没有掉眼泪，我感到鲜血沿着我裂开的嘴唇一滴一滴地往下流，我的心口阵阵绞痛，连气都喘不上来，我真想冲出牢房。辛大姐紧紧握住我的手，我用手指指我的胸口，她轻轻地帮我抚摸着。

门外老胡子按老革命的关照，大声咳了三声，辛大姐马上站起来了，紧接着牢门打开了，老胡子拉大了嗓门："夏小君，起来，要对你提审了。"后面跟着段寿明和蒯天西。辛大姐故意气愤地说："我嘴皮子都快磨破了，你竟然一声不吭，看来你是要坚持到底了。"

我心里说："辛大姐，你讲得好！我夏小君一定要坚持到底！哪怕是上断头台，我也绝不屈打成招！"

二十八、公元 1974 年 10 月 23 日

吉普车没有直接开进工房，而是在厂消防室门口停了下来。我感到蹊跷，我进了消防室，里面坐了满满一屋子人，起码有 20 人之多，他们有的抽着香烟，有的嘻嘻哈哈，更多的是窃窃私语，交头接耳，鬼鬼祟祟，一片乌烟瘴气。我对蒯天西说："我要上厕所。"她把我带到楼上，她站在厕所门口，我以最快的速度看了辛大姐塞给我的纸条："关于'阿姆尼亚'的酷刑，我一定为你作证。"看完后我赶紧扳动了抽水马桶的把手。

走出厕所，我想不到段寿明这个幽灵也站在门口，只听见他说："夏小君，等会儿就要召开全厂大会，去年 8 月 8 日，你不是在托儿所门口讲过吗：'将来你们是无法向群众交账的，到时你们是下不了台的。'夏小君，相信你不会忘记，同样，我们更不会忘记。今天么，你和我们一起向群众交个账，下个台。"

我与这伙魔鬼打了 442 天交道了，他们这套我也早有领教，今天这个大会，不外乎是杀杀我的威风，或者就是他们坚持"我们就是要一错到底"。不过，我夏小君没有什么小辫子给他们抓，为破这次反标案，段寿明一伙恩将仇报，很大程度上是与邱会作残渣余孽串通一气，而把莫须有的罪名横加于我。现在放我出来，却只字不提有关反标案的问题，这就充分说明真的反革命标语作案犯，是肯定抓到了。那么他们再强加我什么罪名？生活上我没有腐化堕落，经济上我没有贪污盗窃，政治上我不反党、不反社会主义，还有什么辫子好让他们抓！

只听见麦克风里在叫："现在批判揭发夏小君大会开始！"

我被他们架到大礼堂台上，双手反拗，头往下成 90 度，被人紧紧地揿住，只听见说："夏小君被隔离审查到现在一年多，她始终不肯交代出写反动日记的事实。"我听得出这是朱甲早的声音，接着就是口号声："打倒反革命两面派夏小君！夏小君必须老实交代，夏小君必须低头认罪！""坦白从宽，抗拒从严！"……

会场里声音很杂，口号声稀稀拉拉。

革委会头头朱甲早继续反反复复说："夏小君打着红旗反红旗，13 岁就开始写反动日记，要不是这次我们去抄她的家，这个隐藏得极深的反革命两面派又怎么揪得出来？但是不管夏小君隐藏得多巧妙，群众的眼睛是雪亮的，我们今天再给她一次机会，同志们，请大家安静下来，等一会儿由革命

群众上台来对夏小君检举揭发,现在先由党委书记、清队主任陈得务宣布对夏小君的处理。"

我想不到他们关了我442天,用尽了各种刑罚,到现在还要处理我,看来段寿明一伙是真的"坚持一错到底"了。

只听见陈得务说:"全厂革命同志们,混进党内的野心家阶级异己分子夏小君在上海解放以后写了大量反动日记,这些反动日记充分暴露了她的反革命本性,是一个道道地地的反革命两面派,现经过党委扩大会议讨论决定把夏小君清除出党,做敌我矛盾内部处理。"

这时台底下乱了套:"喂,陈得务,请你把夏小君的反动日记公布于众。"

"请党委公布一篇夏小君的反动日记给我们群众看看,也让我们把眼睛擦得更亮,彻底看清她的面目。如果公布不出,我们说你们又欠夏小君的债。"

会场里起哄着,乱透了。

我简直是气愤到极点了,他们真的是一计未成又生一计,我无论如何也要争取讲上几句话,可是我的头还没有抬起来,几只手又伸了过来,又将我的头揿了下去。

我站在大礼堂台上的最前面,头也被他们越揿越低,我的血似乎都往脑门上冲。我想,这几千人大会,我料你们没有这狗胆对我再使用"阿姆尼亚",所以我就拼命咬着嘴唇,忍受着他们这个"喷气式"加90度。我也看到台下乐池里挤满了人,有人在议论:"真是见鬼了,你说这难道不是天大笑话,写反动标语的焦罗业已经抓出来了,夏小君理所当然要放,而现在又是夏小君写什么'反动日记',真是天方夜谭。""把夏小君关了这么久,为什么不让她讲话呢?你看好了,夏小君不会买账的,我老早就听人说了,她在里面,他们还对她用了'阿姆尼亚'毒剂,这还了得,就凭这一点,夏小君就可以把他们告倒。""什么,阿姆尼亚?""是啊,我们晒的图纸就有这种氨的成分。你想那种味道多难闻,人啊,怎么受得了这种毒气刺激!""我看夏小君与一年前不好比,好怕人啊。""有什么办法,这叫君要臣死,臣不得不死。""这年头,谁也说不清,反正他在台上,你在台下,他就可以把你打成反革命。什么真革命,什么反革命,谁能说得清。""她丈夫西贝被关在我们化工厂的地下室,那喊救命、喊毛主席万岁的声音惨啊!我是亲耳听到的,说句心里话,要是上面有人来开座谈会,我是会揭发的。""老王,我说你太平点吧,不要头脑发热,太冲动没意思,小资产阶级狂热性也照样可以请你吃官司。""我说咱们还是暂时坐山观虎斗吧。"

听着台底下的各种议论，让我感到群众运动和运动群众的区别，只有人民才是创造历史的真正动力。我应该相信群众相信党。

"现在大会揭发开始，要揭发的同志可以上台。"

"我来揭发，我和夏小君平时比较接近，被她的伪装所蒙蔽。"

我被他们一把头发拎起来："你看看，夏小君，你现在回答站在你面前的是谁？"

我当然看清了是肖兰，但是我没有回答，我想肖兰又能揭发我什么呢？

想不到，肖兰一把拉开我的棉衣："你们看，我平时就被这件补丁上加补丁的艰苦朴素的假象所蒙蔽。同志们，夏小君这件补满补丁的棉袄不知蒙骗了多少人，我今天一定要与夏小君划清界限。"

"打倒反革命两面派夏小君！"

"好，你揭发，不过，你要掌握斗争大方向！"革委会头头朱甲早对走上台的女青年说。

"我叫朱多，是66届高中毕业生，自从进厂以来，特别是去年厂里发生五起反标，直到真正的反革命作案犯焦罗业被揪出来，今天这个大会让我更加清楚地识别……"

没等她说完，人们一下子乱哄哄地嚷起来，大会开不下去了，台上的头头们，不得不采取紧急措施。

"同志们，今天的大会就开到这里。"厂革委会头头造反大队长朱甲早宣布散会，但是会场里的人不肯向外走。

"你们真是岂有此理，为什么不让我把话讲完？毛主席说：让别人讲话，天不会塌下来，好话、坏话都让别人把话讲完。你们为什么不让我讲？你们不是口口声声说，假的真不了，真的假不了，你们为什么不让我把话讲完！"

"对，朱多，讲得对。你们自己宣布要揭发的人上台来，现在大家正要揭发,你们却宣布散会,说明谁做贼心虚,你们为什么出尔反尔?你们把我们广大群众当阿斗,办不到!"

"我也来揭发,我叫梅阿生,是1947年就进这个厂的老工人。我记得1951年土改诉苦时,夏小君是第一个上台控诉揭发在旧社会受压迫的苦难,她的声声泪、字字血,让参加会议的人都流下了眼泪,想不到这次听专案组同志说,在夏小君家里抄出了她写的几十本反动日记,从13岁写到今天,都是攻击我们社会制度的。夏小君伪装积极,18岁就混入了共产党,其实她的祖父,她的外公都是什么秀才、举人,当官的,她的父亲也是大学生,夏小君出生在这样一个破落的反动官僚资产阶级家庭,是混进我们党内的阶级异己分子。"

"打倒反革命两面派夏小君,打倒夏小君。"

"夏小君必须向革命群众低头认罪。"

"夏小君打着红旗反红旗罪该万死。"

"喔唷,不得了,夏小君上代原来是书香门第。怪不得她娘会唱歌,听说还会弹琴。"

"我来揭发,我不用自我介绍,大家都知道,我是看管西贝的十人中间的一个,你们骂我打手也好,帮凶也好,反正都有你们的理由,因为我是打过西贝。我是1946年进厂的老工人,比夏小君姐妹俩还早进来一年多。我入党还是夏小君的姐姐夏小立帮我填的《入党志愿书》。我是共产党员,我做了共产党员根本不应该做的事。我错了,我问心有愧。因此我不能一错再错,更加不能一错到底,我看管西贝,只是用长板凳把他猛击一下,想不到我这一击却把西贝打晕了。我吓得不得了,我想我犯人命了,后来西贝总算醒了,我拼命向西贝说对不起。下班回家,我把这件事告诉了我老婆,老婆和我大吵大闹,骂我是畜生,良心给狗吃了。老婆告诉我,她听别人说,夏小君被关在里面,他们对她用了几十种刑罚,还有什么'阿姆尼亚',反正我是大老粗,听不懂。"

"喂,邹大军,你在说什么呀?快下来,你是否又喝醉了?"

"我今天没有喝老酒,头脑清楚得很。"

"你下去,让别人继续揭发。"

只听见台下叫起来,为什么不让邹大军讲下去,肯定你们心里有鬼。

"我来揭发,我叫李心。"

我怦然心动,李心,多么熟悉的名字啊,想到了,难道就是辛大姐对我讲的她的表妹李心！当我要把头抬起来时，马上又有好几只手把我的头直往下揿："放老实点，夏小君，你必须低头认罪。"

"我叫李心。"

"李心，你下次再揭发。"

"为什么不让我揭发。"

"好，好，你揭发，不过要掌握斗争大方向，不要挑起群众斗群众。"

"到底是你们挑起群众斗群众，还是群众自己解放自己？群众眼睛是雪亮的。"

"好，不同你辩论，你赶快抓紧时间，还有很多人要揭发。"台下静了下来，李心继续讲。

"我叫李心，也是66届高中毕业生，与朱多是同班同学。我不带任何观点，我只想摆事实讲道理，我只说两件事，第一件，抄夏小君的家，我亲眼看见厂里去了三十几个人，在夏小君家里翻箱倒柜，从阁楼上抄到下面，从下面又抄到阁楼上，翻了好几遍，也没有找到他们要的夏小君作案工具，结果把夏小君弟弟的大镜框打碎，说是反动标语草稿放在镜框里面。夏小君的母亲责问他们，为什么把镜框打碎，林彪一伙害死了她的儿子，总后勤部已经做了她儿子夏平平的平反结论，儿子被人害死了，已经是够她伤心了，想不到他们又将夏平平的镜框打碎。一伙人把夏小君的母亲揿在墙角里，不准她动，还用手指戳她的太阳穴：'老东西，死不了，放老实点。'我看了十分气愤，我站出来说：'你们对一个老人竟然如此，你们的良心到哪里去了？'李白平说：'李心，我们在学校里是同班同学，你不要多管闲事，听我的不会错。'我说：'啥人的话也不听，听自己脑袋的。'后来李白平把一大捆一大捆书和其他东西往楼下停着的大卡车上搬，夏小君的两个女儿要包连他们在清单上签字，他们不肯，就在这时子弟学校的工宣队季秀建来通知说有要事找三个孩子，就这样把夏小君的三个孩子骗到子弟学校，分别关在三个教室里。"

"嗨，嗨，李心，今天是揭发夏小君的大会……"

"我说，朱甲早，你听清了没有？我揭发的

就是与夏小君有关的事情，请你不要打断我的话。是什么时候了，现在是1974年10月23日了！对夏小君使用毒剂阿姆尼亚的问题，我作为一名共青团员，而且是积极靠拢组织的人，我可以向团组织和党组织发誓，确确实实对夏小君用过阿姆尼亚，后果到底如何，联合破案组的头头们，你们为什么不站出来讲明原委，你们当时对夏小君法西斯专政的胆子现在到哪里去了？"

"对，对，李心你说得对。"

"什么'阿姆尼亚'，我们群众还没有听见过。"

"听说是一种毒剂，用了以后，头脑都要炸开来的。"

"联合破案组的人到哪里去了？为什么不站出来澄清事实？"

"为什么不让夏小君讲话？"

"夏小君，不要怕，你大胆回答我们，到底是怎么回事！"

我为这些曾认识的和不曾认识的革命群众的正义感动得好几次流下了眼泪……

我觉得此时此刻，凭我一两句话是不能解决问题的，我只讲了一句话："相信群众，相信党。"

"对！相信群众，相信党，夏小君相信我们全厂6000名革命群众不是阿斗！"

"夏小君是真反革命还是打着红旗反红旗，由群众来鉴定，由事实来说话。关了夏小君一年多，为什么关夏小君全厂群众都清楚，你们自己也更加清楚，当时说她是反标作案犯，可夏小君和西贝关在里面时，厂里又出现了反标，你们才慌了手脚，在全厂到处大清查，大查特查，最终是查到了焦罗业，而焦罗兰在夏小君被关后的四个月，也就是1973年12月就抓出来了。"

"今天你们在反标问题水落石出真相大白的情况下，又抛出什么夏小君书写反动日记来，你们到底是为了什么？毛主席说：有反必肃，有错必纠。你们与毛主席的指示背道而驰，你们又把我们群众当什么？"

"对，对，群众的眼睛是雪亮的！"

"为什么联合破案组不出场？"

"为什么你们不让夏小君讲话？"

会场里骚动起来，叫的叫，喊的喊，一片混乱，就在这时，响起了连续不断的哨子声："老饭厅失火了，快去救火呀！"

我联想到1973年8月8日，群众在联合破案组门口看见我被段寿明、蒯天西推进吉普车，而不让我讲话，群众起哄，不让他们启动吉普车，也有人大喊："棉花仓库起火了！"这肯定又是他们故伎重演。

大会场中的人群在一片混乱声中向会场外拥去，我也被人拉着推着挤出了会场。一路上只听见人们说："又放烟幕弹了，群众毕竟不是刘阿斗！"

我被他们又押到了消防室楼上一个小房间里。

段寿明叼着香烟走了进来，右耳上面还夹着一支香烟，里面坐着蒯天西，还有朱甲早和那个西棉厂就一直跟着的不认识的女人。

"夏小君，今天你的态度很好，一直低头认罪，现在正式向你宣布，从现在开始，你在厂里继续接受审查，把书写大量反动日记的思想根源彻底交代清楚，取得群众的谅解。不过也要警告你，你不要钻今天大会的空子，你毕竟不在厂里这么长时间，对外面的形势，特别是对厂里的形势不清楚，厂里派性仍旧很厉害，这是他们之间的事，你可不要渔翁得利，那你是不会有好下场的。"段寿明讲完后，蒯天西又给他接了一支香烟，说："夏小君，你该表示下态度。"

我朝蒯天西看了一眼："看来你们真的是要错上加错，一错到底了，那我夏小君就继续奉陪到底。"

我无法面对这残酷的一幕，在焦罗业的确被抓出来之日，仍对我夏小君继续迫害，这难道就是"文化大革命"进入第八个年头的事实吗？我夏小君从1973年被诬陷关押，受尽残酷刑讯逼供直到今天1974年10月23日，在这442天里，我只能说：我比弟弟夏平平好得多，我还能幸存到今天，活着就是好，活下来就能申冤昭雪！

要不是在大牢里辛大姐和钉子苦口婆心，忠诚相劝，冒死帮助我，要不是老胡这些年长的老师傅关心我、照顾我，我夏小君还能活着出来吗？今天这个几千人的大会上，能一忍再忍吗？

忍字，一把刀插在心上，才成为一个忍字，我已忍受了442天的冤屈了，我还要忍多长时间？

三十五、到家了

我歪着脖子瘫倒在地，背上像被冷水冲过一样，棉裤差不多湿到裤脚管了。我的双脚肿得只能拖着鞋走路了，尿频尿急使得我完全失去了控制，我的肾功能肯定在进一步衰退。我想，段寿明你们要害我到什么时候啊，什么时候才能让我去看病？

段寿明、蒯天西、劳水河一伙端着饭盆走了过来，一个个像前世饿杀鬼一样，狼吞虎咽，蒯天西嘴里发出咂咂的响声，劳水河把骨头放在嘴里啃了又啃。段寿明等程阿花、申木争走后，对我说："夏小君，你把脸转过来，我有话要对你说，听见没有？"

我的脖子早被挂铁牌、绕场示众扭伤了！我没有理睬他。

"你不转脸也可以，现在向你宣布，今天你可以回家了，不过你得按时写思想汇报，交清队办公室，也就是原来的联合破案组的地方，现在改为你夏小君的专案组。公检法的同志都回去了，我和蒯天西不住在你们厂里了，只能两三天来一次。但是我要告诉你，你的一举一动，我们随时可以掌握。明天是厂休，后天也就是下一个礼拜一，你到乙班后纺行政办公室报到，由他们给你分配工作。你必须到车间里去劳动改造，戴罪立功，争取宽大处理。如果你不老实，耍什么花招，那你应该知道是什么后果。这天下是我们的，不管你逃到哪里，我们照样可以用'808'把你铐回来。听见了没有？下午由程阿花他们通知你家里人，把你领回去。后天晚上九点钟到乙班后纺行政办公室报到。"

我始终没有理睬段寿明。

程阿花、申木争一面吃着饭一面走了进来。后面跟进来的是朱甲早，他手里端了两个饭盆，把其中一盆饭往地上一放："夏小君，有什么话，吃了中饭再讲。"

"我又不是猪猡！"

"怎么？你倒真是狗咬吕洞宾，不识好人心！不吃拉倒，还骂我们是猪猡。"

看着他们狼吞虎咽的狼狈相，我长长地叹了一口气。真是物以类聚，人以群分，这些乌合之众不知害人害到何年何月啊！

王孝看气急败坏地跑进来说："快，现在厂车都开出去了，我到厂房里去转了几圈，都没什么人了，是不是现在就去通知西贝把她领回去？"

"你们为什么不开全厂大会宣布？为什么这样怕见群众？我用不着你们去通知西贝，我自己的家，我怎能不认得，不用你们来这一套。"

"不行！我们必须把你亲自交给西贝，如果发生什么意外，我们可负不了责。"

"小王，你去打电话给后门的门卫，叫他们通知西贝七点半到厂后门口来一次，应该怎么说，你心中有数。千万别让她女儿、儿子跟着一起来，知道吗？"

"老段，你放心好了，我有数。到时我也可以在后门口轧苗头的。"

程阿花和蒯天西扶着我慢慢地向厂后门口走去。

远远地，我看见西贝带着小奋向后门走来，我激动地甩开程阿花和蒯天西的搀扶，艰难地向他们走去。

"妈妈，妈妈。"小奋一头扑倒在我怀里，恸哭不已……

"小君，怎么瘦成这样了，我差点都认不出你了！小君，让我来背你回去吧！""妈妈你伏在爸爸背上吧！就让爸爸驮你回去吧！"我无论如何也不肯。可是，西贝蹲了下来，门卫陆师傅把我扶到了西贝的背上，小奋托着我的两只脚向家里走去。

才走到第三幢工房时，小直和小利扶着母亲来了。我再也控制不住早已流淌着的泪水，伏在西贝的背上哭了起来……

"小君，小君，你总算可以回来了。到家了，不哭！"母亲老泪纵横，同样痛哭流涕。

"妈妈，妈妈！当心别摔下来，我去开门。不！姐姐，你去开门，我在门口站岗，要是谁再来抓妈妈，我拿这根棍子敲扁他的狗头！"

已是万家灯火的夜晚，北风呼啸，我终于回到了这个多灾多难而又充满亲情、充满温馨、患难与共的家。

小利长高了许多，显得更加瘦弱，两条辫子已拖到背上了。她端来了一盆热水，帮我脱着鞋子、袜子，叫着："奶奶，你看妈妈的脚肿得像馒头了。"小利不断地往盆里加着热水，双手搓着我的双脚。小直端来了一张西贝自制的木头小凳给奶奶坐下。母亲的双手布满了许多裂口，为了养家糊口，这双手从年轻时就整天泡在碱水里，为洗衣坊洗着饭店里一件件沾满油腻的衣服，给我们兄弟姐妹纳着一双双坚实的鞋底。后来，母亲这双勤劳的手，又为我和我的三个孩子烧菜煮饭，穿针引线，才使得我和西贝能安心工作。现在母亲这温暖的手又在不停地为我的双脚进行按摩，寄托着一颗慈祥的母爱之心，母亲的双手热乎乎地紧紧地贴在我的脚上,一股暖流流遍我的全身。

"母亲呵母亲,才两年不到,你头发全白了。才两年不到,你已衰老成这个样子!母亲,你手腕有关节炎,这么冷的天,你别为了省几个煤球舍不得用热水呀!"

"妈妈,奶奶总是抢着洗菜淘米倒马桶洗衣服。"

"奶奶,我们今天当着妈妈的面说好了,以后家里这些活都由我和姐姐包了!妈妈,听说你关在里面,受了不少苦,他们还对你使用了毒剂,叫阿姆尼亚,是不是?"

"小直别问妈妈这些,这些丧尽天良的人,没有一个好东西,将来总是要找他们算账的!"

"不说这些了,妈妈回来了,我们可以安心读书了。我和二姐又可以去唱样板戏。妈妈,我还没有告诉你呢,我和姐演的杨子荣审栾平一场戏又得了一个一等奖。杨奶奶还特地带我们到高炮阵地去为解放军叔叔演出。演完了,解放军叔叔把我举得高高地说:'下次再扮演小冬子。'他说我长得很像潘冬子。妈妈,我唱《闪闪的红星》给你听好吗?"

"红星闪闪放光彩,红星灿灿暖胸怀,红星是咱工农的心,党的光辉照万代……"

"你们看,谁来了?"西贝后面跟着老顾伯伯。

"顾爷爷,顾爷爷,你怎么知道我妈妈回来了?"

"我看你们房间里平时灯光都比较暗,今天特别亮,我想大概有好事情了。我正在想着,你爸爸来了,他告诉我你妈妈回来了。"

"是呀,我就把老顾伯伯请来了,你看他胡琴也带来了。"西贝一面说一面端了一张椅子,上面特地垫了一块垫子请老顾伯伯坐下,又给老顾伯伯泡了一杯茶。

"小奋，唱一段《誓把反动派一扫光》好不好？""好！二姐，等一会儿你也唱一段。"顾伯伯试了一下琴。

"朔风吹，林涛吼，峡谷震荡，望飞雪，漫天舞，巍巍丛山披银装，好一派北国风光……"

"好，小奋，有一年多不唱了吧？顾爷爷想不到你能把《智取威虎山》中的杨子荣这一段唱得这么好！"

"来，小直，也唱一段，李奶奶的'革命的火焰一定要大放光芒'。"老顾伯伯的琴声真太美了，小直也有板有眼地活像李奶奶一样地唱了起来：

"打渔的人经得起狂风巨浪，

打猎的人哪怕虎豹豺狼。

看你昏天黑地能多久！

革命的火焰一定要大放光芒。"

我目不转睛地盯着西贝，西贝自然十分高兴。我知道，这是他特意安排孩子们清唱，迎接我从黑牢出来。

小奋坐在母亲的大腿上，母亲为小直打着拍子，小利为母亲按摩肩膀，这就是家，充满温馨的家，顿时一股暖流充满了我的心田。我感到亲情和家庭对我是多么重要！我在黑牢里能够不怕折磨，坚持下来，不就是因为有这个家和亲情的支撑吗！

西贝为我们每人端来了一碗小汤圆。第一碗给老顾伯伯，第二碗端给了母亲。小利站起来，想帮着端。西贝说："你们都坐着，平时都是母亲烧给你们吃，母亲生了病是你们端给奶奶吃，今天由我包了，你们高高兴兴地吃吃唱唱吧！"

"爸爸你也一起吃。"小利把一碗汤圆送到西贝手里。

"爸爸不饿，爸爸今天高兴得连肚子也不饿了。"说着，他向厨房走去。

看见他右手摁着肝区，我让小利赶快给他冲杯糖开水。我知道他的肝又不行了，他的脸色那么难看，从厂后门口到家里，我伏在他背上，听他不停地喘着气。我几次吵着要下来，他就是不让。按照我现在80斤左右的体重，要是在平时，背我肯定不在话下了。现在真不好与以前比啊！昔日130斤的西贝，至今也许只有100多斤吧！

我看着小利端着一碗汤圆，站在西贝面前，一定要他吃下去。西贝表情为难，有点吃不进去的样子。我的鼻子酸了，西贝啊！这个家里你是挑大梁的，你可千万不能倒下啊！我关在里面时就听说你的肝病又犯了，可想不到，你会瘦成这个样子。

母亲像是想到了什么，走到窗前的写字台上拿了谷氨酸药瓶："西贝，赶快吃药，这几天，你老是忘记吃药，你千万要记住吃啊！"

面对如此情景，我感到回到家像是换了一个人间，家的温馨让我忘记满身伤痛，家的力量使我全身充满着新的希望，家的气氛使我的心境开始平和。啊！家啊，充满着亲情！我们老中小六个人互相支撑，互相依靠着，缺一个也不行！

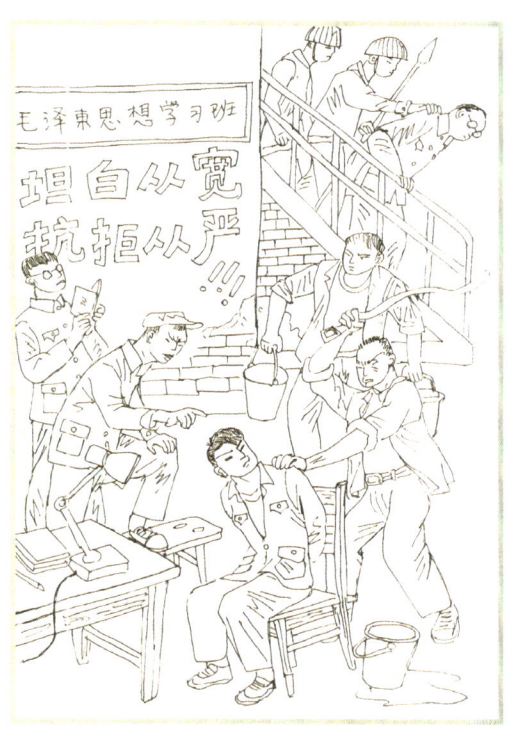

三十六、累死她

亲人们聚在一起，询问、关心、思念、交流，有讲不完的话语，整整讲了两个通宵，似乎还没有讲完。

小利把我小便浸湿了的棉裤拆开来，把又臭又脏的旧棉花用开水泡净，放到太阳下晒干，准备做坐垫用。旧棉裤里放进了新棉花，穿在身上，一股暖流流遍我全身。小利的针线活很细密，她在10岁时母亲就教会她缝缝补补了。她手脚真麻利，和母亲一起，给全家都做了新棉鞋。家里的地板被她擦得一尘不染。她手不停脚不歇，现在又带着小直、小奋去晒青菜了，这已经是第二批了。第一批腌的咸菜，母亲已做成霉干菜了。我暂时还没有精力去做家务，回家到现在我几乎还没合过眼，就是不想睡。可是整个人就像大

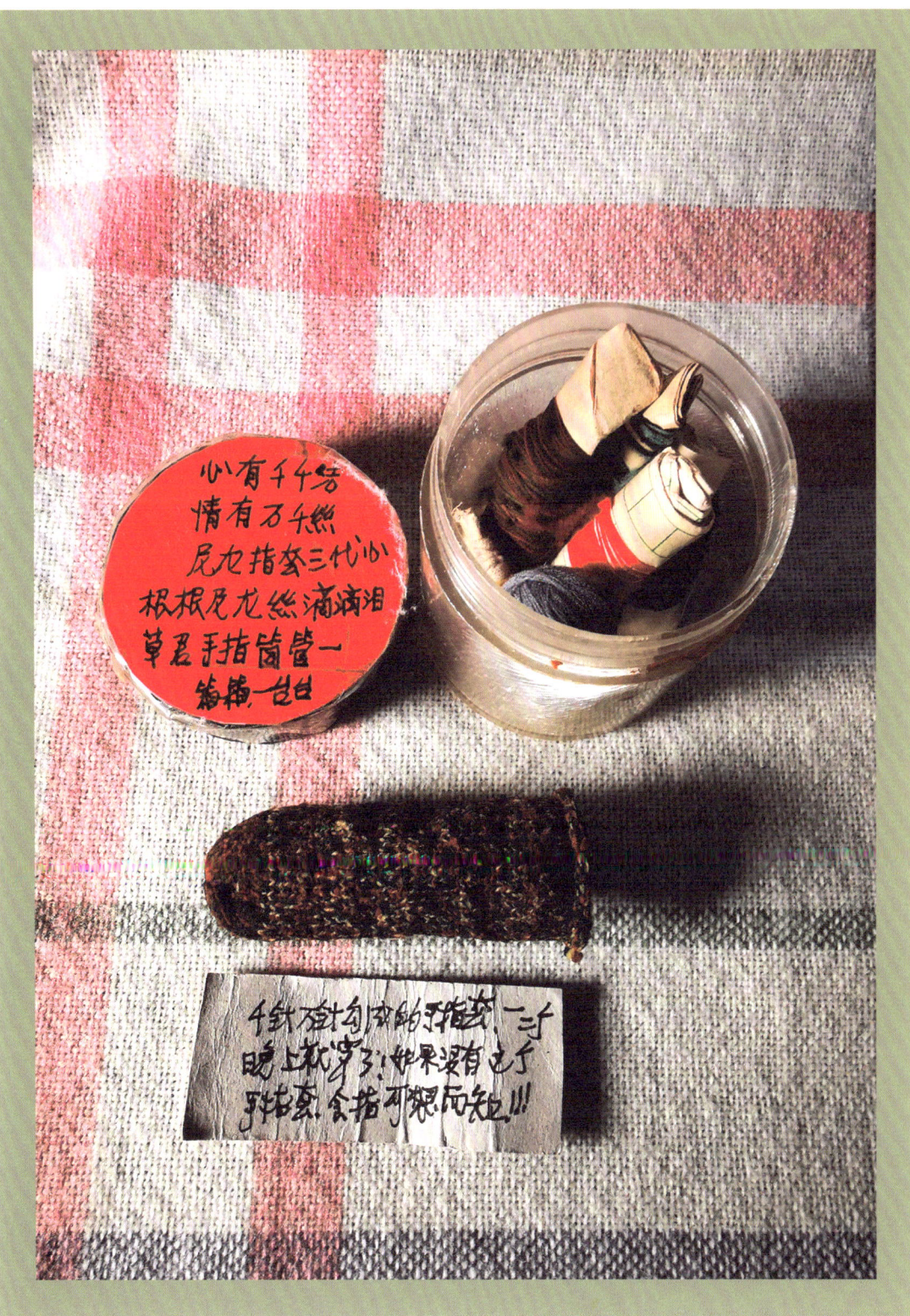

病初愈，全身的骨骼都像散了架，东也痛，西也痛，特别是两只眼睛总像有针在刺一样。段寿明他们没有放过我，想用劳动来惩罚我。我夏小君怕劳动？天大的笑话！劳动对我来说已成习惯……

在旧社会，我5岁死了父亲，7岁就到杨太太家里当小丫头，服侍两个少爷，端汰脚水、洗脸水，倒痰盂，给杨太太捶腿敲背，烧菜煮饭。每天还要去深井里吊一桶桶井水，直到把两只大水缸装满。这口井好深好深，水桶系着一两丈长的井绳放下去才能吊上一桶水。望着这深不见底的水井，周围没有一个人，静极了，我真害怕，要不是小黄狗在旁边陪着我，我感到随时会从井口掉下去。看着小黄狗，我自怨自艾，你是畜生我是人，可是我都不如你，你有狗窝，狗窝有门，地上铺有稻草，我睡的地方是在屋檐下搭出来的一个"披"，七穿八漏，不能挡风，更不能遮雨！你吃肉啃骨头，我呢？只能吃杨太太和少爷们剩下的冷饭残羹。

12岁那年，我进了纱厂，我这个只有52斤体重的人要干着与我年龄完全不符的体力劳动。那飞快运转的细纱机纺着由一只只两道粗纱变成的八支细纱或是九支细纱。嵌在食指缝里的细纱头，拉出了一道道带血的裂口，钻心一样地痛呀！做日班，从早晨六点钟做到晚上六点钟；做夜班，从晚上六点做到第二天早晨六点。这么大的劳动量，对一个年仅12岁的孩子来说，意味着什么？更可恶的是，工作时有拿摩温看着，不许休息，上厕所时间长了，就要挨打挨罚，没有办法，小便急了只好尿在裤子里，从那时起，我便患上了尿频尿急的肾病。

这岁月虽已过去25年了，却仿佛还在昨天！

就连这次关押，他们对我施用"阿姆尼亚"的酷刑，如今也过去快两年了！

这些充满血泪、充满苦难、充满仇恨的日子，一天也没有从我的记忆中消失过。

我挺过来了，熬过来了！

我回到家中，母亲既高兴又伤心。我躺在床上，母亲为我两条腿进行按摩，"唉，这两条小腿差不多和大腿一样粗了，肿成这个样子，叫我如何放得下心。今天晚上你就去车间报到？""是的，母亲。你别为我担心，我能够顶得住的！"

母亲默默地为我准备了碗、筷、饭票、工作帽和口罩等，把这些东西都塞进了她缝制的那个小毛巾袋袋里。现在又抓紧为我缝制一条条短裤。母亲担心我裤子尿湿了不好受，一定要我多带几条以便替换。

母亲为我赶制好第二条短裤后又忙着为我熬中药，我的例假从1973年

8月8日开始就停止了。隔壁虾婆婆摸摸我硬邦邦的肚子，说里面有气也是一种病，叫气臌涨。虾婆婆说，这种毛病是受了刺激气出来的，说她年轻时也得过这种怪病，那时她30岁不到，有八九个月不来月经，是因为她老头子当时骂她生不出儿子所致。虾婆婆后来吃了一种叫"鬼见草"的秘方慢慢就好了。现在虾婆婆介绍她这个"秘方"给我吃。母亲将煎好的头煎让我吃了，再把二煎装在瓶里让我带到厂里去吃。

除了虾婆婆，还有关大姐等邻居们对我们都很好，听说我回来了，他们都络绎不绝地来看我。

捧着母亲为我准备的用品，西贝和三个孩子把我送到了厂后门口，我向乙班后纺行政办公室走去。

九点五十分，陈秀春和王孝看来了。王孝看自我介绍："你也知道，过去这班头的轮班长是蒋春和张又梅，他们现在调到质量监督科去了。现在由我和陈秀春负责，你的工作，由陈秀春向你宣布，这是经过局、公司和厂里三级领导共同研究决定的。"王孝看讲完了向车间里走去。

"夏小君，不瞒你说，我也不想挑这副担子，估计你也听说了，我家老二，这不争气的东西，什么路不好走，要去自杀，害得我头也抬不起来。"

"秀春，别这样说。天有不测风云，人有旦夕祸福，谁也不知道自己的未来怎样。常言道，保得住自己，保不住儿孙。"

"真的，说穿了，对你的安排，我也是有想法的。可惜！我现在讲话也讲不响了，用别人的话讲，我自己的屁股也没有揩清。真的，我也不大好意思讲出来，分配你做那种工作。"

看她吞吞吐吐的样子，我就说："扫地？扫就扫吧！只要不像你威风扫地就行了，秀春，对不起，刺痛你了。"

"唉，小君，你这话说到我心上了。我的女儿一上吊，岂止是威风扫地，我连头也抬不起来了。真的恨不得地上有一个洞往里钻。你夏小君表面上是威风扫地，其实暗地里不知有多少人佩服你，服帖你那种宁死不屈的精神。就说南山吧，尽管当时很多人造他谣，恶意攻击他，诽谤他，他照样信任你。"

"秀春，都过去的事了，我们不说这些了，你就赶快分配我的工作，让我到车间里去，真的，给我两把扫帚吧！我马上就去扫地。"

"小君，我不再与你捉迷藏了，老实告诉你吧，是叫你去摆筒管！"

"什么？叫我去摆筒管？这生活不是请外面身强力壮的临时工做的吗？而且劳资科规定一定是男劳力。"

"是的,是叫你去摆筒管。到十四工区,生产组长你也认识的,是茅四珍。一共是摆14台细纱车,也就是5600锭,都是20支,每台平均一天落纱5次,还有半次是交到下一班的。我想想你关了这么长时间,身体又不好,肯定是吃不消的,但上级决定的,我也没有办法。"

太出乎我意料了!

今天是我上的第一个夜班,第一次摆筒管,我只能是手不停、脚不歇地像机器人一样来来回回于14台细纱车与5600锭之间。还没有摆到第14台,又开始落纱了,我急得浑身大汗,穿一件圆领衫,已是汗流浃背了。幸好女厕所就在车旁边,否则,我的尿频尿急还要麻烦!

袁佬佬对我说:"你千万不要急,我的400锭由我自己来摆,别人也会像我一样帮助你的。"

"要连累你们的!"

"怕什么,我都想好了,他们对你恶作剧,你忍得住,我们早就忍不住了。"

"我忍得住?"我想到母亲,想到三个孩子,特别是西贝又在犯肝病,我只能先忍一忍再说。

也不知过了多久,上早班的人来了,夜班的人都陆陆续续地走光了。

茅四珍在喊:"夏小君,下班了!"

我拖着疲惫不堪的双脚,提着一包换下来尿湿的短裤,向车间门口走去,一路上不断有人与我打招呼。

"夏小君,你回来了,他们再把你关着不放,群众真的要起来造反了。我们班里28人,以张一为首,写了联名信到局里为你请愿,说焦罗业在1973年12月就被抓起来了,为什么不放你?现在焦罗业已于1974年10月25日枪决了,他们又抛出你所谓书写反动日记,接下来又是什么孔老二徒子徒孙什么的。罪名真是一个又一

母亲被迫做苦工,外祖母就用这个杯子为她装饭菜。

个！"

"这些人太狠心了！叫你夏小君干这种男劳动力干的活，明摆着，诚心要累死你嘛！"

"夏小君，你一定要挺住，全厂群众越来越清楚了，谁是真革命，谁是假革命，谁是打着红旗反红旗，群众眼睛是雪亮的。"

"夏小君，你一定要忍住，也一定要挺住，你一定能够看到害你的那些人的下场，那个看管你的徐丽珠还有陈秀春，她们一个男人心肌梗塞死了，一个女儿上吊死了，这就是报应啊！"

"谢谢大家对我的关心！"

我被这些好心的兄弟姐妹们你一言我一语地团团围住，心里十分感动……

我拖着沉重的脚步走出车间，经过游泳池，经过业余疗养所，又走到了404门口。404的罪证，那里三层外三层的黑牢房，虽已被拆除，但它不会在我的脑海里消失，它成了我生命中又一个永恒的烙印，它不时地烧灼着我的心，深深地嵌在我的骨头里。

过了404，还没有到厂后门口，我就看见小奋和背着书包的小直在等我了："妈妈，分配你干什么活？你吃得消吗？奶奶和大姐姐叫我们来等你。"小奋拉着我的手问我。

警卫室门口的电钟已经是早上七点三十分了，我才意识到我下班已过了一个半小时了，难怪家里等急了。"小直、小奋，你们快到学校里去吧！""不！我们送你回去。妈妈，你看，你的脸也肿得这么厉害。""不用，妈妈自己回去！妈妈不累。"

看着孩子远去的背影，我自言自语："但愿母亲和我与西贝，我们这两代人的付出，能换来他们光辉灿烂的明天。为了孩子，为了我们的未来，我必须也应该像骆驼一样负重……"

当我回到家时，小利已去了学校，台子上给我留了一张纸条："妈妈，我已经知道你在摆筒管了，是中班的李小双阿姨告诉我的。我连夜给你钩了五只手指套，给你工作时用。妈妈你早点休息吧！清早我和奶奶已经买好了菜，一块素鸡和一碗豆苗，给你上夜班吃。小利敬上。"

母亲正靠在床上拆旧的尼龙袜子，一点一点地将拆下来的一根根尼龙丝接起来绕成一个小团团……我心里一酸，走到母亲的身旁，母亲呀母亲！我不能没有你。

回家后,一直没有看见西贝,我问母亲,西贝是不是去上班了?母亲说:"他 GPT 很高,不忍心告诉你。他去住院了,小东门隔离医院。"

母亲让我吃了泡饭,一定要我马上去睡觉。

我翻来覆去睡不着。没有下班时,真想回到家里立刻就睡,可是现在到家里了,人也睡在床上了,三四个钟头过去了,就是睡不着。我怕母亲担心,说下面不安静,爬到了小阁楼上。我心中想着西贝,西贝,你现在肝区一定又很痛吧!我现在行动也不自由,我无法来到你的身边呀……

小天窗外已经漆黑一团了,我赶快爬下楼去,孩子们早就放学了,他们个个埋头做着功课。我看着小小的十五支光灯泡,叹了一口气,明年争取调一个大的灯泡,如果有条件,也装上一只 24 吋的日光灯就好了。我和西贝早想调灯泡了,可孩子们就为节约不肯。

我将母亲为我准备好的饭菜,一块素鸡和四两豆苗装进杯子里,再放了一点饭,向厂里走去。小直追了上来:"妈妈,姐姐为你钩的手指套,你忘了带去。还有这几条短裤,奶奶已在煤球炉上烘干了。天已经下雨了,这把伞你带着。妈妈你慢慢走,离接班还有一个小时呢。"

"小直,你快回去吧!妈妈早点进车间,是为了多做点准备工作。"

"妈妈,姐姐说,过几天他们学校要组织学工了,她说到时候就可以到厂里帮你摆筒管了!"

我顶风冒雨向厂里走去。

路上碰到工薪员丁成成,他把我叫住了:"夏小君,我没有能力帮你什么忙,只有在结算工资时,把你每月四块八毛的附加工资仍旧结进去。他们这些人真可恶,安排你摆筒管,这是强劳力工作,当年我从常州调到这里就做过这种活,三个月下来,我腰肌劳损,坐骨神经痛发作,十只手指甲全部脱落。"

丁成成看看四周无人,轻轻地对我说:"车间里到处在传,段寿明他们说,一个夜班,要你摆完细纱筒管 5,600 只,让你摆得抬不起头来。累死你,累死你!真是作孽啊!夏小君,你千万当心点,我对老婆阿娣说:'你空下来帮助夏小君多摆点筒管。'"

我紧紧地握了握他的手:"谢谢你们大家这样关心我。"

有那么多好心的群众关心我,为了我心中的愿望,面对着繁重的体力劳动,我一定要坚持住。

六十七、天知地知你知我知

1976年5月16日，这是"五一六通知"公布十周年的日子，也是我们终身难忘的一天。西贝与我多次分离，这次又分别整整四个月了。

这天，西贝带着小奋，从上海来到了我所在的安徽白云山劳改农场。他俩是坐了轮船又乘长途汽车还走了几千米荒山野路，才到我的劳改大队。入夜，疲惫不堪的儿子早已进入梦乡，西贝与我谈分别后的一切……天蒙蒙亮时，西贝总算下决心说明日继续再谈。

清晨，起床的哨子刚刚吹响，西贝一骨碌跳起来，直奔劳改场部的干部食堂打饭。这个干部食堂，是专门给管教干部用的，犯人的家属也可以到这个食堂来打饭。西贝打了一斤米粥、六个肉馒头（一两一个），快速跑回房间。看着呼呼熟睡的儿子，我们实在舍不得叫醒他，毕竟他才12岁啊。西贝看着我吃下了三只馒头、三两粥，还有两只咸蛋，我好像还是没有吃饱，好久没有吃肉馒头和咸蛋了。我不能再吃了，得考虑西贝和儿子啊，他们毕竟是两个男人，不能让他们挨饿。西贝看我狼吞虎咽地吃完后，硬是再往我手里塞了一只肉馒头，他担心我没有吃饱干不动体力活。此时，集合出发去田间劳作的哨声响了，西贝站在仓库门口（也就是我们三人的临时住所），目送我走出打谷场，走向远处的玉米地……

夜里，西贝接着昨天晚上的话题，开始了我们的谈话。经过十几个小时的劳动，虽然我的手上出了血泡、下肢浮肿，全身就像灌满了铅似的沉重，但是，对于西贝的讲述，我竟然能一字不漏地印刻在脑海里。

西贝说："1975年12月24日，北京八宝山革命公墓举行了夏平平骨灰安放仪式。除你之外，全体家人都去参加了。

当时你的二姐夫和北京某部队的一位新提升的梁主任，与上海市'夏小君专案组'负责人沈某多次通话，希望上海方面能让你来北京参加夏平平骨灰安放仪式，得到的回复是：'不可能的。我们不能相信她到北京后还会回到上海，她的性格决定了她到北京后就不会回上海了，她肯定会在北京继续进行翻案活动的。因此，上海民兵指挥部给她办毛泽东思想学习班，对她的认识提高有很大的好处，学习班结束后就能回家。待你们在北京办完事回上海就可以与夏小君团聚了。'这个所谓从上海传过来的'好消息'，确实使我与三个孩子兴奋不已。"

西贝说到这里停顿了一下，咬咬牙又说："当时我们的高兴，是多么的愚昧和善良，我们又一次上当受骗了，以后才知道你又被段寿明一伙关到上海市少年犯罪管教所去了！以后又来到这里。"

西贝用非常平静的语气说："往事不堪回首。过去的就让它过去吧！历史不可能重写。相信我西贝翻案到底的决心，至死不变！相信不久的将来我们一定会获得自由。"

我沉浸在无限的遐想中。西贝话题一转，说道："贺诚部长真是个大好人，为了平平和你的冤案，竭尽全力伸张正义。是他把材料送到党中央，因为叶帅和邓小平同志干预了此事，夏平平的冤案才得以平反，并且被追认为烈士，否则是不可能的。小君，你一定要坚强地挺住，我们的冤案会解决的。黎明将要来临，黑暗还能长久吗？"

山芋仓库，是白云山劳改农场领导安排我与西贝见面时住的地方。深夜里我听着西贝讲述了分别数月后的一系列世态炎凉，虽然我极其疲倦，但还是把西贝讲的一字一句都装进了脑子里。我又一次提议，能不能再讲一讲他和小奋是怎样找到安徽我这里来的？

那是1976年5月15日晚上，西贝带着年仅12岁的儿子小奋，由女儿小利、小直骑着两辆"老坦克"（旧自行车）把他们送到十六铺码头，女儿们等到晚上十点钟，默默地凝视着小火轮启动、离岸，驶向遥远的白云山劳改农场。船在平静而昏暗的黄浦江上行驶，码头上女儿们高高扬起的双手依然清晰可见。带着老母亲的嘱咐，带着女儿们无限的思念，带着人间的悲欢离合，带着希望去寻找患难与共的夏小君……

上午九点多钟，长途汽车经过广德之后不久，就到达了古塘汽车站。下车后，西贝拉着小奋向车站里的一个售票员询问："这里附近有没有邮局？有没有拖拉机一类的车,只要可以坐人的就行,我们要到白云山劳改农场去。"

那售票员的丈夫说，今天下午去白云山的一部拖拉机在半个小时前就开走了，已经没有车了。

售票员指点：走拖拉机大路的话，要兜一个很大的圈子，需要两个钟头左右才能走到。如果走小路的话，走到第一个十字路口向左拐，第二个交义路口向右拐，第三、第四个十字路口都是向左拐，再向前走十分钟就能看到一些人在田里干活，去问一下就可以到达你们要去的目的地——白云山劳改农场了。

西贝和小奋再三作揖感谢售票员夫妇后，就上路了。

午后的太阳，紫外线依然是那样强烈。大约走了两三里路之后，小奋的体力明显不支，西贝就坚持把他背在背上赶路，背了一段距离，西贝也不行了。两人只能坐在路边地上休息一会儿，再继续赶路。

山丘地带的小路，对于西贝和小奋来说，毕竟是人生第一次走，走了两个多小时的山路，除了路两边的小树小草，山中野鸡、野鸭、野鸽子的啼叫声，**途中既无村庄，更无人烟。五点左右，夜色开始慢慢降临。**

在一幢草房的门前，西贝站住了。这时，一位四十儿岁、短头发、大眼睛、一身笔挺制服的女公安干警，慢慢地从右边一间房里走出来，坐到写字桌旁靠背椅上："你们是从哪里来的？先坐下休息休息。噢，你们来看望谁？你们的家属叫什么名字？"西贝坐在大门旁边的一条长板凳上，抬起头来准备回答问话时，突然他**发现这位女警官好像在哪里见过。**女警官也盯着西贝横看竖看，西贝递给女警官一张通知单，上面写着被接见家属的名字：夏小君！

她拿着这份接见通知单在手中晃了两晃，突然向西贝说道："我问你，你当过兵吗？你到过朝鲜战场吗？你在志愿军九兵团司令部待过吗？我怎么越看越像……"

西贝随即不假思索地说："我在九兵团工作过，我叫西贝。1950 年冬天，朝鲜长津湖战役期

间，我好像在兵团保卫部见过你……"

女警官站起来走到西贝面前，紧紧地握着西贝的手，激动地说："这就对了。你好好地认一认，我是谁？叫什么名字？多少年了，哦，26年没见面！没想到我们会在这里见面！"

"你是兵团保卫部的尤一队长吧，我们在二次战役时还一起工作过一阵子呢，对不对？！"

西贝从心里佩服面前的这位女公安。

解放前党的地下工作者，战争年代人民军队中的保卫工作者，和平时代的公安战士。此刻她睿智的双眼告诉西贝：西贝，你要有耐心，夏小君的案子是非常复杂的。

"是啊，我也觉得奇怪，夏小君的劳改档案出奇地简单，既没有写明劳改罪错的事实，也没有司法部门的判决书，唯一只有上海市市长马天水的批示：'如果夏小君硬不认错就送劳改。'王洪文、王秀珍、徐景贤也有批示：'一致同意马老意见。'内容如此奇特，这是我这么多年来公安工作第一次碰到的。西贝，今天我一个人值班，你能够给我谈谈你们的实际情况？"

西贝简单地谈了这个案子的曲折与冤屈。

所谓"夏小君再不认错"，主要来源于她为弟弟夏平平鸣冤叫屈，争取平反，不断上访而不断遭到迫害。

夏平平，大学毕业后分配在北京总后军械部。"文化大革命"初期，积极响应组织的号召，在总后机关内首先揭露了部长邱会作工作和品德上存在的问题，这下子就像捅了他的马蜂窝。邱会作立即下令：把夏平平这个跳出来的反革命抓起来。于是，夏平平被关押在总后大楼的地下室黑牢里，经过20几个日夜的轮番逼供，被酷刑拷打致死，年仅30岁呀！然而，凶手们却伪造"畏罪跳楼自杀的假象"，定了现行反革命的罪行。夏小君最了解自己弟弟夏平平的思想品德和工作学习表现，不但不承认总后党委当时定的"反革命罪"，相反一而再、再而三地向总后党委发电报及写挂号信，要求追查夏平平的死因，因此闯下了大祸。

夏小君和丈夫西贝由此遭迫害，诬陷夏小君书写反动标语，被关押在外单位的牛棚，西贝被关押在化工厂的防空洞。没想到关押后，单位里又出现了一系列反动标语，这个写反动标语的被查出另有其人，他们也就只能草草收场。1974年，他们又以夏小君从13岁就开始书写大量反动日记的"罪名"继续关押，残酷的刑讯逼供，使她险些丢掉性命。最后，他们将她定为"清

除出党，反革命分子做人民内部矛盾处理"，放出牛棚。

夏小君被放出牛棚后，立即被发配到厂里，去干连男工也喊吃不消的最重、最累、最脏的"摆细纱筒管"的强劳力活，他们的目的就是想活活累死她。在此期间，夏小君和我们全家老小六人，仍旧一次次遭到毒打、关押、恐吓等迫害。

1975年3月12日深夜，在无可奈何的情况下，一家老小四口人（夏小君、西贝带着老母亲和儿子小奋）摆脱了对手们的追赶，终于踏上了进京上访的列车……

北京总后勤部军械部——夏平平生前所在的机关，与夏平平同时受邱会作一伙迫害、关押刑讯逼供幸存的战友和首长们，都已经平反，并且恢复了职务。他们一听到夏平平上海的亲人来了，非常热情地接待了我们，给我们创造了很好的"告状"条件。有些幸存的老战友、老首长都前来宿舍看望我们，当他们知道我们在上海遭受如此深重的迫害，就决定要为我们伸张正义。总后副部长贺诚同志的冤案，当初是毛主席亲自批示为他平反的。当贺诚一家得知我们受迫害的经过后，立即表示要帮夏小君把申诉信送到主持中央工作的邓小平同志手里。

说到这里，西贝把写给邓小平同志的申诉信，也就是贺诚副部长直接去中南海帮助夏小君呈上去的那封信，给了劳改大队指导员尤一同志。老尤看过之后，叹了一口气说道："我的眼光还可以吧，我在刚才见面认出你之后，就说你我皆是朝鲜战场上的幸存者，现在我要补充一句，那就是我们又有可能成为文化大革命运动的幸存者！"

西贝接着说："老尤，你是否还认识我们九兵团司令部的老参谋朱维大同志和施光善同志？他俩看了我们的材料后也非常气愤，纷纷伸出援助之手为夏小君伸张正义。"

老尤不假思索地说："认识，认识，没想到他们也还活着，看来好人是一定有好报的！"

西贝神情沮丧地说:"他们托了许多人,然而终究因为这两个棘手的问题而失败。"

"两个什么棘手的问题?"老尤问。

"第一个问题是,夏小君坚持不听劝告,坚决不肯写认罪书。而且,夏小君还坚持说,自己是被横加罪名清除出党,定反革命罪的,是一个被残酷迫害的大冤案!第二个问题是,夏小君的案子是大人物上海一把手马天水亲自批示的,谁敢违抗他们的圣旨?"

"后来呢?"尤指导员关切地问。

"由于夏小君不但不认错,还要带领全家一起到北京告状,罪加一等。"

尤指导员听到这里,无限感慨地说:"西贝,有三件事你必须记牢。第一件事,等会儿我安排你们去我们队部的一个原来放山芋的仓库里住,虽然条件差些,但还算安静,你们三人就暂时住在那里吧,里面有一块很大的木板,搁在储存山芋坑的上面,你们三个人可以睡,还有一张小桌子和两张小凳子,这间房算是我招待你这位'不速之客'的,现在,你们可以先去把夏小君的被褥等东西搬到那间屋里去。第二件事,吃晚饭的铃声响过之后,你先拿着夏小君的饭盆和菜盆去劳改食堂,凭这张卡将夏小君的一份饭打到屋里去,然后,再到我们干部食堂去打饭,我会关照我们食堂炊事员的。第三件事,这里情况非常复杂,我们的生死关系只能是天知地知你知我知。"

尤指导员安排完这三件事情后,从容地走出了那间办公室。

望着尤指导员渐渐远去的身影,西贝感慨万千……

七十、雪（三）

这时，沈纠察来了，后面跟着几个人。我一看，是母亲，是小利，是小直，是小奋，不见西贝。

三个孩子一下子扑了过来，倒在我的怀里，我倒在母亲的怀里，是喜是悲，五个人哭成一团。

"妈妈，我们都在你身边了，是爸爸把我们送到轮船码头上的。他说在家里看家，还有几份申诉材料他要誊写一遍。他完全相信我们四个人能平安来，平安回的。"

"妈妈，弟弟讲得对，我们四个人分了工！奶奶是总管，管我们三个人不可以走散。大姐姐全程照顾奶奶，按时给奶奶服药，我和弟弟负责保管船票以及一路上带的零星药品，还有带给妈妈的书籍和我们几个人的读书笔记。"小直抢着说。

"妈妈，你不知道我们会来吧？我们昨天中午接到通知，让我们在接到通知后的三天内到达这里，今天早晨就乘头班车来了。弟弟和爸爸来过一次，弟弟的记性还真好，一路上只问了四五个人，后来碰到你们这里一个开拖拉机的人，当我们说是来看你时，他就说：'噢！夏小君，我知道，她正在生病呢。我叫小黑蛋，我送你们去。'妈妈，你大概病得不轻吧？看你的精神太差了，你好像哭过了，两只眼睛肿得好厉害。妈妈，我们正在继续加紧向局里、市里直至中央各部门寄一封又一封的申诉材料，相信总有一天会真相大白的。据说段寿明一伙现在就像秋后的蚂蚱，也有人说段寿明患上精神病了，整天胡言乱语，反正做贼的人总是怕鬼敲门的，他大概确实碰到鬼了。妈妈，我讲了这么许多，你怎么一句话也不说呀！"小利说着说着哭了。

母亲见孩子们讲着讲着都哭了，忙对我说："君儿，孩子们讲了这么多了，明天一早就要走的，来一次真不容易啊！我相信这日子不会长的。平平给邱会作一伙害死了，总认为这辈子石沉大海了，想不到在他遇害死后的第三年林彪、邱会作这伙死党就完了。小君，只要我活在这世界上一天，我就会和西贝及三个孩子，为我们家的深仇大恨翻案到底！"

这时小奋突然插话说："妈妈，我想起一个人，就是那个淘淘阿姨，今天怎么没有看见？"

我再也忍不住，号啕大哭起来……

"君儿，是不是淘淘又闯祸了。唉！这孩子也要犟到老了。你们都是犟脾气，自古以来，枪打出头鸟，君儿，淘淘是不是又升级了？你说话呀？到底是怎么回事呀？"

"算了，你们别逼她说了，弄得不好，她又要犯病的，这些日子一连犯过几次了，再犯就要送命了。老实告诉你们吧！那个淘淘跳悬崖死了。唉！太可怜了，也太可惜了！"沈纠察一面讲，一面揩着眼泪，她看到母亲老泪纵横，说，"夏小君母亲，我叫你一声伯母吧！你也认得淘淘这孩子？"

"我们岂止是认识，我是看着她长大的！这孩子多可怜啊！君儿，你别再伤心了！淘淘去见华斌也有伴，总比长相思的好……"

"母亲，你别哭了，你哭我就更伤心了。母亲，母亲……"

"伯母，你也上年纪了，今天路上又走了大半天，明天就要回去，你们早点到那个山芋仓库去休息吧！小奋，就是上次你和爸爸睡的那个地方。再说夏小君身体还十分虚弱，再也经不起打击了，也让她早点休息吧！我带你们去，将就点住一宿吧！"

母亲和三个孩子跟着沈纠察走了。我看着母亲步履蹒跚，心里难过极了！唉！岁月真是催人老呀！才一年不到，母亲竟老得连撑着拐杖还要小利扶一把，让我无法平静，母亲常说一句话：儿走千里娘担忧。现在我才有了较深的体会。

不一会儿小利又来了，她告诉我："我已经安排好奶奶睡了，怕奶奶摔下来，在她睡的旁边放了几张长板凳拦着。小奋和小直在记今天的日记，我关照他们早点睡，写不完，回到上海后还可以补。"

小利长高了一点，可还是瘦得像芦柴棒，两条辫子又长了许多，我说："妈妈帮你剪掉算了。"她执意不肯："妈妈什么时候放回来我才剪掉……"

小利讲着讲着，慢慢地倒在我怀里睡着了，我的泪水和她脸上的泪水交织在一起，她和小时候一样，总喜欢勾着我的肩膀睡。

母亲和三个孩子的到来，缓解了我对她们的深深思念，可我无法像上次西贝带小奋来时那样兴奋、激动！我甚至连话也不想多讲一句，因为淘淘永远离我而去，这个致命的打击把我这颗已经千疮百孔的心压得粉碎，甚至在监狱医院醒来时，我都不想再活下去了！

第二天清早，沈纠察悄悄来到我的床边说："原来我想让你母亲和三个孩子吃过中饭再回上海的，可我得到消息，今天小黑蛋要到总场去送货色，搭他的拖拉机，可以少走好几里路。这里的路走一里半里都不容易，他们连东西南北也无法辨别。再说，你母亲这么大岁数，一拐一拐的我看了心里也

很难过。可能天气又要翻脸了,我穿着棉大衣,棉裤也穿起来了,还觉得冷。这里人气太少,空气里的冤气太多了!"沈纠察说完,调头走了。

"妈妈,我昨天就讲过了,我不走!要在这里照顾你。淘淘阿姨不在了,妈妈,我知道你失去了生活的信心,也许会由此改变你,让你走向另一个极端,我实在不放心!"

"小利,你是不是怕妈妈也走淘淘阿姨这条路?不会的!小利,你还是回上海吧,相信我们还有下一次。就听妈妈这一次好吗?"

过了一夜的母亲,我觉得她好像又苍老了许多。她在小直、小奋的搀扶下又来到了我的床前,千叮咛万嘱咐:"君儿,留得青山在,不怕没柴烧。我回上海后还要为三个孩子和西贝赶制棉鞋。你不要牵挂我们,西贝吃的治肝炎药,我会提醒他定期去配的。西贝写的申诉材料去邮寄时,小利、小直都会陪着他骑自行车去的。信件寄出后,各级信访办都说收到了,你放心吧!再不会落在段寿明他们手里。

母亲和三个孩子终于走了,他们是那样的依依不舍,母亲撑着拐杖一步三回头,小奋他们泪水涟涟,小直咬着嘴唇把小辫子往脖子上一盘,我明白她这样做的意思,她想到当时看《甲午风云》时的情景,邓世昌在与敌人同归于尽的刹那间也把辫子往脖子上盘了起来时,小直就说总有一天,她也会与段寿明一伙同归于尽的。

再看小奋穿着一件西贝的旧军装,一直拖到膝盖下面,连头也不回,只是用手不停地在脸上擦着泪水。我的心碎了!我真想爬起来为他们送行,为孩子们擦去泪水,可我连下床的力气也没有,只能背靠在墙上,眼睛直挺挺地望着他们老小四人越走越远,小黑蛋的拖拉机声音也逐步远去了!

……

玛丽拿着野花走来，告诉我，柯平正伏在床铺上为淘淘写安魂曲和悼词。

我艰难地坐了起来，拿起了笔，也写了起来："淘淘，逃逃，百年未遇的茫茫大雪，把这白云山劳改农场变成了林海雪原，百年未遇的天灾人祸，使得我们的毛主席、朱总司令、周总理三颗巨星陨落了，唐山地震20多万人口被埋地下……

"淘淘，逃逃，你永远离我而去了，我一定将悲痛化为力量，为了我的明天，我会和西贝继续执着地上下求索，你就放心吧！我虽不能亲手为你埋葬，然而，你成为我胸中的永远珍藏……我将记住你留在这世界上的最后一句话：告诉小君要翻案到底！"

……

我仿佛听到了淘淘的声音：

"小君，亲爱的姐姐，原谅我，与你不告而别，为的是减少我们双方的痛苦，迫于无奈！也留下了你我终身的遗憾。

小君，告诉你，在悬崖峭壁与玛丽诀别后，我以夸父追日的精神，继续翻山越岭，越过暗礁险滩，哼着关山渡欲飞，多看姐两眼，多听姐歌声，汪汪泪湖水……我终于逃到了天安门广场。

……"

玛丽、张小小，还有柯平、东克拦住了我："小君，你女儿来了，小利正在找你，赶快回去吧，你千万别再胡思乱想了。"

"小君，听我柯平的话，事物坏到了极点，就会向好的方面转化，这是事物发展的规律。就如我从17岁戴上右派帽子，关押在这里，经过12年的改造，经过我柯平式的修炼，我也摸出一条能够让我适应自己生存的规律，那就是修炼，不断地修炼。

"属于我们激情燃烧的岁月早已远去了，不能再冲动了。想当初刚被发配到这里，可真是满腔仇恨，真想与东克结盟把这里一个个仓库点燃。也是由于东克的指点迷津，使我逐步平静，因为她比我早关到这白云山劳改农场好几年，她说她是国民党的旧军人，她说她也在修炼。从此，我步了她的后尘，修炼，修炼，适者生存。

"小君，别急别躁，相信噩梦醒来是早晨。"

小利见到我十分激动，第一句话就是："妈妈，前天爸爸又带着小直、小奋还有奶奶（因为奶奶一定要跟着去），去找了'夏小君专案组'的头头沈画。爸爸对他说：'如果你们能拿出一篇夏小君的反动日记，我们坚决与她划清界限，从今以后就不再来找你们。如果你们拿不出真凭实据，我们全家就一定为夏小君翻案到底！老实对你们说，我西贝在苏中老解放区，4岁的时候，就在开明绅士父亲创办的黄浦小学读一年级了，1943年考取了新四军苏中军区抗日中学，10岁就参加了抗日宣传队，面对日本鬼子残酷的清乡扫荡我没有怕过；在抗美援朝五次战役中，我没有被美帝国主义的炸弹炸死；1957年整风反右中被内定右派，至今17年，始终在你们的视线下，进行着超强度的、脱胎换骨的体力劳动改造，我活了下来；"文化大革命"中，你们一心想以漏网的右派再次把我投入到你们的"网"里，关进了防空洞，关进了牛棚，关进了人间地狱。一次次被你们抓了打，打了放，再抓再打，以莫须有的罪名进行种种毒辣的刑讯逼供，九死一生，因为马克思不接受我，让我活到今天！

"'我问你沈画，你们欠夏小君的债，欠我们一家的债，何时才还，何时才能还得清？！你们妄想再与保邱势力南北勾结，再进一步加害于我们，看来是办不到了。随着"9.13"林彪集团的被粉碎，如今"四人帮"也已粉碎了，马天水一伙，你们再也找不到了。'"

小利紧紧地握着我的双手，越讲越激动："妈妈，你不会想到吧！沈画竟说：'西贝别冲动，也许我们深入基层不够，我们一定再做进一步调查，你们就再等等吧！'

"小奋、小直不约而同地说：'等什么？等个屁！从明天开始，我们天天到你们专案组来报到，等你们拿出我妈妈的反动日记来。'不料沈画他们说：'别，别这样，好好读书，回头别让第一名给人家抢去了。'他们色厉内荏，他们理屈词穷，他们不能自圆其说。

"妈妈，最近我们还去了市纪委复查办，接待我们的谢云同志也很热心，并再三关照我们一定要照顾好奶奶和爸爸。总之，不管是市纪委复查办，还是市检察院，他们都告诉我们：你妈妈的案子，多级领导都十分重视，正在加紧进行调查，有消息会告诉你们的。

"妈妈，我这次来，再也不走了，即使尤指导员、杨队长她们怎么动员我回上海，我也不再走了，一定要等到和你一起回去。我的决心已定，相信一定能够等到这一天的。

"妈妈，你别为淘淘阿姨而终日愁眉不展，如果你身体垮了，她又怎能安心，还有平平舅舅，他又多么希望我们好好地活下去呀。妈妈，听听我的话吧！我是你的女儿，我会帮助爸爸挑起这份重担的，你一定要爱惜自己的身体。"

讲着讲着，小利迷迷糊糊地睡着了，两只手还像小时候一样，紧紧地钩着我的肩膀。妈妈，我再也不离开你了……

小利累了，小利心里装着很多东西，她的眼角上挂着泪水。小利快18岁了，一米六五的个子，体重还只有80斤。我的心一酸，一滴滴泪水落在她的脸上，她用手抹了一下，又睡着了。

小利这次来，队长们再没有动员她回上海，而且还关照她一定要好好照顾妈妈。小利时时刻刻不离开我。我们在队部的安排下，搬到了莫医生宿舍旁边的小仓库里，里面堆的是供应干部食堂的大米和山芋。队长们对我们也很关心，称给我们三斤大米，小利每次抓上两三把，放在煤油炉上给我煮粥吃。

收工后，柯平和玛丽，后面还跟了东克，到我们这里来坐了一会儿，玛丽说："我这门炮又要放了：ّ四人帮'粉碎了，可是我们这里却风平浪静，这是怎么回事？"

柯平说："是不是放你出去？放我柯平出去？还早着呢！"

东克把铁铲往地上一放，说："请允许我吸口烟好吗？"她从"劳动牌"里抽出一根香烟，划了自来火，"我还真不想出去呢？何处是我家啊！我唯一的弟弟也自杀了，罪名是偷听敌特电台。家啊家啊！'我的家在东北松花江上，那里有森林煤矿，还有那满山遍野的大豆高粱。'"

真是太出乎我们的意料，东克的歌声，东克的泪水，和往日头戴歪帽，嘴上常年叼着一支烟的样子判若两人，她情绪激越，她动情伤感，她的泪水，在这个小屋里湮没。

"九一八，九一八，从那个悲惨的时候……脱离了我们的家乡，抛弃那无尽的宝藏，流浪，流浪……"

正在这时，平时一向胆小怕事的莫医师出现在我们面前。"嘿，嘿，你们唱，你们哭，可千万别把长城哭倒了。"随即她一手拿着金针，一手挥着一块白手帕，声泪俱下，"爹娘啊，爹娘啊，什么时候才能欢聚在一堂。"

……

就在这时，杨队长走了进来："你们是不是准备中西结合，国共合作！还是越狱逃跑？还是精神失常！都是神经病。啊！他妈的，老娘总算熬到了这一天！"

杨队长挥袖而去，抹着泪水。

柯平走了，东克走了，玛丽也走了。她们的泪痕却凝固在我的心底。

这一夜，我无法入睡，翻来覆去，为情所困。是啊，人最难战胜的是自己，性情中的人更加如此！

望着一袋袋大米我坐了起来，因为床铺本身就小，虽然旁边拼了一排砖头，但我一动，还是把小利惊醒了。

"妈妈，你是不是又做噩梦了。"

"小利，妈妈突然想到，你待在这里，今年第一季度的各种票证领了没有？你带来了10斤粮票，家里就少了10斤，会不够吃的，你还是回上海吧！"

"妈妈，你放心吧，这10斤粮票是阿凤阿姨送给我们的，一季度的票证这次由爸爸亲自去领，由小直早点到粮管所门口去排队。还有爸爸吃的药，我来之前，去市二医院配好了，可以吃半个月。当时李医生还专门检查了爸爸的肝区，说好点了。我走的时候，爸爸专门送我到十六铺码头，我又一次对爸爸说：你千万别再去上班了，防止那伙人狗急跳墙再把你关起来，再关，连你每月42元的长病假工资也拿不到了，一定要等到妈妈哪天放出来后再去上班，爸爸也答应我的。妈妈，你就别操心了。奶奶的手腕关节炎经过联合医院的张医生上门扎了几次金针，现在也好多了，脚炉每天也由小直给奶奶装好木炭，还有烫婆子，都会给奶奶准备好的。小直做事情还是十分稳妥的。爸爸用的复写纸又买了一盒，小奋用的小日记簿，还是小直的同学陈小华送的，还没有用完。还有家里阁楼上天窗旁边的漏洞，我与爸爸一起堵住了，西北风就吹不进了，也不怕再有人爬在屋顶上偷听我们的情况了。反正我来之前，该安排的我都安排好了。"

唉！家里的担子除了西贝挑，就落在小利身上了，真是穷人的孩子早当家。

一晃现在已是1977年2月份了，狂风更加呼啸，漫天白雪会让这里的人悲哀、伤感、凄凉无穷，不无感叹上苍为何如此造化地上的凡人们，我们这群特殊部落的人呀，何时才能走出困境。

我真有点等不及了，我连一小碗粥也吃不进去，我的情绪时好时坏。大便里常常出现暗红色，莫医师再三关照我，一定要当心服药，控制情绪，如果再这样下去，又要送总场监狱医院的。

望眼欲穿的时候到了。天还未亮，关耳队长轻轻敲着门。

关耳队长神秘一笑："怎么，你比我还早，母女俩有说不尽道不完的话吧，我有切身体会。告诉你夏小君，你今天可以出去了，这是根据中央工作组下达指示给有关方面，通知我们说一定要让夏小君活着出去。"

我自感到比较平静，因为我的对手太大了。我们一家的付出也就更大更大了，死去的永远不会回来，活着的也是千疮百孔。

我握着关耳队长的手，说不出一句话……

关耳队长轻轻地为我抹去了泪水。

"妈妈，你早应该有这一天了，害你的人，欠你的，欠我们一家的太多了，应该是到惩罚他们的时候了。妈妈，终于让我们等到这一天了。"

小利开始整理我们简单的行李。"妈妈，这张木制的小靠背椅定要带回去，我记得当时，你坐着坐着，就会东倒西歪，然后是一次次晕倒。关耳队长特地让木工组的陈师傅为你定制了这张小椅子。它对你可有着特殊意义呀，自从有了它，你靠着、坐着为'枫岭'黑板报写了许多篇动人的稿子，如《天热地热抢收抢种心更热》《油菜花儿黄又香，人人脸上汗水淌》《今年的年成虽不好，仓库不是空荡荡》等等，使劳改三队没有向总场交白卷。也因此，大家送给了妈妈你一个'特殊劳改犯'的'美誉'，队长们也很高兴。"

小利说着说着，拿起了毛笔，在椅子的靠背上写下了一行字：你是我们的依靠。

我对小利说，你的记性真好。"妈妈，只要有心，什么都能记得牢，什么事情也能办得到。妈妈，你说怪不怪，为什么今天天亮得特别慢。"

这也许就是平时人们说的：黎明前最黑暗吧！

是的，黎明前最黑暗。柯平和玛丽走了进来："小利，想不到你的隶书写得这么好！"

"不！柯平阿姨，与你比真是相差十万八千里呢，我心里一直暗暗说，一定要向柯平阿姨学习，你是这里出了名的女秀才。我的书法是跟爸爸学的，曲不离口,笔不离手,所以我这次来,爸爸在我的旅行袋里塞进了毛笔和墨汁。再说玛丽姐姐,你的一手好字,也让你这混血儿三个字更加扬名在这白云山劳改农场。不过,玛丽姐姐,你千万别为混血儿三个字再浮想联翩呀,这三个字的组成,也是代表一个时代的符号:中苏友谊万岁。"

"小利,你真会说话,你真是'偶尔露峥嵘',你无愧是西贝和夏小君的掌上明珠,也让我这个中苏结合的人更加热爱我的第二个故乡,我的中国。"

柯平从口袋里摸出了一张纸,又开始了她的"诗情画意":

东方尚未拂晓

有人说黎明前最黑暗

也许

田野的积雪胜过了白昼

我再也无法进入梦中

要为我们的伙伴送行

……

关耳队长来了。"哦!你们是文人大会师,让我尝到了这个特殊环境中的生命狂想曲。我不会作曲吟诗,但是我至今还记得《钢铁是怎样炼成的》主人公保尔·柯察金说的话:'人最宝贵的是生命,生命属于我们只有一次。人的一生应该这样度过,当他回首往事时,不因虚度年华而悔恨,也不因碌碌无为而羞耻,在临死时能够说,我的一切已献给了世界上最壮丽的事业,为共产主义而奋斗终生。'

"我关耳队长,也希望我们彼此有机会再好好读一读世界上的几部经典,如《巴黎圣母院》《悲惨世界》《复活》,还有莎士比亚的《哈姆雷特》的故事。让我们记住:冤冤相报是不会了的。"

关耳队长的一席话,让我们

感到胜读十年书。我们几个人互相拥抱、互相擦泪。

只听见关耳队长说:"夏小君,还有小利,你们赶快吃早饭吧,接你们的大卡车昨晚从上海外滩出发,经过长途跋涉,于今天清晨五时到达这里。那位司机技术相当不错,他的名字也特别有意思,叫路有仇,也有50多岁了,看样子憨厚可靠。等一会儿他会把你们俩从这里直接送到上海你们的家里。今天是1977年2月17日,是粉碎'四人帮'后的第一个大除夕,祝你们回家团聚吃年夜饭。"

我百感交集,看着赶来的李月、张小小、东克、茅芳,还有尚在睡梦中的伙伴。我不知从何说起,相互紧紧握手,作揖致谢,依依不舍……

再见了,我会记住这特殊部落里的特殊学校,留给我太多的人生思考。

我在小利的搀扶下迎着飘下的朵朵雪花迈开了我的脚步,似乎感到脚下的积雪开始融化。

我的热泪滚滚,浮想联翩……

1995年10月初稿 2000年10月完稿于上海

读《沧桑》

　　我终于读完了鸿篇巨制《沧桑》上、中、下全卷。读懂《沧桑》并不难，尤其是我们从那个年代过来的，家里也曾遭受过迫害的人。难的是能够忍受着压抑、憋屈、愤怒、痛苦的心情，逐字逐句地读完，实在是一件不容易的事！含泪、流泪、失声哭泣，伴随着我阅读的全过程。

　　《沧桑》出版至今已经有12个年头了，我曾经翻阅过开头部分，也许是因为我投入太深，也许是因为书中的一幕幕触及了我曾经的伤痛，使我难以继续读下去。这次为了编辑《一路走来》这本书，要从《沧桑》中摘选出反映整个家庭遭受迫害过程的简要内容，我只好坚持着一读到底。

　　《沧桑》共有70个章节，共计80万字，我从中选出了7个章节，共75939字。为了压缩篇幅，我摘选了符合编辑新书主题内容的19247字。这些文字最简略地反映了书中主人公夏小君一家在"文化大革命"中遭受迫害的主要事件，也反映了夏小君夫妇面对林彪、四人帮死党的淫威，不畏强暴、不屈不挠的抗争精神，以及广大人民群众对当时颠倒是非、混淆黑白社会现象的不满和抗议。

　　我们的党是伟大、英明的。2021年11月11日中国共产党第十九届中央委员会第六次全体会议通过了《中共中央关于党的百年奋斗重大成就和历史经验的决议》。决议明确指出：林彪、江青两个反革命集团利用"文化大革命"，"进行了大量祸国殃民的罪恶活动，酿成十年内乱，使党、国家、人民遭到新中国成立以来最严重的挫折和损失，教训极其惨痛。1976年10月，中央政治局执行党和人民的意志，毅然粉碎了'四人帮'，结束了'文化大革命'这场灾难。"

　　《沧桑》是那个特殊年代的真实写照，它以一家人悲惨的经历告诉世人，什么是人性善恶，世态炎凉；什么是信念和执着，以及在那个年代的人们，对真理的渴望和呼唤。

　　《沧桑》告诉我们，当民主和法治遭到破坏，社会发生动乱的时候，国家和人民将会遭受多大的灾难！客观、公正地认识这段历史，这对于生活在今天的人们来说，无疑是一件十分有益的事情。

《一路走来》编辑组　凌　风

抹不去的记忆

如今的 8 月 8 日是吉日，因为 8 是吉数，立秋喻意收获的季节。然而对我们这个家族来说，8 月 8 日是永远无法忘记、刻骨铭心的日子，它是个"灾日"。

17647 天前，癸丑牛年，农历七月初十，公历 8 月 8 日，是立秋日。母亲像往常一样，把家里打扫得干干净净，为的是迎接远道而来的姨妈、姨夫、舅舅和舅妈，所不同的是母亲竟然会在大清早帮外祖母和我们三个孩子挨个洗了头发，然后才匆匆忙忙赶去上班。

大概是上午八点左右，突然家里冲进来十几个男人，他们把外祖母带到隔壁邻居家里，把我们三个孩子拉到一边，随后就开始像发疯似地翻箱倒柜地进行抄家。这时，我躲过看守进门，看到家里一下子被弄得遍地狼藉，想着一会儿姨妈他们就要来了，那可怎么办？抄家的一个壮汉发现我进了房间就把我往外推，我顺手拿起身边的热水瓶就向他们扔去，只听有人大声吼着：快把她带走！把她带走！就这样我光着脚被他们架着从楼上拖到楼下，映入眼帘的是一辆起码有 8 吨的解放牌大卡车停在路口，家里的东西正在不断地往车上装……任我怎么反抗也抵不住两个彪形大汉的胳膊，我死死地咬住其中一个家伙的手臂，突然一只大手抽在我的脸上，眼前顿时火冒金星，我被他们拖到离家不远的学校教室里关了起来，直到下午三点左右才放我们姐弟回家。抄家结束后的屋里是洗劫后不堪入目的凌乱，连阁楼上的地板都被撬开检查了。

天黑了，姨妈、姨夫、舅舅、舅妈他们都走了，而我们的父母却一个都没有回来。外祖母只能让我们出去打探消息，父母到底出了什么事？当我走到厂门口时，听到很多人都在议论白天发生在我们家的事，几乎所有人都知道，父母是因为"书写反动标语"而被打成反革命分子，双双隔离审查了。

父母同一天被"关起来了"，这个消息犹如晴天霹雳。外祖母并没有因为父母被打成"反革命"而抛弃我们。虽然姨妈他们竭力想把外祖母接走，但她舍不得离开我们，更舍不得我们三个"反革命"子女从此过着无依无靠的生活。父母关起来了，留下了孤苦伶仃的外祖母和我们姐弟仨。这年我

13岁……

暑假很快结束了，我们仨该上学了，但我们没有钱交学费。因为自从父母被关后，他们的工资全部被扣发，每个月只给我们发20元生活费。姐姐长我3岁，弟弟小我3岁（这期间姨妈、姑妈、伯伯和舅舅也会偷偷地给我们一点力所能及的资助），姐姐就用这20元钱挑起了当家的重担。在确保我和弟弟吃饱饭的前提下，她会把省下的钱给外祖母买一瓶蜂乳，以确保外祖母身体健康能陪伴我们，而她自己总是吃我们剩下的，给我和弟弟吃的是猪油和酱油拌饭，她自己吃的却是盐拌饭。她几乎把家里的所有活都扛下了，为的是让我和弟弟好好读书，为父母争气，为外祖母争气，再累再苦她也咬着牙坚持着。

1974年，身体瘦弱的姐姐（邻居都叫她"绿豆芽"）中学还没有毕业，就因为是"反革命"子女而被强送到农村插队落户，是我陪着姐姐一起骑着自行车去联勤大队丁家生产队报到的。她白天下地干农活，晚上就与那些强劳力一起去挖川杨河，为的是每个月可以预支4元钱补贴家用。

我和弟弟的学费都是由当时很同情我们的班主任偷偷帮我们垫付的，他们不忍心看到我们因为没有钱交学费而辍学。我们也因此暗下决心，一定要为父母争气，努力学习，弟弟的学习成绩始终是第一名，而那些害我父母的人的子女也在同一所学校读书，他们因为知道我父母是"反革命"而经常欺辱我们，尤其是年少的弟弟经常被这帮恶少欺负。有一次，我实在忍不住了，就跑到他们班里揪着那个男孩的衣领狠狠地扇了他两个巴掌，以示警告。这是我第一次扇别人巴掌，也是一生中唯一的一次，从此这个男孩再也不敢欺侮弟弟了。

父母是因为写"反动标语"而被抓起来的，可笑的是父母在押期间，"反动标语"却一而再、再而三地出现，弄得当时的领导实在收不了场，又制造了莫须有的罪名，说母亲几十年来天天写"反动日记"攻击党、攻击新社会、攻击无产阶级专政，必须继续关押，父亲则被释放。父亲放出来后立即带着我们开始了艰辛的"上访"。在我的记忆中，父亲总是写呀写，一份、两份、三份，垫着复写纸一式多份写告状信、申诉信，一写就是一个通宵，彻夜难眠。写完后半夜带着姐姐和我骑自行车去离家几十里的地方投在邮筒里，因为我们家附近的邮局都被控制，我们的信根本就发不出去。父亲隔离期间被关在地下室，要他交代看到母亲写"反动标语"，父亲反抗，打手们就把他往死里打，打昏后就用拖把到厕所里浸了尿液放到他脸上熏醒了再继续打。父亲从来不抽烟，这些打手为了逼他屈服，竟然强迫他每天要抽两三包8分钱一包的"劳动牌"香烟，呛得父亲说不出话，他们就开始扯他的耳朵，直到父亲开口为止，因此父亲的耳朵被毒打至聋，留下终身残疾。为了防止父亲认出这些打手，他们总是把父亲塞进麻袋子里打，用竹鞭抽，用纺织厂的铜管打，用香烟屁股烫等156种刑罚，手段之凶残令人发指。

父亲带着我们在外面告状，关在里面的母亲则更加遭殃。母亲在他们私设的监狱里，惨遭刑讯逼供，他们用上了惨绝人寰的"阿姆尼亚"原液灌入口腔，致使母亲的口、咽、鼻、喉严重溃烂，致使母亲长达半个多月无法进食……后来在一位好心的看守阿姨的帮助下，才使母亲的身体逐步地得到了好转。然而，坚强的母亲就是不认罪，他们就一次次用"喷气式飞机"把母亲押回厂里示众批斗。直到1974年10月23日，母亲才结束了第一个442天非人的隔离审查。

母亲放出来以后，带着一家老小逃到了北京总后勤部军械部，这是迪平舅舅生前工作战斗过的单位，走上了更加艰苦的上访之路。一则是为迪平舅舅鸣不平，要求彻查死因，追认烈士；二则因迪平舅舅案而受连累捏造罪名关押父母必须给予平反，恢复党籍……真可谓得道多助，失道寡助。在北京告状期间，得到了老一辈革命家、总后勤部卫生部部长贺诚中将的无私帮助，当他听到母亲在隔离室被用上"阿姆尼亚"酷刑时拍案而起，老泪纵横地说：真是一帮法西斯分子，我会帮你们把申诉材料送到叶剑英和邓小平手中的。果然，不久就得到了叶剑英的批示："华案一定要查清。"没想到此时"反击右倾翻案风"运动的掀起，母亲被他们从北京押回上海，再一次被关押到上海的民兵六分部，直到原上海市委书记马天水批示：华（荫庄）再不认罪就送劳动教养。于是母亲被他们押送到了上海劳改局辖下的安徽白茅岭农场开始了为期3年的劳动教养。

1975年11月经中国人民解放军总政治部批准，总后勤部为在"文革"期间被迫害致死的舅舅华迪平彻底平反昭雪，恢复了名誉，追认为革命烈士，并于同年12月24日在北京八宝山革命公墓举行了隆重的骨灰安放仪式。他的英名已载入1983年7月出版的"三中全会重要文献"（见677页）之中。

1977年2月17日，除夕，这是粉碎"四人帮"后的第一个春节，中央工作组奉时任上海市委书记陈国栋批示，把病重的母亲从安徽白茅岭农场接回上海家中，母亲终于结束了第二次长达442天的关押……

熬过严寒的人，方知太阳的温暖。历经沧桑的我们，感恩共产党的伟大。父母是那个特殊时代的幸存者，也是那段历史的见证者。如今，耄耋之年的父母有了第四代，让我们每个人都记住那段难忘的岁月吧。

华　泽

2021年11月30日

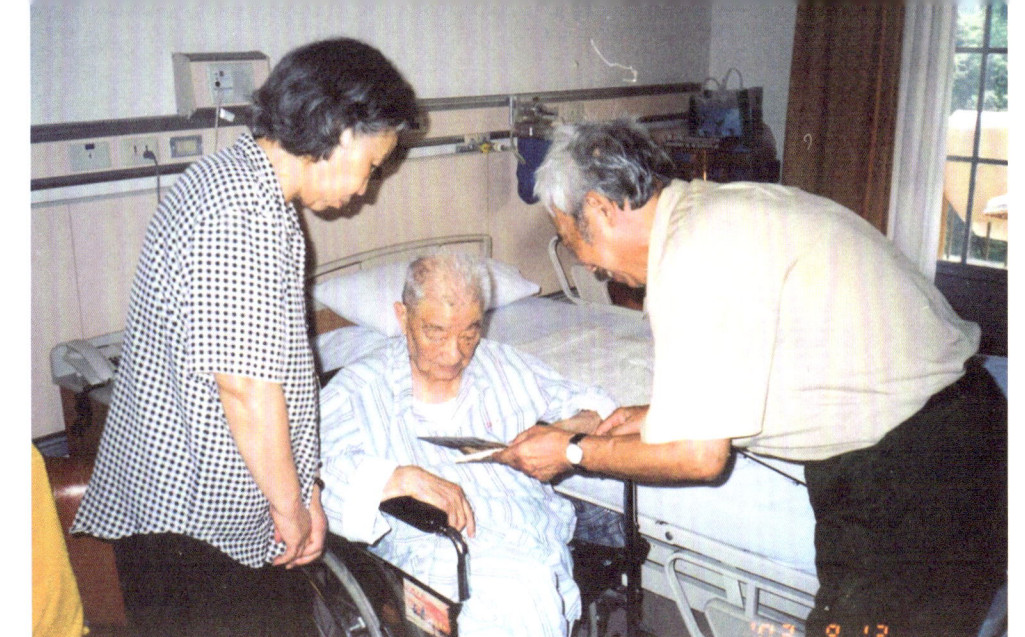

父母看望原上海市委书记陈国栋同志。

父母看望原上海市委书记王一平同志和夫人。

父母看望原上海市委副书记陈沂同志。

上图：父母看望原上海市纪委书记王尧山同志。

中图：外祖母和全家看望《经济日报社》总编刘治中同志。

下图：父母、黎、文与老同事郑铁山夫妇合影。

重温《沧桑》作品研讨会

初冬的夜晚，我再一次看了2009年8月6日，在上海市政协礼堂泰山厅隆重举行的，母亲华荫庄、父亲贾华岳长篇自传体小说《沧桑》作品研讨会的录像，心情难以平静，感慨万千。

那一天，原上海市副市长、市政协副主席谢丽娟女士，原全国政协常委、上海市政协副主席黄关从先生，原全国政协常委、上海大学终身教授邓伟志先生，我国著名的传染病学专家巫善明先生，原上海社会科学院社会学所所长丁水木先生，还有曾经在危难中拯救、帮助、关心、见证我们一家、为我们雪中送炭，熬过严寒，走出逆境，使我们拥有今天美好生活的领导和子女，他们是已故原上海市委书记陈国栋之女沈思女士、原上海市委书记王一平之子王时驹先生、原上海市检察院检察长陈庭槐之子陈利钧先生、原上海市纪委书记王尧山之女，以及董文权、章九雄、戴国文、金宇澄、金大陆、黄鸿基、罗希贤、张奇明等同志，都参加了这个仪式。

梦过沧海，见过桑田。父母用了长达十年的时间，以共产党员的忠诚与担当和强烈的使命感，用心，用情，用力，废寝忘食，只争朝夕地写作。用汗水、泪水写就的这部80多万字的《沧桑》，是他们五部著作中的代表作，是他们多舛命运的真实写照。

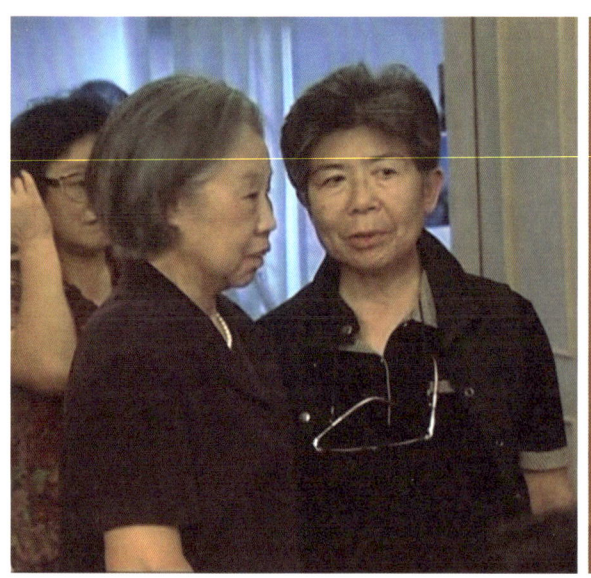

大雪压青松
青松挺且直
要知松高洁
待到雪化时

惟其艰难，方显勇毅；惟其笃行，方显珍贵。十年浩劫，父母历经冤屈、坎坷磨难，虽然身心遭受了严重的摧残，但他们却无怨无悔，顾全大局，一如既往地爱着这片生养他们的土地，爱得如此深沉，深入骨髓。在仪式上，母亲的双眼始终噙着泪水，感恩之心溢于言表。

《沧桑》是父母晚年的一部倾注全部心血的心灵纪实，是认识生活，认识人生和认识自己的结晶。书中展示了特殊年代人们心灵走向的复杂线索，及其一系列精彩的剖面，折射着林林总总的人世百态。她聚集着理智与感情的力量，做到遇逆境不沉沦，遭挫折不屈服，始终热爱生活，自强不息。从而这也让我们回味自己在思想、情感、言行、生活中所遭遇的甜酸苦辣。

没有哭过长夜的人，不足以谈人生，母亲一次次坠入深渊，又一次次闯过暗夜……《沧桑》用无声的文字呐喊着、倾诉着、沸腾着，如两剑倾注，如涌潮闸出，一字一珠，行行泪奔。她是对那些施暴者的控诉；是对至爱亲朋的关爱和工友、邻里帮助勉励的感激；是对仗义执言、主持公道的领导、友人的致谢和敬意。

《沧桑》是历经岁月洗礼后的沧桑老人一颗炽热的爱国爱党之心的血泪凝结，是夜色漫漫、眉锁深深的哲思。书中贯穿了追求真理的执着和始终不变的人心温暖。书中有呐喊，有迷茫，有苍凉，有抗争，更有向烈士英灵的呼唤。同时，也是在向苍天呼喊，向大地呼喊，向历史和良知呼喊，笔墨中交织着的爱与憎、善与恶、美与丑，欢乐与痛苦，憧憬与失望，理想与现实。将长久地闪烁着人性之美，人性之纯，人性之光。她将在我们的心灵土壤中成长，并进行着灵魂的洗礼，让我们充满对当下生活的珍爱和信心。

每一段路都是一种领悟。尽管我们的家族在那个特殊年代里遭受了那么多的苦难，但母亲从未将这些不幸，视为个人的痛苦，她知道整个国家都为此付出了沉重的代价。一路走来，初心不改，她从未失去对党的忠诚和对祖国的热爱。她没有抱怨、没有气馁、没有消沉，积极工作。她在得到平反，恢复党籍后的第一件事，就是缴纳党费。

母亲生就一副铮铮铁骨，一辈子不喜欢人云亦云，趋炎附势。她貌视权贵，嫉恶如仇，廉洁奉公。母亲虽然年事已高，但她仍然会不断精进，接受新事物，崇尚以德为本，始终恪守做人的原则和底线。岁月让母亲不断地沉淀自己，越老越宽容，越老越平和。江南人特有的细腻和坚毅，在母亲身上淋漓尽致地体现出来。她让我们真正明白了什么才是活到老学到老。

由于在特殊年代遭受的残酷迫害，母亲的身体日益虚弱，心脏、肝肾、肠胃的疾病时时困扰着母亲。但退休后的母亲，却有一种前所未有的动力，就像踏上了征途的列车，推动着她轰隆轰隆地向前赶去，她以只争朝夕、时不我待的紧迫感，用手中的笔在赶路，重走了一遍长长的人生……

那些年，每当我看到母亲流着泪在写《沧桑》，真的很心疼，实在不忍心让劫后余生的母亲重揭伤疤，再流血伤心。我有时会粗暴地把母亲写的厚厚的一摞摞稿纸拿走，并叫喊着："妈，你不要命啦！"每当这时，母亲总会认真而平静地对我说：历史的时代之痛，总得有人去写，我既然已经动笔了，就一定要坚持写下去，这是一份责任。每个有良知的人，都会有痛感，同时也会感受到他人的疼痛。此时的母亲望着远方，情绪有些激动地说：这些回忆曾让我辗转难眠，更让我刻骨铭心。泪水抱怨化解不了愁苦，伤春悲秋翻越不过泥泞，与其困顿挣扎，不如心向阳光，冲出阴霾。停顿了一刻后，母亲接着又说，虽然我们讨厌苦难和疼痛，但既然让你经受了，那就是天意，苦难真的是财富，这些经历是文学的沃土和肥料，写作可以安放灵魂。说完这些，母亲又伏案疾书了。

望着书桌前母亲坚毅的背影，让我陷入了深深的沉思。母亲啊母亲，你写这些文字，需要何等的意志和付出多么大的心血啊！是的，读书写作才能充实一个人，这是母亲向来坚持的信念。也许对母亲来说，书写回忆，已然是一种精神寄托，只有在撰写这些文字的时候，她才能暂时忘记病痛的折磨。

苏联作家奥斯特洛夫斯基在他的《钢铁是怎样炼成的》中说："人最宝贵的是生命，生命属于人只有一次。人的一生应当这样度过：当回忆往事的时候，他不会因为虚度年华而悔恨，也不会因为碌碌无为而羞愧……"这名言，影响了我母亲的一生。

长大后的我们，越来越理解在父母的世界中，房子、车子、金钱统统都是无足轻重的身外之物。因此，他们一辈子不在乎吃，不在乎穿，不在乎仪式感，他们平时的一日三餐十分简单，都是三五分钟就能吃完一顿饭的面条、馒头和饼干，步入晚年时期的父母几乎在和时间赛跑，他们认为要把有限的时间用在刀刃上——孜孜不倦地写作。他们在经历了太多的世间冷暖、人生百态之后，总想用文字都记录下来，作为历史资料留给后人。

一直以来，父母是那种一丁点都不愿麻烦儿女的人。眼看着父母居住的房子设施越来越老旧，甚至影响到了正常的生活，但却坚持不让我们为他们装修居所（尽管我们三个小家庭里都分别有为父母准备的独立卧室）。随着父母年纪越来越大，身体越来越弱，一种从未有过的紧迫感时时地提醒、逼

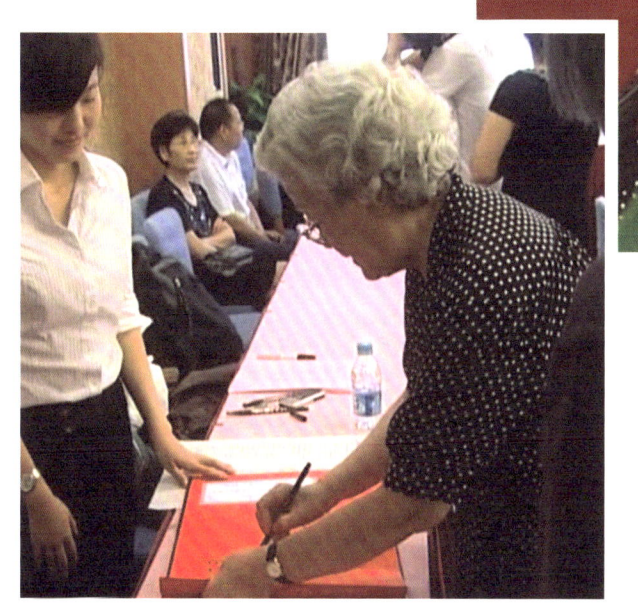

是你们的关爱、信任和帮助，让我们拥有了今天这具有纪念意义的特殊日子。感恩这个时代所赐予我们的一切。

迫我们一定要抓紧时间为父母多做一点实事，其中重新规划合理地为他们装修居所，成为了重中之重。万般无奈之下，我们只能将父母"哄骗"到华东疗养院后，才与早就联系好的工程队一起为父母装修房子。

母亲想到了自己从小吃过的苦，受过的难，会情不自禁地从心底生出一种"安得广厦千万间，大庇天下寒士俱欢颜"的赤子之心，有时会感叹道：回首往事，特别是经历了岁月的坎坷，会越来越觉得，或许正是由于这一切，才丰富了我们的阅历，才让我们的人生更加完整。时间沉淀了沧桑，却未曾带走岁月的无情。

正如谢丽娟女士说的那样：尊敬的华荫庄女士、贾华岳先生，面对"特殊年代"的洗礼，你们像勇士一样去进行抗争，我觉得你们是勇士，很不容易，所以称你们为尊敬的。这三本书的出版，反映了你们的人格、勇气，所以我尊敬你们……在现在这么好的历史条件下，希望你们能够生活得好一些，生命再活得长久一些……

曾经与父亲共过事的黄关从先生说：贾华岳、华荫庄，他们在"文革"中，虽然身心遭受了常人难以忍受的苦难和摧残，但他们平反到新岗位后，仍然对党无怨无悔，忠贞不渝，坚持学习新知识，不断进取，取得了新成绩，他们的为人，得到了大家的充分肯定。

丁水木同志在2004年1月就为《沧桑》题词："苦难是财富"。他在发言中提到：应该学习国学，学习做人。中国传统文化提倡修身、齐家、治国、平天下。如果不修身，就没有资格平天下。首先要做好人，才能做一个好干部、好党员。

专程从北京赶来参加研讨会的原上海市委书记陈国栋的女儿沈思说：感谢《沧桑》的作者，为历史增加了史料。我们的党之所以伟大，就是因为我们的党能够自己纠正错误。父亲和我本人都曾遭受过磨难，坎坷也是历史财富，经历过坎坷的人，对人生会更豁达。

邓伟志教授深情地说：《沧桑》的序不是写出来的，是作者的血泪和我的眼泪交织在一起形成的。《沧桑》是历史的活资料，有长期保存的价值。不忘历史，是为了更好地面向未来。中华民族是一个善良、感恩、互助的民族。

著名人物画家罗希贤先生也发言说：《沧桑》这本书是写给后人的，也是教育后人的，在这本书里包含着作者的苦难，精神十字架，社会责任感，对教育下一代来说，《沧桑》是一份难得的历史答卷。

今年7月1日，是中国共产党成立100周年的纪念日，当时住在医院里

历经坎坷是辉煌。《沧桑》付梓成书,可喜可贺。
在父母及我们需要帮助的时候,你们给予了无私的援助。

病重的母亲看着这枚"光荣在党 50 年"纪念章,忍不住热泪盈眶……这枚沉甸甸的纪念章啊,蕴藏着一位入党 68 年老党员太多的故事!一路走来,她不改初心,努力践行,俯仰无愧。

苦难是一把双刃剑,虽然经历过悲欢离合、生死交错,但却让我们更加愿意保持和解、清零和重启的心态,从而变得更加勇敢坚强,平和宽容,更加懂得珍惜眼下的一切。

岁月悠悠,转身又回首。曾经走过的生命之路都清晰地印在脑海中,我想,此时此刻,在遥远天堂里的外祖母和迪平舅舅也许会有一种跨越时空的心灵感应,共同见证这一具有家族纪念意义的庄严历史时刻。

父母希望我们姐弟仨有理想,有抱负,能成为对国家有用的人。在当今社会中,我们务必要保持一份清醒,保持追求真理的执着和敢说真话的勇气。这个家族先辈的那种家国情怀,奠定了我们人生的底气。我们姐弟仨在职业生涯的最后阶段,都相继在金融系统从事管理工作。每当我们与父母谈到所面临的工作压力时,母亲常常会对我们说:"无欲则刚,何惧重压。"做人应该"内诚于心,外信于人"。"钱能造就人,也能毁灭人"。因此,无论在工作中,还是在生活中,我们也是一直在朝这个方向努力,我们都会按照家族先辈所希望的去做人做事,只有这样,才能在时间的无涯荒野里,让我们的心灵保持平静和安宁。

华 黎

2021 年 12 月 5 日

著名人物画家罗希贤为贾华岳、华荫庄的著作《沧桑》出版作画《寿星图》。

给白茅岭农场的女儿写信

家書抵萬金

守住良心，守住灵魂，守住做人的底线。

忠诚于父母，忠诚于事业。

路在脚下，走出一条属于自己的成功之路。

华荫庄

1976年2月26日黎从北蔡寄至少教所给母亲的信

妈妈，您好！

今天从生产队劳动回家，见到了您的来信，您对我的叮嘱和希望，我感到有道理，因为这些话符合主席的思想。现将我接您信前后的一些感想向您汇报如下，并请转告几位见过面的队长同志。

这些天来，尤其是通过2月24日之事，我反复学习了主席一些有关对我们青年希望方向的著作与鲁迅先生关于严于解剖自己的一些生动事迹，我思想斗争得很激烈，我对自己的性格问题初步做了一个小结：长期以来，自从我懂事开始，我认为自己的"自尊心"是的确强的，脾气也倔强。当然妈妈您是了解我的，您在家时，有些事情明明我错了，但还是死不认错，当然这些事情是家庭内部的琐碎小事而已，但充分暴露了我目空一切，老子天下第一的个人英雄主义思想。在大是大非的原则问题上，我们还是要为人民的利益改正错的，为人民的利益坚持对的。上两次与您见面时，我确实太任性了。对几位队长态度也不好，说话不和气……

当然纸短话长，反正归根结底是我的坏脾气导致了事情的复杂化。现在认识到，我们只有把这千仇万恨算在卖国贼林彪和一小撮党内至今不肯改悔的走资派及投降派，

1976年2月26日黎从北蔡寄至少教所给母亲的信

搞右倾翻案，搞复辟倒算的家伙身上。请妈妈放心，我一定在今后漫长的、不平凡的岁月中，攻克这个脾气的堡垒，在火热的三大革命斗争中，使自己早日成为一个真正的无产阶级革命事业的可靠接班人而时刻做出努力！

当前，祖国的农村形势一派大好，真是一日千里，日新月异，我们生产队也如此，广大贫下中农艰苦奋斗，战天斗地的革命大无畏精神，深深感动着我，我一定老老实实虚心接受广大贫下中农的再教育，在改造客观世界的同时，努力改造自己的主观世界，以实际行动，迎头痛击右倾翻案风，一定以我亲爱的舅舅迪平烈士为榜样，将革命进行到底。

家中一切均好，奶奶、爸爸和弟弟、妹妹身体都好，端妈、康舅、五叔等亲人也好，望妈勿念。

妈妈，通过两次见面，我觉得您政治思想和各方面都有了更大的提高，这与队长同志们的帮助分不开的。革命征途千万里，步步都是新起点。征途上处处有阶级斗争，真正的革命者就是在阶级斗争的急风暴雨中成长起来的。最后，我代表全家要求您刻苦努力学习毛主席著作和"红旗"等革命书籍，在劳动中切切注意安全，不要再让刀子把手指划破，我们一致认为您浮肿很厉害，脸色苍白，有病一定要治，不要再像过去那样，有病不看了，没有强健的身体，怎么能为党，为毛主席，为人民工作呢？一定要多吃一些饭，晚上睡觉时，注意手不要放在心口上，切切。

保重身体，我们老中小三代人一定三互相。再见，祝您
身体健康！

您还要什么东西，来信时谈谈，我们一定照办。

黎儿 敬上 76.2.26. 晚

1976年5月10日母亲从白茅岭寄至上海给外祖母、父亲、黎泽文的信

妈妈、岳及黎泽文儿：

向你们问好！

到这里后，分别接到你们4月10日寄出的信及第四期"红旗"。

时间过得确实很快，来到皖南至今整整40天了。皖南这个具有革命传统的地方，渗透着革命烈士的鲜血。英雄没有走完的道路我们走，英雄未完成的业绩我们创，要踏着他们的血迹前进！无数革命先烈的高大形象给了我战胜任何苦难的无穷力量！

到这里先后接触了：肥料堆坊、平整土地、花生播种、山芋田平整土地以及水稻耘耥等等。从一担肥，一撬土，一耙泥……都深深体会到农村这个广阔的天地确实是锻炼人、改造人的好地方，是一所劳动大学。经过自己一番努力，挑担这个关初步闯了一下，要真正闯过各种农业技能"关"，要花一定代价，要下一番功夫，我对前进道路上的各种艰难险阻始终充满信心和决心，以最坚强的毅力去征服，请你们放心。我的身体应该是这样看待才对："难中只有斗，才能意志坚，病这个东西欺软怕硬，顶一顶就过去了。"因此说，我的身体和精神状态等都是正常的，万请放心。

到这里后，各方面有很多感受，正副队长对我政治思想、生活等各个方面是很关心的。特别是需要我在一言一行上都用高标准严要求对待自己，并在这个前提下帮助其他改造人员。这种政治上的关怀和对我的期望，促使我加速世界观的改造和更牢固确立无产阶级专政下继续革命的思想。时间再紧，一定要挤出点滴空隙学习马列、毛著及当前有关反击右倾翻案风等重要文章。最近反复学习了5月5日解放日报第三版上刊登的一篇文章"我是北大荒人"——记党的好女儿，知识青年的好榜样陈越玖的动人事迹，深受感动。这个乙状结肠癌后期，广泛扩散的陈越玖以革命先烈为榜样，发扬了为巩固无产阶级专政，豁出命来干革命的大无畏彻底革命精神，通过学习，给我以无限力量。要使自己活得更有意义，就要像陈越玖同志等等无数英雄那样，活着就要拼命干，一生献给毛主席，生命不息战斗不止！要朝这个大目标走下去！一直走到共产主义！

1976年5月10日母亲从白茅岭寄至上海给外祖母、父亲、黎泽文的信

从去年12月3日分别至今近半年了。家里政治生活中的几个重大问题,发展进程还是好的。如:迪平问题得到了昭雪,并于1975年12月24日在北京八宝山革命公墓开了追悼会。我们要世世代代把毛主席的恩情记在心里。关于我的问题,要坚定地相信党,相信毛主席,相信这里的领导和各级政府部门一定会搞清楚,只是时间问题罢了,当然应该把困难设想得多一点,设想得更复杂一点。历史的和现实的斗争无情地告诉我们:"历史就是一面镜子!"历史是任何人也篡改不了的!我已将自己全部历史以及家庭政治、经济情况及主要社会关系以及自己对问题的认识,书面写给了三队各级领导及枫树岭分场党组织,要求进行全面审查。我有信心,有决心,不管在这里是一天,一月,一年,十年……绝不做出一点一滴给党丢脸的事,而是力争多做一点有益于人民,有益于党的事。

为了相互了解,和更好地促使家庭政治生活中的大事及早得到解决,在这个过程中,少走弯路和不犯错误,更有利于党的事业和使我们更好地战斗在这火红的年代,因此你们在接信后,商量一下,到我这里来一次,岳如果肝病发作就不要来,继续好好休养。妈妈与泽儿在一起的话,看来岳、黎、文一道来比较放心,经济上可请朱、胡部长暂时支援一下。老实讲,我希望你们来的心情,并不像其他劳教人员那样,带点甜的咸的,来吃吃喝喝,什么糖啦,肉啦,糕饼啦等等,这对改造有什么好处?而且影响很不好。我们向往的不是这些!而且在这里的生活待遇确实很不错。我打心底里感到党和毛主席给自己的温暖。

下列物品,在可能情况下带给我:(有红线画的,即不要去买新的,请照办,切切)

1. 中型工作手册1~2本。 2. 红蓝复写纸各3张。 3. 二次申诉及有关材料。
4. 平弟彩色照及有关照片。 5. 最小的讲义夹子。 6. 手抄样板戏选段本子,
五月份"红旗"。 7. 铅桶换底上漆写好名字,我上河滩时可拎水,不要买新的。
8. 小竹席,扇子一把。 9. 矮胖子瓶装一瓶精盐可冲冲盐开水吃。
10. 最大的搪瓷碗和最小的一只搪瓷碗。

1976年5月10日母亲从白茅岭寄至上海给外祖母、父亲、黎泽文的信

11. 手电筒大、小各一只，晚上你们走夜路需要用，必要时我也可以用。

12. 泽儿旧的白跑鞋换一双蓝帮或黄帮带给我，新的千万不要。平弟的一双，我实在舍不得穿。

13. 合霉素，氯霉素若干粒，以及其他脑震荡后遗症等药品适当带我。

14. 二条人造棉长裤子（蓝色的），做中式的即可，腰上穿松紧带，不要太长，裤脚管也不要太小，这样田里做生活卷裤脚管方便一些，夏天短袖衬衫不要做了，原来两件旧的即行，切切。

15. 四两樟脑丸。

16. 新旧黄军装各一件，旧的一件黄的和一件已经染蓝的很破的，想法补补好，我可以穿，你们给我送来的两件新的长袖衬衫和新的两用衫，以及灯芯绒上装，统统带回去，我用不着，也舍不得穿。

17. 小剪刀一把，要剪指甲用（带给我一把给人家偷掉了），还有北京带回来的一把大剪刀也带来，给我剪头发用。别人的东西我在这里一样也不借用。

18. 一张在天安门和万里长城的6吋照片带给我（全家的），其他不需要什么了。吃的东西一样也不要带给我，切切。

19. 小的油布伞一把。

20. 二块红梅（香皂）。

端姐、康哥近况如何？争取临走前去一信，免他们来信。宋、胡部长、梓荣叔叔、戚、董等等均在念中。余言面谈，你们在五月底或六月初来较好，因为五月份生产任务很忙，我们三队要完成400亩水稻的插秧，100亩花生的播种，100亩山芋迁播，80亩大豆、100亩油菜的收割等等任务。你们再好好商量商量，你们自己决定。这里约可住3～5天左右，你们每人路上的费用及这里的伙食约15元。在可能情况下，你们可打一个电话到少教所给忻队长或张队长，问问如何走的路线。反正你们视情况办吧！再见

握握你们的手

庄

1976.5.10 于皖南

注：1975年12月初母亲被关押在上海民兵六分部，1976年1月中旬母亲作为"政治犯"被解押到上海市少年教养所，与违法少年关押在一起，同年3月底被解押到安徽白茅岭劳改农场。

1976年6月14日外祖母从上海寄至白茅岭给母亲的信

庄儿：

收到你5月28日来信后（第7号信）一直没有给你回信，为了想收到第8号信再写给你，故迟至今再写信给你。岳、文由南京回沪后以及我和黎、泽三人的身体及一切都正常，你千万放心，家中的人和在不同岗位劳动的孩子们，随时会提高警惕，注意安全，各自注意自己的身体，这些你就不用担心了，我们最担心的是你的身体，劳动时一定要量力而行，不能硬挺，特别上河滩时千万小心，阴雨天更要注意。随时提高警惕，我实在不放心，不论日日夜夜，时时刻刻，连晚上做梦都想着你，希望你保重！

目前只有看到你的亲笔信，就像看到了你，虽相隔路远，但是我一定会来看你，时间还没有一定，肯定会来，一定会来。你第七、八号两封信都能及时收到，没有偷拆，但是今后写信还是要注意起来，以防发生偷拆、卡信，俗话说只有千日做贼，没有千日防贼。关于家中生活问题，虽每月靠岳39元和民政局每月补助我10元，不够的话，我会写信叫端支援我一些，民政局每月补助生活费10元，是从4月份才开始给我的，从75.12—76.4之前和每月不够补贴，我是用抚恤费，总之一切困难我们能克服，你千万别担心，我活一天会在这儿一天，料理一天，你能理解，详细情况已由小黎写好，我不另写了，再见吧！我的庄儿！

紧握你的双手！

你妈妈　76.6.14晨于北蔡

1976年7月17日泽、文从上海寄至白茅岭给母亲、外祖母、黎的信

亲爱的妈妈、奶奶、姐姐：你们好！

自奶奶和姐姐走后家中情况一切都好，谁都没有生病，姐姐的请假条当天就交给石珍了，请你们放心，家中的一切情况都勿挂念。你们身体是否都好，妈妈的毛病好些了吗？一切都非常想念。我们已结束了这学期的学校生活，于17日开始放暑假。我这次学工饭钱补贴一共拿到4.50元，是同学中最多的，因为学校领导考虑到我们家里的经济情况。上次我交给朱庆的我和弟弟二张免费单，28厂至今还是不肯盖章，因为他们一心一意要从政治上置我们于死地，也妄想在经济上卡死我们，哪能会给予免费呢？

妈妈：今天接到您和姐姐的信，很高兴。但是，妈妈被廿八厂折磨成脑震荡后遗症，有晕倒现象，这毛病很使我们着急，这账一定要算，廿八厂的走资派是兔子尾巴长不了的。

妈妈：您一定要相信毛主席的无产阶级革命路线会把我们的政治大事彻底解决的。您一定要把身体保重好，看看他们的可耻下场。

目前我们身体都好，营养等各方面都比较注意，上海现在每人每月发十张肉票，每张买肉0.15元。总之家中的一切情况请你们放心，不用挂念。

最后祝你们身体健康，心情舒畅。

并向队长问好

再见吧！

泽儿 于7.17

注：当时外祖母和黎正在白茅岭探望母亲。

1976年7月17日泽、文从上海寄至白茅岭给母亲、外祖母、黎的信

妈妈、奶奶、大姐姐，你们好！

　　奶奶和大姐姐来妈妈处，妈妈一定很高兴吧，近来妈妈身体如何？上次接到您的来信和充满着战斗豪情的诗，看后，对妈妈的革命斗争精神和革命的乐观主义精神而感到高兴，妈妈一定能顶住走资派对我们掀起的狂风恶浪。

　　我们这学期的学习生活已经结束了，下面寄上我的成绩汇报单，请妈妈原谅，因为我漏课时间比较多，所以考出来的成绩也许使妈妈看后不太满意。请妈妈向我指出缺点吧，指出我今后努力的方向。我们在家一切很好。

　　姑妈支援了我们一些钱，爸爸舍不得用，给妈妈买了一个最喜欢的半导体（海燕）。

　　我们在家一定注意营养，我们每天都在想念着你们。昨天，是七月十六日，在这个难忘的日子里，我们又去找接待站的老陈同志，他很热情地对我们说："你们每次的信都转到十一号去了，因为他们现在已经在承办了，你们就放心吧。"总之，一切消息很好。妈妈一定要注意身体，妈妈一定要提高警惕，不要去河滩了。亲爱的妈妈，革命的母亲！您一定要坚强些，一定要抬起头来，一定要看远一点，再远点，一定要看到共产主义的灿烂的光辉，用马克思主义的望远镜来眺望革命征途上的无限光明。我们一定要学习鲁迅革命精神，向走资派斗到底。

　　　　　　　　　　　　　　　　　　　　　　　　　　　　　　小文　76.7.17日

　　注：信中所写"十一号"指的是宛平南路11号，当时是上海市委组织部和市纪律检查委员会所在地。

1976年8月14日外祖母从上海寄至白茅岭给母亲的信

庄儿：

24日在你处分别后在迪康处住了一个时期，因他处房子小天气又热，三个孩子都放假在家，我没有定心写信给你，总之一句话告诉你，我们几个人身体都不错，这点你可千万放下心来，回沪后一切好。从溧—沪乘中百公司便车，司机同志对我们十分关心，从溧阳东门仓库开车一直送到我们十六铺，沿途顺利。到沪后由三个孩子骑了三辆自行车来接我，我一个人乘公共汽车到北蔡。因为东西较多，一只木箱是迪康送给小黎放放衣裳，一箱西瓜，因上海每人计划只有三斤，我盐了一百斤老生瓜，比上海便宜，每斤0.03，上海每斤0.06，再加上七零八碎的东西，迪康的脾气你是知道的，反正是便车不花车费，一路上又有人照顾，如果乘客车要花十几块钱，上下（车）无人帮忙，这次我也可算又出了一次远门，经过安徽、浙江、江苏三省，老骨头的身体还算争气，没有生病，这是大幸，从出门到回家，没有损坏也没有遗失一件东西，这是顺利的预兆，但愿你——我的庄儿，身体健康，心情开朗，提高警惕，千万保重身体！勿使远方的亲人挂念，端儿收到信后（在溧时发出的）附你"七一"诗，她很感动，她已在参加支农，等结束后，她会写信给你的，我仍搞炊事工作，近来天气太热，不多写了，你近况如何？下次来信时盼详告，免念。

　　祝好

　　　　　　　　　　　　　　　　妈妈　76.8.14

1976年9月2日泽、文从南京寄至白茅岭给父母的信

亲爱的爸爸、妈妈,你们好!

　　刚才下午2点钟,我们二人到达南京,随即走到姑妈处。传达室同志讲姑妈和小京、小明表哥都没有下班,叫我们在她家门口的走廊里等一会儿。恐怕你们急,先写一封信给你们。

　　待我们向姑妈借到钱后,就随即寄给爸爸。希望爸爸回上海时趁(乘)场车(车票4.50元,船票4.48),不要为了省二块钱,要多跑很多路,爸爸身体不好,脚又酸痛,希爸爸按时吃药,对身体要多多保重。

　　妈妈身体越来越不好。我们实在不放心。以后,感到头晕,心里闷就赶快坐下来,等到眼睛发黑就来不及了。妈妈昏倒现象比在家里时严重得多,这样下去太伤身体,希望你不要硬撑,药一定要吃,对身体不负责就是对革命不负责。还要革命几十年呢!

　　同时写信给奶奶和小黎姐姐,我们离开南京时再写信给你们。

　　在此,感谢各位队长对我们的关心。我们一定听毛主席的话,"好好学习,天天向上"。做无产阶级革命事业的接班人。我们一路上没有多花一分钱。汽车站下来步行到姑妈处。

　　现在南京也都在防止地震,人家家里都不敢睡觉,在马路上搭了个棚就睡。姑妈院子里也是这样,可是姑妈不愿意在外边。我们到姑妈家后,姑妈待我们特好,很热情。一到,姑妈就非常同情,我们把专案的事说给她听了,她听后十分高兴。

儿 小文

小泽

1976年9月2日下午

注:当时父亲带泽、文去白茅岭探望母亲,由于探望家属人数和时间都超过了规定,因此泽、文先行离开白茅岭,经南京返沪。但因母亲身体不好,队部领导同意父亲再留下照顾两天。

1976年9月7日外祖母、黎泽文从北蔡寄至白茅岭给父母的信

庄、岳

 昨日9月6日中午泽、文已由宁一路平安到家，我们四人身体好，勿念。

 最近几天，你们身体怎样？有否又昏倒过，我实在不放心，一切自己随时注意，量力而行，千万别勉强硬挺。你身体实在太差，队长们会谅解你的。队长对你关心和帮助，我永远不会忘记，盼传言代我向队长们问好！再次向她们表示感谢！

 我回沪后还没有去信给端，正是青黄不接的时候，8月27日收到端寄我20元，正像我们老家一句老话"落雨落在稻田里"，准备这二天去信，顺便告诉她你的健康情况，你可在按月规定发信时写封信给她，她在盼望。端上月寄给你的信，你有精神的话快照抄一份寄给我看看。迪康常来信，他们大小都好，溧阳也是中心防震区，他们在门外搭了帐篷，睡在室外，"每晚"每个帐篷会睡三家。我们在郊区很好，不听小道消息，时刻提高警惕，总之你们放心好了。我和三个孩子睡在大房间，一夜起来几次替他们盖被，应该做的事我都会做好的，放心吧！时间关系，就写（到）这里，希望你们都注意身体，勿使我远念，再见。祝

  好

    妈妈 76.9.7 上午

1976年9月7日外祖母、黎泽文从北蔡寄至白茅岭给父母的信

亲爱的爸爸、妈妈，你们好！

向你们报告，弟弟、妹妹已于昨天（6日）中午11点整从南京姑妈处乘万吨轮船胜利到达家中，我们很高兴。两个小家伙从安徽—南京—上海，有生以来还是第一次，他们已在革命的大风大浪中成长起来了，比在家时略胖了一些，一切很好，放心吧！

我和奶奶9月5日在塘桥寄出小包裹一个，内有信一封，三孩照片一张，别针数个，蜂乳丸一瓶，清凉油二盒，针管二个，针头四个，钳子一个，茶叶一袋，酒精棉一小袋，引火棒一根等。不知是否收到？是谁去邮局取的？由于时间关系，我不多写了。将去11号等处，了解到情况后再写信给你们。盼复！

　　祝好

　　　　　　　　黎儿 敬上 76.9.7 晨

亲爱的爸爸、妈妈，你们好！

9月2日从姑妈处给你们一信想已收到了吧，今天我和弟弟乘东方红8号万吨轮从南京回上海了，一路安全，请放心。在姑妈处的一些情况大体小文都已说了，我不再重复。现给爸爸寄上人民币15元钱。妈妈身体近来如何？是否又昏倒？一切的一切都很不放心，如果爸爸能在可能的情况下多照顾妈妈一段时期，那就更好了，我们四人身体都好，请放心。

　　再见

　　　　　　　　小泽 76.9.7 上午

1976年9月22日外祖母、泽从上海寄至白茅岭给母亲的信

庄儿：

　　还是上次小黎写信给你时我在信纸旁边附写了几句，因为趁小泽上学前的几分钟要去寄信，时间很匆促，故未多写，这样一来又是好几天过去了。近来家中的人都好，勿念。可是我最最担心的是你的身体。据岳回来说，最近你又晕倒过，经常发病怎么办？为此我心中时时不安。我们的救命恩人大救星敬爱伟大领袖毛主席和我们八亿人民永别了，彼此的心情就不用说了，都是万分悲痛的，我们要把悲痛化为力量，继承他老人家的遗志，把革命事业进行到底。毛主席说的，世界上人是最宝贵的。为此你要当心自己的身体，千万别把身体搞垮，心情要开朗，要站得高，看得远，看看阶级敌人的下场。善有善报，恶有恶报，是千真万确的。你在场一天，必须要安心一天，认真学习并养好身体，千万别勉强地干。正像你所说的还要革命几十年。庄儿：你认为妈妈讲的话对吗？

　　秋分一过就是寒露，冷空气即将降临，你有胃痛又有严重性的关节炎，为此你要多穿衣，别受凉。新的棉毛衫裤为什么舍不得穿？留着干什么，孩子们不会受凉，你放心。有空给我们（写信），趁小泽中饭发出此信，保重身体！祝

　　好

　　　　　　　　你妈妈 76.9.22

1976年9月22日外祖母、泽从上海寄至白茅岭给母亲的信

向各位队长问好，并感谢她们对我们一家政治上生活上的关心。

亲爱的妈妈，您好。

18日寄给您的信想已收到了吧？当天下午三时全国都举行了隆重的伟大领袖毛主席的追悼大会，爸爸也去厂里参加了追悼大会，厂里和小组里的人都没有找爸爸的麻烦，请放心。

昨天，姐姐和奶奶又去11号的情况，姐姐在信上已说了，总之，我们坚信毛主席的无产阶级革命路线和政策，会把我们的政治大事搞清楚的。我们的伟大领袖毛主席虽然与我们永别了，但是他的光辉思想将永远激励着每个革命者前进，永远照耀着我们前进的道路，我们一定继承毛主席遗志，牢记毛主席"按既定方针办"的嘱咐，把毛主席开创的无产阶级革命事业进行到底！

妈妈：您一定要多保重身体，会保重身体就是会干革命，因为身体是革命的本钱嘛！有了强壮的身体，才能把革命进行到底，好体格也是斗出来的。现我们家一切都好，没有害过病，望妈妈勿念。

祝好

泽儿 76.9.22 上午

1976年10月1日父亲从上海寄至白茅岭给母亲的信

庄：

　　今天收到你9.26来信，说明你还未收到我们9.22与9.27寄出的信。9月27日，我们大家认真考虑了市专案办秘书组谢香云同志同我们的热诚接谈，晚上在家就再写了一封信给市首长（见附件左纸）。内容就是两个：一是关于你体质越来越差，二是家庭经济实属困难。请市首长指示，能否在复查结论做出之前，先适当解决目前的实际困难。我们认为老谢同志的说法，是他们研究后才有的。正如第一次接谈时，她首先说，今天具体负责调查解决你们事情的同志不在家，我们几个人研究后，让我来向你们说几句。左面这封信，已用挂号信于9.28晨寄出。特附上，以供你和三队领导同志看看，心中更有底。

　　今天是伟大领袖毛主席缔造的社会主义祖国成立27周年，沪、京电视台、电影院将上映12部最新彩色故事片。昨天和今天我们已看了三部新片：《青春似火》《山花》《山村新人》。都是极力歌颂文化大革命，对当前深入开展反击右倾翻案风的伟大斗争，起着重大指导和深刻影响。特别是其中受走资派迫害的梁冬霞、方华等同志（这些电影主角绝大多数是女同志），她们立党为公，发扬五不怕，向走资派造反到底的革命精神，极大地鼓舞我们永远沿着毛主席路线奋勇前进！

1976年10月1日父亲从上海寄至白茅岭给母亲的信

  关于黎儿的血液病,我们给她剥了两斤花生米,给她在生产队,一定要每天定量地当药吃。我的老毛病,27日在二医,医生说"脑复新",上海只供应仁济、华山两个医院。他给我新配了一瓶药叫"麦角胺咖啡因",是供医疗单位掌握使用的专治头痛、头晕的药片。说以后,我如果往返医院,太觉吃力,就叫小孩来配药,我们照顾你这个长病假病员。至于"脑立清"这种药,再三说明体质虚弱者,低血压者,不宜服用。奶奶、小泽、小文,身体如常。

  庄:你一定要听从队长同志们不让你干大田活和重活的规定。如自觉有头晕预兆,立即要休息!我们和队长同志们深深知道你是忠于毛主席的尖兵,根本不是有资产阶级思想的好吃懒做的人,只要看你干很轻的活后,下班时的面部、手、脚肿得是啥样子啊!总而言之,我们很担心您的体质越来越差,如果万一在市委专案办的复查结论做出之前晕倒出事,那是悔之不及啊!我们深信11号让我们写信,一定会有回音;也深信市、11号会按毛主席路线办,始终立场坚定、旗帜鲜明的,请你放心。

岳　1976年10月1日晚写

1976年10月1日外祖母从上海寄至白茅岭给母亲的信

庄儿：

　　伟大领袖和导师和我们永别三个星期了，在这无比悲痛的日子里，我们悼念他老人家的心情怎能平静？每当瞻仰他老人家的遗容时，就回想到解放前我们一家苦难的情景。没有毛主席从苦海里拯救我们出来，哪有今天的我们？我们永远继承他老人家的遗志，将革命事业进行到底。

　　时刻在想念你，刚才在看电视《山花》新片，才看到一半过来给你写信，你26号写的信，今天（1号）上午收到，同时收到康儿寄来给我安神药品。从你信中看到知道你近日身体还好，不知是否实话。很想来看看你，但经济来源有限，难以办到，你会谅解你妈的。以前带给你的白糖还有吗？吃吧，你最怕冷，吃了可增加一些热量，自己随时注意身体，天气渐渐凉起来了，山坡更要冷些，棉毛衫裤及棉背心都可穿了，不要把物质看得太重，这样舍不得，那样舍不得，你要爱护自己的身体，小黎每隔二三日回家一次，生花生剥好给她带去，叫她每日当心吃。国庆节休息一天。多日收不到端儿来信，准备写信给她，就写这里吧。

　　祝一切好

妈妈
76.10.1 晚9时

1976年10月17日黎从上海寄至白茅岭给母亲的信

亲爱的妈妈：您好！

您10月3日寄到东华中学伯伯处的信及您和爸爸13日寄家中的信，都已收到。请放心。爸爸这几天可能已离开您处去溧阳舅舅处及南京姑妈处了吧！他这次到您处，虽然只能住几天，然而能见到您，我们也放心不少了。带给您的一些衣物和食品，都是完全应该的。所以您千万不要说什么越积越多，到时候都坏了就浪费了。我们知道您向来追求的不是这些，我们一定牢记伟大导师列宁的教导："忘记了过去，就意味着背叛。"在日常生活中向水平最低的同志学习，在政治上向最上进的同志学习。目前我们的生活虽然比较贫困（这种贫困是阶级敌人迫害我们造成的），然而，这也是养成我们从小艰苦朴素生活习惯的有利条件。

本月13日我们联勤大队团支部组织了一次参观"一大"会址的政治活动，在参观过程中，大队党支部让我向党向毛主席表了决心，这也是对我政治上的关心和爱护，我一定再接再厉，争取更大的进步。近来农村比较忙，我一般性不能天天回家，白天在田里劳动，晚上还要搓草绳。但是心情还是比较愉快的，因为想到了毛主席革命路线的最后伟大胜利。

1976年10月17日黎从上海寄至白茅岭给母亲的信

妈妈您10月3号写来的信中谈了您学习了《告人民书》及中央两报一刊重要社论《毛主席永远活在我们心中》的心得体会，很使我们感动。我们一定继承毛主席的遗志将革命进行到底！积极投入到正在掀起的学习毛主席著作的新高潮中。

近来家中老中小身体都不错，望妈妈放心。我在去生产队往返的途中骑车一定会胆大心细，一定听您的话，"靠边骑，骑得慢，"一定不让车祸发生！奶奶天不亮和天黑了以后，我是不让她出行的，这些请妈妈不用操心，弟弟妹妹都好。

今天已是10月17日了，再过十天，是迪平舅舅牺牲八周年了。我们一定化悲痛为力量，继承先烈遗志，将革命进行到底。10月28日前夕，我们准备去一次上海烈士陵园和11号，我们一定争取处理好这件事。最后请妈妈一定站得高，望得远，心情舒畅。搞阴谋诡计的家伙绝没有好下场的，事实是举不胜举的了。再见！

祝妈妈身体健康

您的女儿小黎：76.10.17 晨

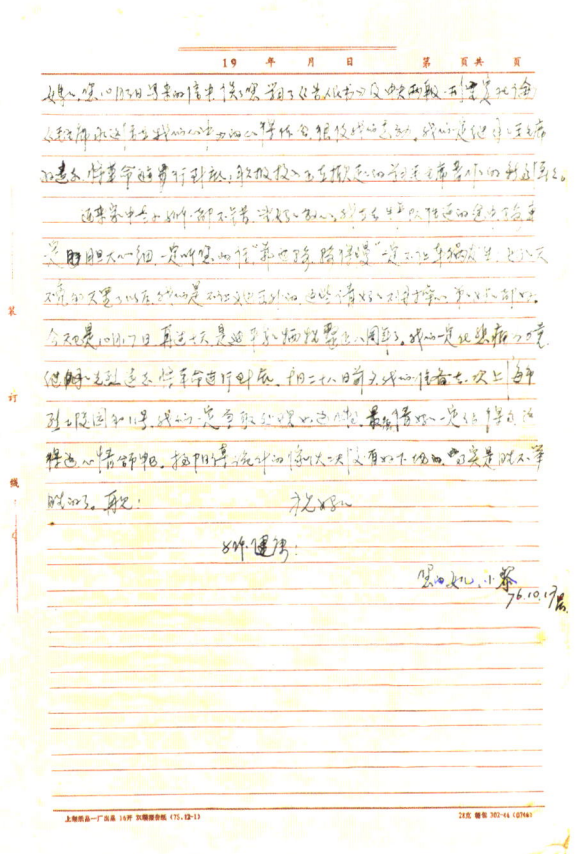

注：
1. 当时的黎作为知青插队在川沙县北蔡公社联勤大队丁家生产队。
2. 因为当时在北蔡邮局寄信，时常会被打砸抢分子盯梢、拆信检查，甚至被扣押信件，所以只能舍近求远跑到离家较远的邮局去寄信。

1976年11月23日外祖母从上海寄至白茅岭给母亲的信

庄儿：

　　现在是23日黎明，我满怀信心地来写信给你，首先问问你近来身体怎样，你15号写的信18号由花古塘邮局发出，20号就收到了，但在信中没有谈到你身体健康的情况，使亲人们实在不安，我也首先告诉你，家中的亲人身体都是好的，没有人生病，特别是小黎胖些了，小文也有些倒瓜脸了，小泽略瘦些，但身体还是好的。最近她（小黎）经过三抢劳动及参加开河等劳动，都得到了同志们的好评。总之家中一切都好，一切困难都能克服，在遥远的你，千万放心吧，希望你在下次来信时将你最近健康、工作、劳动的情况详细告诉我们，以免远念。康约在本月中旬寄给你挂号信及附抄文件、汇款等，不知已否收到，总之你应安下心来，特别是在这严寒的冬天，千万千万保重好自己的身体，胜利是属于我们的。

　　从文汇报经常能看到"四人帮"的丑恶行为，都原形毕露了，你处有文汇报看吗？现上海市委每天在批斗马、徐、王，又加了一个唐兰，直线广播我们听不到，都要凭票入场收听，这个紧跟王洪文的妖精也有这一天的下场，真是大快人心。

　　你的棉鞋还能穿吗？天这么冷，山坡更冷一些，你是有严重关节炎和胃病，多穿衣，新的棉毛衫裤千万不要舍不得穿，风雪帽也应戴上，你是上了年纪的人，体质又差，不能与身强力壮的小青年比呀，兹附上"胃疡平"二包，是新产品，效果还不错，每次服二小方块，你可试用一下，如需下次再寄。家里盐了一缸咸白菜，那时一角可买6斤，现在每斤要6分，你们吃些什么菜，来信时顺便谈谈，老人的心情你是理解的。并向各位队长们表示致谢和对你的关心，时间关系就写到这里。

　　祝你

　　　　千万保重身体

　　　　　　　　　　　　你妈妈 76.11.23 早

1976年11月25日文从上海寄至白茅岭给母亲的信

亲爱的妈妈：您好！

收到您的来信和汇款，十分高兴。说来正巧，小姐姐刚刚给您寄出回信。从您的信中可以看出：3队队长们对您是非常关心的，这一点我是深受感动的，真是毛主席的革命路线深入人心！

除了四害，人心大快。我们对四人帮及林贼死党有着不共戴天的深仇大恨。面对胜利，桩桩往事，浮想联翩——1973年8月8日，是四人帮的忠实走狗陈有、杨小爬，对爸爸妈妈开始残刑逼供，诬害为罪大恶极的反标作案犯，74年3月19日被徐狗头宣布把妈妈开除出党，10月23日，敌性内处；75年12月3日被再次陷害，76年1月16日"劳教三年"至今！但是唐兰、徐狗头、陈有、范雪蝇、杨小爬对妈妈这些施阴谋、耍诡计的做法，只能说明他们不得人心，但岂能压得住妈妈的斗争决心，我们也作了长期的生死搏斗，终于把大吸血鬼、十恶不赦的王洪文及其忠实走狗在我们身上明查暗害的阴谋诡计粉碎了！

关于我的右手骨折问题，"既要藐视它，也要重视它"，骨折的是右手，这使我心里十分难过，不要紧，我一定能够养好，我每礼拜坚持多吃几次骨头汤，每次3斤，每斤1角2，别的不需要吃什么好东西，不能太娇气！再次感谢妈妈在艰苦的情况下，还支援家里，这不仅是10元人民币，而是寄托着亲爱的妈妈对家里的深情厚谊！我吃了"骨折二号"每瓶5.10元，可报销一半即2.55元，请妈妈放心吧，我一定保护好自己，将来建设社会主义的一双手，也是用来对付一切违背"三要三不要"基本原则的敌人和蛀虫的（包括王洪文、杨小爬一类）。

1976年11月25日文从上海寄至白茅岭给母亲的信

但是，使我不放心的仍是妈妈，儿子再次向亲爱的好妈妈提出要求：千万不要忘记阶级斗争。不去河滩，按时服药，切切保重身体，身体是革命的本钱，有了好身板，就是无穷无尽的力量。这是你的儿子小文在百里之外对母亲的恳切要求，切切记住。王张江姚马徐王唐彻底完蛋了，但一定要提高警惕。

再过几天，就是12月3日，亲爱的妈妈已被四人帮迫害了又是整整的1年了，我是多么想妈妈早日归来啊，请接受我的想念吧！坚信吧，总有一天，妈妈会胜利而归的。

我们老中小五人身体多（都）好，大姐姐正在进行紧张的三秋大忙，正在田间挥汗如雨地战斗，想妈妈那儿也同样如此。因为手上上石膏，所以写得歪歪扭扭的，请原谅！我准备明天去看手，拆石膏。

　祝

身体健康

　　　　　　　　　　　　文　儿

　　　　　　于 1976.11.25. 上午 10 点整

自己写的一首诗，给妈妈看看，请指教：

《誓和"四人帮"斗到底》

王张江姚"四人帮"，

妄想在全国称霸王。

革命烈火烧得旺，

誓和"四人帮"斗到底！

1976年11月25日泽从上海寄至白茅岭给母亲的信

亲爱的妈妈：

23日收到您20日的来信及汇款，心情很激动。因为这不是普通的十元钱，它包含着深厚的无产阶级感情。

关于弟弟的骨折问题，既然舅舅（迪康）已告诉您了，我们也不必再瞒着您了。这是一个月前的事，我们怕告诉您后，使您在百里之外的皖南山坡上再增加一份担心和挂念，弟弟的手是骨折在右手腕上，不是从自行车上摔下来的，是在玩皮球时，不细心从球上滑下来的，现在已基本好转。昨天，我和爸爸同小文到中心医院去复看，医生配了一瓶很好的药，叫"骨折1号"，要5.10元一瓶，明天再到医院骨科去看，可能可以拆石膏了，您千万不用急，老师很关心他，经常来看他。日前28厂杨、陈、王、潘为他们的后台唐兰的灭亡而伤心透顶，他们的反革命修正主义命运如同草上的露水，瓦上的霜，长不了的。历史的经验告诉我们一切搞阴谋诡计的家伙，统统将被滚滚的历史车轮碾得粉碎，胜利是永远属于真正的马克思主义者的。

　　祝

　　身体健康

　　　　　　　女儿 小泽 76.11.25

1976年12月6日母亲从白茅岭寄至上海给外祖母、父亲及黎泽文的信

好妈妈、岳以及小黎、小泽、小文：

你们一定十分急等我的回信了！

11月29日收到你们11月25号的信，11月30日收到你们11月23日的信，12月5日收到你们11月29日的信。信中邮票及给苏振华等首长的信照收无误。

伟大领袖和导师毛泽东主席纪念堂奠基仪式在北京庄严举行。我激动的心情无法形容。伟大领袖毛主席永远活在我们心中，今后我出去以后的第一件大事，就是要到我们伟大的首都北京亲眼瞻仰毛主席的遗容。第二件事，就是去上海烈士陵园向华迪平烈士及其他二百多位革命烈士献花圈。写到这里我又一次地热泪滚滚……是伟大的毛主席革命路线，伟大的领袖华主席继承毛主席遗志，打烂了"四人帮"，使我们才能活到今天。粉碎"四人帮"篡党夺权阴谋的伟大胜利，在我党历史上谱写了极其光辉灿烂的篇章。这个胜利，挽救了革命，挽救了党，使我党避免了一次大分裂，使我国避免了一次大复辟，使历史避免了一次大倒退，使人民避免了一次大灾难。在这存亡危机之秋，华国锋同志为中国革命和世界革命立下了不朽的历史功勋。

1976年12月6日母亲从白茅岭寄至上海给外祖母、父亲及黎泽文的信

从最近家里几次来信,进一步了解了一些情况,这里我谈几点看法供参考。

(一)你们老中小坚持天天看报学习,收看电视,并几次进行家庭批判会、声讨会,控诉祸国殃民的"四人帮"。好得很,应坚持下去,更好学习马列、毛主席著作,刻苦改造世界观,并建议你们每天早晚将《国际歌》唱片放一次。《国际歌》这首国际无产阶级的英雄赞歌,从它诞生的那一天起,就给予全世界无产者和被压迫人民多么巨大的精神力量啊!革命导师列宁曾高度赞扬这首歌,专门为纪念它的作者欧仁·鲍狄埃逝世二十五周年写了一篇光辉的著作,并且一再援引《国际歌》的歌词,向俄国工人阶级发出伟大号召。伟大领袖毛主席亲自倡导和指挥高唱《国际歌》,教导我们不仅要唱,还要讲解,还要按照去做。《国际歌》,显示了无产阶级为解放全人类而斗争的大无畏英雄气概。它无情鞭挞"吃尽了我们血肉的那些毒蛇猛兽",深刻阐明"从来就没有什么救世主,也不靠神仙皇帝,要创造人类幸福,全靠我们自己"的历史唯物论观点。"四人帮"就是喝工人血的"毒蛇猛兽",然而"四人帮"的卑劣伎俩决计淹没不了《国际歌》的雄壮乐曲。马克思主义的真理是永远不可战胜的,《国际歌》推动了无产阶级革命的历史进程。

1976年12月6日母亲从白茅岭寄至上海给外祖母、父亲及黎泽文的信

（二）关于泽儿准备报名参军，我一千个赞成，一万个支持！是党和毛主席把我们从万恶的旧社会饥寒交迫、水深火热的苦海中拯救出来，是党和毛主席让我们全家几次在北京，特别是1975年12月24日在北京八宝山革命公墓礼堂为华迪平烈士举行骨灰安放仪式，又是党和毛主席革命路线，毛主席生前安排的接班人华国锋主席为首的党中央打烂"四人帮"，砸开了"四人帮"套在我们脖子上的精神枷锁——以苏振华同志为首的上海市委正在复查我们的问题。从而使我们产生巨大的精神力量，由精神变物质。泽儿应该坚决，坚决，再坚决报名参军，紧握枪杆子，埋葬帝、修、反，（恳请胡长根部长及朱维大部长生前的一些老首长，从实际出发，具体对待泽儿的参军问题，予以优先批准，也恳请11号与中央工作组同志按照实际情况考虑泽儿的参军问题，总之，我们要通过正当的途径，按照党的政策，符合党的政策，慎重、认真办好泽儿的参军问题。）同时，三孩更应该刻苦学习，拿起笔杆子，狠狠打击"四人帮"。用枪杆子、笔杆子誓死保卫无数革命先烈用生命打下的社会主义红色江山，使无产阶级的印把子，千秋万代，掌握在真正的马克思主义者手中。

（三）关于文儿右手骨折，虽目前已拆除石膏，但并不意味着手腕功能就此正常。从小文所写的文字来看，打了很大折扣。右手是关键手，而骨折的地方又是关键部位。当然，正如小文所说，既要藐视它，又要重视它。华凯脚跌断后，迪康处搞到的恢复骨折后功能的药确实很好。黎泽便车去康处可先到我这里来一次，反正顺路。并请带一些炒米粉，卷面，还有"胃疡平"薄形片，针尖管。溃疡病，老毛病也应该是既藐视它，又重视它。奈因这里饮食和药物都成问题。队长的关怀我感激在心，但面对现实，我应自知之明！不能过多增加队长的压力和麻烦。小文右手骨折用去很多钱，小黎是否可向生产队老叶等同志提出借一点解决目前的困难，克服前进道路上的困难。

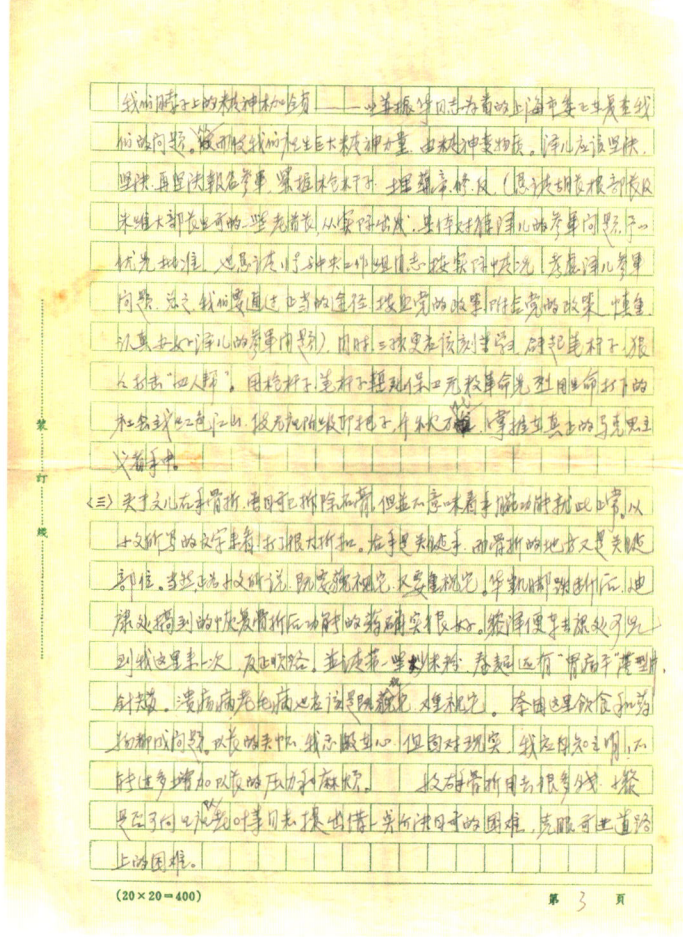

1976年12月6日母亲从白茅岭寄至上海给外祖母、父亲及黎泽文的信

（四）市专案办同志，根据我们的具体情况，做出先让我回沪看病，最后结论再过一个过程做的意见是正确的。目前以苏振华等同志为首的上海市委，集中主要精力首先解决"四人帮"及唐兰一伙妄图反党乱军的阴谋，是当务之急，是市委议事日程上刻不容缓的头等大事！我们要继续做到：党的嘱托记在心里，天下大事看在眼里，个人的冤仇咽在肚里。树立解放全人类思想。这里由衷地感谢市专案办，特别是谢湘云同志代表组织一次又一次地接待你们老中小，并向市公安局和劳改局打报告，先让我回上海养病，目前我的身体也确实已到了这个程度！我本想写信给市专案办和中央工作组同志提出这个要求，待精神好一点再说。

（五）康哥11月25日寄我一信并寄出包裹，用去了很多钱，主要二瓶"胃膜素"就得10元，还有热水袋等。但至今还未收到，这里一个月派人去邮局取二次邮包，月初（12月1日已取过，我没有轧上，包裹单未到），康哥是胃切除五分之四的人，经济条件又不好，我不能再增加他的负担，华迪平烈士的抚恤金也已用完，你们老小身体这样不好，我的心情可想而知！华岳肝区是否仍旧似针刺疼痛，在任何时候，任何情况下，要沉着，不要激动！要冷静对待周围的事物，妈妈和孩子们亦应如此！

最后让我们继续高唱《国际歌》"……快把那炉火烧得通红，趁热打铁才能成功。""让鲜红的太阳照遍全球"。

这封信如给市专案办和中央工作组同志看，就不够礼貌了，因为写得很潦草，请他们谅解。

另，上海气候如何？是否下过雪？小文棉衣有否解决？这里上月十六、十七日下了二场大雪。

致

握手！

庄

1976.12.3——12.6结束

1976年12月10日外祖母从上海寄至白茅岭给母亲的信

庄儿：

　　还是收到你11月中旬的信和汇款10元后，至今又将快一个月了，在这段辰光我们寄过三封信给你，不知是否都收到？你为啥不写回信来，我们时刻在想念你，最担心的是你的身体。你是否生病了？不然的话你应该来信了，到底为什么不来信啊？接到此信后望你立即写回信来，免得我们担心和挂念吧。

　　昨日岳、泽又去找过纺织局工作组长杨慧洁、徐政、陆政芳三位同志，他们三位对我们的政治大事是非常重视的，每次都是十分同情、诚恳、热情地接待我们，他们答应就在日内再去与11号联系，约好下周一去听回音，等听到回音后随即会写信给你的，望你千万保重身体，千万别急躁，定下心来，在英明领袖华主席一举粉碎"四人帮"反党集团篡党夺权的大好形势下，我们受"四人帮"及其一伙唐兰等黑爪牙的迫害一定会彻底解决的，胜利属于我们的。端最近没来信，康经常有信来，他寄给你的包裹已否收到？上海零下3—4度，皖南山坡更冷吧？盼即来信。勿误。

　　祝好

　　　　　　　　　　　　妈妈

　　　　　　　　　　　76.12.10 下午

1976年12月10日外祖母从上海寄至白茅岭给母亲的信

五点钟了，天还不亮，想到的再补充一些，你没有棉袄，驼绒的不暖，你一定要穿上弟弟的遗物——棉军装，不会难看的，你身体实在太差了，不能与年轻人比，一定要穿上。你不穿对不起弟弟，对不起妈妈，知道吗？

小文骨折拆石膏后一切很正常，你已看到他写的字了吧？你可放心了。现每星期二、五仍能买到肉骨头煨汤，是治骨折后最有效的营养品，所以如没有医生证明是不肯随便卖出的，关于小文的问题，你可放下心了。

西村即你处新建的新屋是否造好，对接待家属是怎样的制度，来信时详告，我们可能准备来看看你，说实话，我实在放不下心啊！小黎生产队很忙，她骑车会注意的，因现在日短，收工时间改为下午四点半了，早上七点出工，六点20分—30分由家中出发。小泽功课进步快，能干事，也像姐姐一样，里里外外一把手，她们经常说等妈妈回来了，家里的事不要她做，我们什么事都会帮妈妈做了，你听了一定会感到高兴自豪，有这么两个能干的女儿。庄儿：就写到这里，希望你站得高看得远，有英明的领袖华主席领导，胜利是属于我们的，最后请你爱护身体，保重身体。

妈妈

写于76.12.10 黎明

1977年1月8日母亲从白茅岭寄至上海给外祖母、父亲、泽、文的信

妈妈,岳、泽、文:

说也奇怪,自从岳和小文走后,我眼睁睁地天天望着室外面一片白茫茫的铺天盖地的雪景。此时此刻曾经想过:要是你们中间啥人再到这里来和我住在一起该多好啊!这种想法在一月五日更加厉害。因为还没有接到你们的信,所以我更想家里人。果真五时半左右小黎走到我房间里,我高兴的心情无法形容。

这里一月一日至今一月八日积雪未融并不断下鹅毛大雪,真与林海雪原不相上下。

现在看来。二个礼拜之后是要叫小黎走的。为此,你们去送信给杨慧洁时一定要请她:一个是争取在20日左右把事办好,一个是20日以前再出一张证明,说明,对复查华荫庄案短期内(或春节前)可结束,继续让黎在皖照顾。观点一定要明朗。因为赵这个人讲话是算数的,否则到时日子不好过。你们四人在家一定互相照顾好,大家有商有量,不要生气,家和万事兴,大家团结紧,野狗钻不进。

我和小黎晚上二人抱得紧的睡一点不冷,浑身上下暖乎乎的,一切请放心。

    致

  握手

      庄 77.1.8 上午8时

注:在白茅岭的居住条件非常差,母女俩睡觉的"床"是自己用砖块和石头垒起来后,上面放了三块长条木板铺上稻草和一块布料,宽度只有大约70~80公分,所以只能抱紧了睡,不然很容易摔到地上。

1977年1月13日外祖母、父亲、泽从上海寄至白茅岭给母亲、黎的信

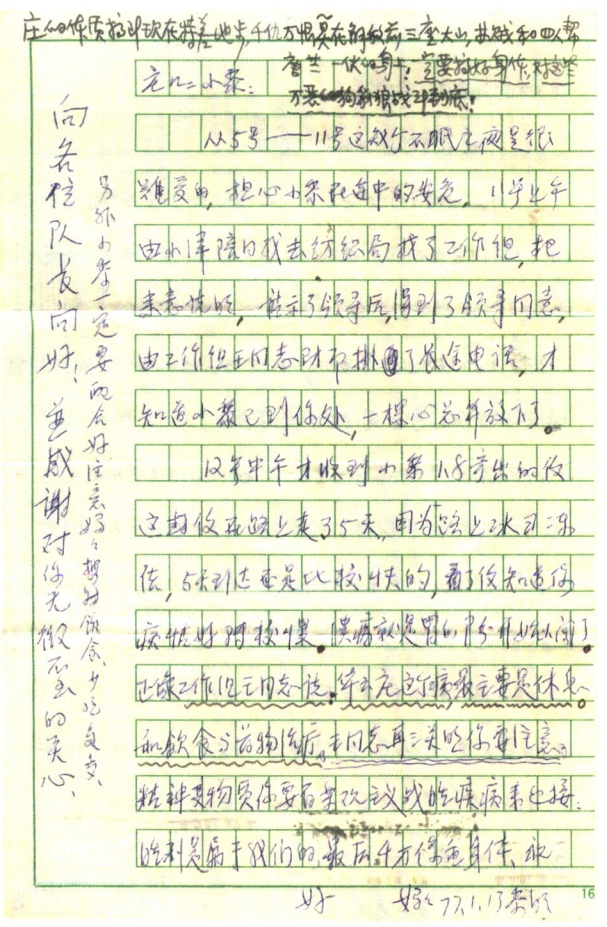

庄儿、小黎：

　　从5号—11号这几个不眠之夜是很难受的，担心小黎在途中的安危。11号上午由小泽陪同我去纺织局找了工作组，把来意说明，请示了领导后，得到了领导的同意，由工作组王同志随即挂了长途电话，才知道小黎已到你处，一颗心总算放下了。

　　12号中午才收到小黎1.8寄出的信，这封信在路上走了5天，因为路上冰雪冻结，5天到达还是比较快的。看了信，知道你病情好转较慢。溃疡就是胃的部分开始大闹了。正像工作组王同志说：华荫庄这个病最主要是休息和饮食与药物治疗，王同志再三关照你要注意，精神变物质，你要有乐观主义战胜疾病来迎接；胜利是属于我们的。最后，千万保重身体。

　　另外，小黎一定要配合好，注意妈妈按时饮食，少吃多餐。

　　向各位队长问好！并感谢对你无微不至的关心。

　　祝好

　　　　　　　　　妈妈 77.1.13

　　庄的体质搞到现在特差地步，千仇万恨算在解放前三座大山，林贼和四人帮唐兰一伙的身上！一定要搞好身体，对这些万恶的狗豺狼战斗到底！

　　　　　　　　　（岳补笔）

注：此时黎正在白茅岭照顾重病的母亲。

1977年1月13日外祖母、父亲、泽从上海寄至白茅岭给母亲、黎的信

请代向各位队长问好！感谢他们对我们的关心。

亲爱的妈妈、姐姐：你们好！

今天总算接到你们的信了，很高兴。

昨天我和奶奶怀着极其焦急的心情去纺织局找了金锦范和王传忠同志，说明了来意，他们很同情我们，并随即挂了长途电话到白茅岭总场，由总场转三队，电话的内容是"纺织局中央工作组决定对华荫庄问题已经开始复查，她女儿黎五日从上海出发，由我们纺织局组织同意，决定并开证明来你处照顾华荫庄。是否已到？关于华荫庄复查的事，我们没有在证明上写，是因为劳改局说，复查华荫庄问题与他们无关，他们

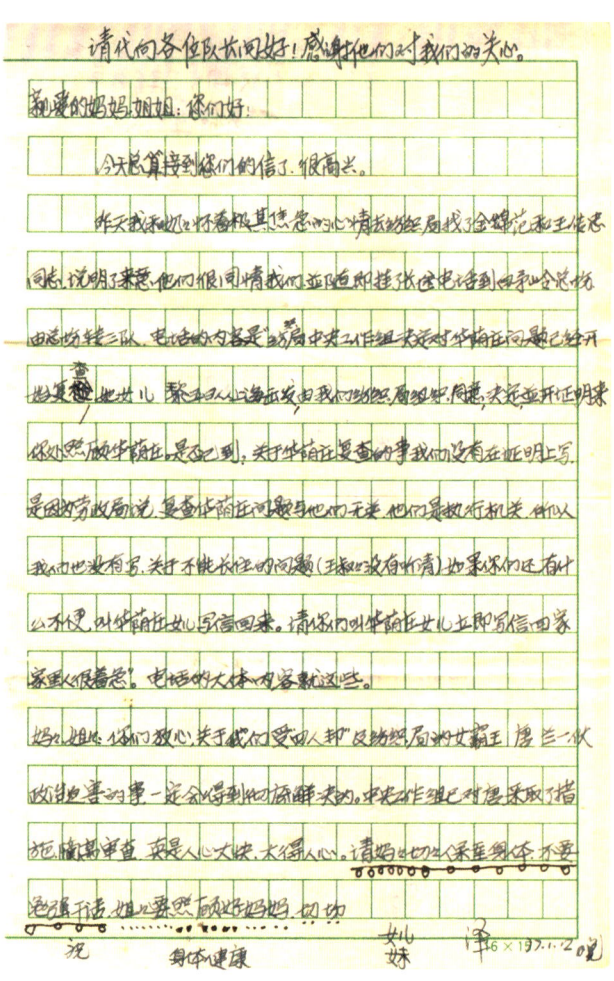

是执行机关，所以我们也没有关于不能长住的问题，（王叔叔没有听清）如果你们还有什么不便，叫华荫庄女儿写信回来。请你们叫华荫庄女儿立即写信回家，家里人很着急"。电话的大体内容就这些。

妈妈、姐姐：你们放心，关于我妈受"四人帮"及纺织局的女霸王唐兰一伙政治迫害的事，一定会得到彻底解决的。中央工作组已对唐采取了措施，隔离审查，真是人心大快，大得人心。请妈妈切切保重身体，不要勉强干活，姐姐要照顾好妈妈，切切。

　　祝　身体健康

　　　　　　　　　　女儿
　　　　　　　　　　妹泽
　　　　　　　　　77.1.12 晚

1977年1月25日外祖母从上海寄至白茅岭给母亲、黎的信

向各位队长们问好！

庄儿、小黎：

我自己也感到奇怪，为什么只要收到你们信，我就会感到温暖起来。在24号上午，我们正在盼望，同时收到你19号、20号的信。看后全家的人都十分高兴，知道你近来病好些了，这是与各位队长和场医同志的关心分不开的，在此遥远的家属表示深切的感谢，和向她们问好！

上海最近一直阴雨，另外我们无事不出门。从十九号去上海之后，至今还未去过。本来准备在接信后随即给你们写回信，因为前日小泽去问过石珍，才知道最近你生产队社员们都不出工（阴雨），今年可能不分米了（是否已分到明年三月份？），还未分红，等分

红后去上海寄钱给你，一道把琪瑛的眼镜由上海邮局寄出，因北蔡邮局没有小木盒，在上海寄较保险。

你近来视力是否好些？维他命A胶丸当心按时吃，会有效果的。最近端、康都没来信，大概工作很忙。泽、文正忙着复习功课，迎接大考，二个孩子功课都不错，孩子是争气的，身体都好，望勿挂念。迪康寄给你的包裹已否取到，炒米粉胀性很大，你要少吃多餐，千万不能吃得太饱。小黎当心按时按量照顾妈妈，有小黎在你身边照顾，我们更放心了。维他命A胶丸，小泽每天吃三粒，觉得视力好些，我吃了效果不大，老眼睛了。就写到这里，希望保重身体，小黎外出提高警惕。

祝

好

妈妈　77.1.25晚上

读前辈的上海—白茅岭书信观感

"书信"是什么？字面上的解释：书信是写给具体收信人的私人通信。书信是一种向特定对象传递信息，交流思想感情的应用文书，信也有托人所传之言可信的意思。

在当下这个科技呈指数级迭代，通信与信息极度发达甚至过于冗余的时代，人们已逐渐淡忘"书信"这个概念。想到自己，要说近几年收到的唯一一封有物理属性的"信"，还是一位远在海外的台湾朋友寄来的明信片，虽彼此有邮箱与微信的联络方式，但那种"见字如见人"的感觉，是电信化信息所完全无法传达的。当然，再早些收到的，给我的信，更多都来自于家中的亲人和长辈。

对于在太平盛世中成长的一代人，极少有人能对那个乱世年代的故事有所体悟与共感，大致也因如此，近两代人在遭遇到某些重大挫折时所呈现出来的韧性和逆商，多数是远不及上上一代人的。在恐惧与战火中成长起来的那辈人，无论从人生的厚度，到生命的重量，都伴随着那个年代而刻骨铭心，深入血液。自然，那也是我等至今都难以想象与经历的历史。

如今，将尘封了近半个世纪的这些信件重启，不由让我这个80后产生了无限的感慨。现在常有人说：以前是车马很慢，书信很远，一生只够爱一人的年代。是的，正因为如此，我们这个书香家族在那个特殊年代里的亲人之间的那种信任，执着，深厚的感情，才显得如此的珍贵。我家的这些书信承载了太多的爱与牵挂，经常引起我们这3个第四代晚辈借阅讨论。

从上世纪的1973年8月8日到1977年的2月17日，我的外祖母华荫庄遭受迫害，被诬陷关押于皖南山区的白茅岭农场，实行长期重体力劳动改造，在身体和心灵上遭受着多重的苦难与折磨。彼时，曾外祖母陈淡如拉扯着未成年的黎，泽，文三姐弟（即我的母亲、小姨和舅舅），骨肉分离于数百公里之外的上海北蔡。

由于思之深，念之切，那种由至亲分离所带来的悲凉、痛苦和不安感，对今天的我们来说是一件难以想象的事情。曾外祖母和黎、泽、文，与那时被关在白茅岭农场的外祖母，在农场看守队长等人几乎每封信都会拆开查阅的情况下，断断续续地进行着极为艰难的异步沟通。这也是为什么，我们可以看到的，他们给彼此的好多信件的首、尾处，都有着"向各位队长问好"的字样。他们在书信里说着只有彼此才能理解明白的话语。

在那段"白色恐怖"的岁月里，等待彼此的信件，就好像是下注一般，一个不慎就有可能被他人截了信。但对于通信方的彼此而言，这种家书，是唯一可以知晓彼此近况，甚至生死存亡的珍贵线索。

"爸爸，明天我们去哪里玩呀？你能陪我和妈妈开车再去那个商场坐卡通小火车吗？那个小火车会开过很多门，门上还有钥匙孔啊，很好玩的，我还想去的。"快3岁的女儿在微信语音里跟我发着嗲。

"我们元旦假期最后一天去哦！爸爸已经上滴滴准备回家了哈，乖。"

在有着各种即时通信和叫车服务可选择的当下，很难想象当年那种"烽火连三月，家书抵万金"的境况，那时的车马速度，那时的书信传递，在现在看来，是如此令人感到迷茫，是如此令人觉得焦灼。当然也正因此，亲情的牵挂、羁绊，随着时间的流逝，会变得更加深刻。

回家路上，从家族微信群中翻开曾外祖母、外祖父、母亲、小姨、舅舅在那些年与外祖母往来的信件。

此时，对行驶于高架路上的网约车中的我而言，突然觉得当下这条只需十多分钟就能开到家的路，也变得十分漫长。

这一封又一封的家书，好似女儿语音里提到的小火车所经过的那一道又一道门，推开，即可到达现场；每一个字，好似一把钥匙，只需一瞬，就能把我这个延续了同样血脉和基因的后代，在眨眼间拽进那个时空中。

虽非失散与亡别，但被不可抗力带来的难以相见，久未重逢的离别之苦痛，不论放在哪个时代，哪个正常的家庭，也都会是一段存在于亲历者们集体记忆中的那个不愿面对的梦魇。

杞忧堪噱，书不尽意。

乱世中的书信，说不定就会被拆检。在这种险恶的环境下，收信与寄信的行为，必然会增加被心怀叵测之人阻挠和截断的机会。传信过程中所跨越山山水水，经过人畜神魔，想来是极难抵达的一段历程。但再难，也难以动摇亲人之间想要联络上彼此的决心……它好像一条跨越时空的悬命之绳，连接着互相牵挂的亲人们。慢慢的，那条绳索两头实体信件的物理形态，逐渐被弱化和剥离，被爱的力量所量子化。

万幸的是，这一封封散发着浓重历史气味的家书，在经历了近半个世纪后，居然被几近完好地保存了下来。但因各类信件繁多，在此，只就我的曾外祖母写给在白茅岭受难的外祖母的信，谈些粗浅的个人观感。

曾外祖母陈淡如所提到的三个孩子，黎、泽、文，他们都在那段岁月中经历了不同的艰难与困苦。其中我的母亲华黎（贾黎），经历了相较于弟妹而言更多的艰辛——在厉雪严冬中，用数天时间，搭乘各种交通工具辗转多地，只身前往数百公里外的白茅岭农场看望她的母亲——我的外祖母。一路往返过程中的焦灼与不安，以及屡遭恶人以言语上的羞辱和威胁等痛苦经历，外加在更早的少年时代就被迫扛起照顾家人的大梁等诸多客观因素影响下，她对于这段所经历之事的看法和角度，以及心境和体感，必然会与其他亲人在一些地方是有所不同的。这里想说，主观的因素固然会有，但客观因素亦不可忽视。从那些信中我了解到了更多她所经历的一些人和事，同时，也更能体会到当时她的那种坚强与不易。

这一封封家书，折射出人性的光辉，这些文字里，没有对生活的不满和愤慨，没有抱怨和仇恨，有的是对时光的信任，对历史的尊重，对现实的坦然，对未来的希望、执着和信念。

在此想真诚感谢罗希贤老师、罗一老师、编辑组人员和其他亲历此事的亲人们。因为，没有这本书的编辑，我们这些后代或许不会有机会看到这些信件，也不会更深刻地了解这段家族历史。至此，关于信中黎、泽、文三姐弟的内容，在此就不用更多篇幅来加以赘述了。

然而，或因站在相对更中立客观的角度，以及看了许多更为腥风血雨的史实书籍与文献，我与我母亲在看待一些问题上的心态和认知是有所不同的。从这些来往的一封封书信中，我既看到了那些苦难与不易、共情与艰辛，更多看到的是一束又一束带着坚定和希望的——爱的光辉。它们划过天际，穿越时空，经过近半个世纪的岁月，用厚重而温暖的手，触摸到当下正在看信的"我"这个个体的心灵深处，以及将会受到此意志所鼓舞的后代们的灵魂。

我以为，只要是爱能触及到的地方，不论多么的黑暗，都一定还会有光。

写文感悟至此，我想把以下一些信的片段拿出来再做下罗列：

"虽相隔路远，但是我一定会来看你，时间还没有一定，肯定会来，一定会来。你第七、八号两封信都能及时收到，没有偷拆……"

"总之一切困难我们都能克服，你千万别担心，我活一天会在这儿一天，料理一天，你能理解……紧握你的双手！"

"总之一句话告诉你，我们每个人身体都不错，这点你可千万放下心来，回沪后一切好，由三个孩子骑了自行车来接我。"

"老骨头的身体还算争气，没有生病，这是大幸，从出门到回家，没有损坏也没有遗失一件东西，这是顺利的预兆，但愿你——我的庄儿，身体健康，心情开朗，提高警惕，千万保重身体！"

"不要把物质看得太重，这样舍不得，那样舍不得，你要爱护自己的身体。"

"每当在电视里瞻仰他老人家（毛主席）的遗容时，就回想到解放前我们一家苦难的情景。没有毛主席从苦海里拯救我们出来，哪有今天的我们？我们永远继承他老人家的遗志，将革命事业进行到底。"

"这封信在路上走了5天，因为路上冰雪冻结，5天到达还是比较快的，看了信知道你病情好转较慢……要用乐观主义战胜疾病来迎接胜利是属于我们的。最后千万保重身体。祝好"

以上这些很短的片段，选自曾外祖母给外祖母的信件。当然，这几段文字，或许也是因为我感到看着很有力量，才特地选出来的。在原信中的信息量，相比这些要大得多。

不过在我看来，这每一小段，每一行字，每一个标点符号和行与行之间的留白，都显得如此独特且弥足珍贵。

坦率来讲，在阅读过程中，心情必然是有所起伏的，但当我把这些书信全都看完的那一刻，只过了一会儿，发现一幅耀眼绚丽的景象在我眼前出现：这每一封信，就好像从布满文字的白纸变成了一缕缕有着不同温度的光芒，甚至还能边看边数：1号信，2号信，3号信，4号，5号，6号光，7号光，8号光，9号光……

它们中的每一缕，每一束，都带着不同的振动与光谱，都有着不同的温度与情感。

但我觉得，无论怎样，它们中哪怕任何一束，只要能被成功接收到，那不管这束"光"看上去怎么样，最终，都会升华成一道充满希望与绮丽的彩虹。

这种彩虹般的希望，我认为，才是这些书信的底色和本质。也许人类的情感，就是在这种曲折、坎坷、悲伤、希望中产生的。

当我回过头再次细数这些信件的片段，再第二遍、第三遍看的时候，每次收获到的感觉又有所不同，几乎每一段话，都能显示出曾外祖母，她那种经历过战争年代所磨砺出来的坚强刚毅与温柔韧性之特质。

所以若要谈"上善若水"又或言"坚如磐石"，"孝为先，善为本，义为重"这些话题，我的曾外祖母才是家中当之无愧的典范。

东野圭吾在所著的《信》中有那么两段：

"即使是善良的人，也不能什么时候，向谁都显示出来善良。得到那个，就得不到这个。都是这样的事儿。要选择这个就要舍弃那个，如此反复，这就是人生。"

"就像是长时间在黑暗的洞穴中徘徊，终于看到了一缕光一样的感觉，没有任何其他希望，他只能沿着这一缕光往前走……"

或许，我们以为的那些忍辱负重、大灾大难和不堪重负，换作在曾外祖母陈淡如的语境里，好像只是另一个需要带着希望之光而迈过去的坎而已。她是那种明知生活很难，却始终不愿放弃的令人尊敬的老前辈。

至少，在经过近半个世纪后，这些书信呈现在我这个第四代面前时，它们可给到我的，是这样一种感觉，对我来讲，她，就是这样一种存在，可化身的文华与遣词，大体不是"隐忍"和"苦难"，而是充满正念力量的———"乐观"与"希望"。

曾外祖母性格单纯，心态阳光，脸上总是挂着慈祥的笑容，她的微笑很平静，很大气。尚记得，儿时曾外祖母与我们同住的那些日子里，印象最深的一句话，并不是什么深邃的大道理，而是每每在我母亲做完一桌子菜肴，问曾外祖母喜欢吃其中哪样菜时，她总是微笑着的那句"样样都好吃，我都欢喜额"。

温暖阳光，不记人非，细数人善，因为曾外祖母深谙"相由心生"之理。

人生几度风霜雪雨，但回过头来看还是爱居多。"宁可人负我，不可我负人。"这是曾外祖母经常说的一句话。别人给予她的善意，曾外祖母用她的一生来回馈。德高望重的曾外祖母，身体力行地实践着中华美德，赠我以木瓜，报之以琼琚，匪报也，永以为好也。曾外祖母一辈子真正做到了日行三善：目善，言善，行善。平凡而伟大。

现在，已过而立之年的我，每当想起曾外祖母的时候，越来越感觉到，她那种从内而外散发出的慈悲温暖的光芒，让当时处在童年时期的我和表弟越看越开心，总是喜欢围在她的身边，听她把一个个古老而又新鲜的故事娓娓道来。

记得我11岁那年的夏天，去长征医院骨科探望正接受股骨颈置换手术的87岁高龄的曾外祖母的时候，看到一位年轻的护士在曾外祖母手上连着扎了好几次针，臂上大片淤青，还是没有找到血管，但此时曾外祖母仍然轻声告诉护士："不着急，慢慢扎，没关系……"而我却感到心疼不已！曾外祖母就是这样一位有着很强生命力、意志力和大爱的长辈。

再次感谢那一辈亲人和朋友们所做出的努力，让我们这些后代们，有了更为丰盈的物质生活条件，以及可以更多了解这些家族历史的机会，给我们带来的心灵碰撞和闪现的思想火花。当然，想补充的一点是，其实每一代人，都一定有属于那一代人的不易与艰辛，甚至也包括我们，和我们的下一代。故若能学会换位，便能跨越鸿沟，不至刚愎自用，以此方才可称成长。这也一定是一种多维度体验不同人生的方式，更是一种能无限传承下去的精神力量。

愿我们能通过这些久远以前的信件和其所带来的光芒，从今起引领我们不畏艰难，向阳而生，正念前行！生生不息，无限可能！

最后，以两句先人们也都可能会赞同的话，同时也是"相由心生"的真正释义（"相"非长相或容貌），来作为此篇感想文的收尾。

"你是如何之人，则你所见到的人和这个世界即是如何的。"

"一花一世界，一叶一菩提，一笑一尘缘，一念一清净"。那逝去的都将永远留存在我的记忆里。

刘 天

2022年1月2日

注：刘天出生在1985年，是乙丑牛年。父母为刘天取的小名叫"牛牛"，希望他勤勉踏实、忠厚淳朴、正直善良。

母亲华荫庄创作的长诗《思念》

唯有去过远方，才懂父母情长；
唯有为人父母，才知有多坚强；
唯有不忘出身，才会活得敞亮；
唯有心怀感恩，才能源远流长。

长诗《思念》向人们展示了中国一个普普通通家庭中母子两代人的人生和命运。她（他）们都经受过的灾难、民族的创伤；都沐浴过新中国阳光的温暖和幸福。母亲，是一位世纪老人，历尽岁月沧桑、世态炎凉，勤劳、善良、平凡而伟大。儿子，是一位在红旗下长大，根深叶茂、才华横溢、德业双秀、有志富国强军献身国防高科技的精英。笔者之所以视长诗《思念》是血泪铸诗魂，这不仅仅是源于母子两代人的血泪人生；而又源于作者是以血以泪浇灌在诗魂。可谓：字字句句滴血溅泪，句句行行，都是虔诚的祭拜和叩首。

——刘铁柯

长诗《思念》是她的力作，全诗用一种发自肺腑的呐喊，一种一泄千里的热情，一种催人泪下的哀愁，尽情地抒发了她对母亲和弟弟的忧思和怀念。从一滴水可以观察大海，从一个家族可以折射整个社会。我们从这些哀婉凄然的诗句和丰富生动的画面中可以深深地感受到这几十年来社会发生了多么巨大的变迁。

在《思念》出版之际，作为晚辈，写下以上这些，表示由衷的祝贺。

——张奇明

我是一个人物画家，揣摩和研究人的本性和活动是我的职业习惯。我素来喜爱看书信、家谱、纪事之类的文字，这里较少粉饰与雕琢，让人明明白白地看出一个"真"。喜爱看旧的影集和画传，这里能展现历史的诚实和平凡，远远胜过无数演剧明星的粉墨登场。我们把这本可以称为长诗与画集合璧的书奉献给读者，书中的主人公不是名人，没有光环和功勋，当然，也没有浮华和虚荣。读完以后，你掩卷长思，会恍然领悟到什么是"孝"，什么是"爱"，什么是"手足"，什么是"情谊"。

——罗希贤

难忘奶奶

四年半过去了,奶奶去世的情景我至今难忘。那是我第一次看到一个活生生的生命从患病、衰老,一直走向终结。尽管在这个世界上,生命一直在不停地轮回,生命的死亡也是自然现象,但对奶奶的离去,我在很长一段时间都难以正视。

1999年4月3日,奶奶迎来了她90华诞,前来祝寿的人络绎不绝,至爱亲朋,儿孙满堂,满屋鲜花,奶奶的脸上也堆满了笑容。

谁知,庆贺刚刚过去的一个周日的午后,奶奶却在睡梦中昏迷不醒了,无论我怎么呼唤,奶奶却是平静安详地紧闭嘴唇和双眼。躺在医院床上的奶奶打着点滴,身上被绑着很多根维系生命体征的试管。细若游丝的呼吸证明奶奶的生命已经非常虚弱了,看看40余年来,我最熟悉、最敬重的奶奶以这样的一种状态生存着,我心里阵阵凄凉和隐痛。

5月17日,奶奶已陷入了深度昏迷。大夫说,一个90岁的老人仅靠打点滴能坚持一个多月实属罕见,老人家也已经很累很累了,尽管想尽了一切办法救治,但已无回天之术了,要我们家属做好准备。

5月18日,天空飘着雨,早晨5点58分,监护仪屏幕上显示生命活动的曲线，变成了一根细细的直线，一颗跳动了90年的心脏永远地停止了。

奶奶最后的十五六年是一直与我朝夕相处、相依为命的。奶奶总是以她博爱、宽厚、仁慈的胸怀来面对这世上的一切人和事。晚年的奶奶常常端坐在沙发上，听着音乐，哼着《魂断蓝桥》里的曲子，轻轻地、委婉地对我述说着她的人生感悟："一个人的生命从降生到死亡，一直都在进行着角色的转换。就拿我自己来说吧，小时候是女儿、孙女、小女孩子，长大了是妻子、儿媳、母亲，年老后又成为祖母、外祖母，甚至太祖母。在做每个角色时都要认真、负责地去对待，要走好每一步，扮好每一个角色。尽管每一个生命的开始和结束往往是非常短暂，但一定要以一颗平常心去生活、去工作。淡泊名利，宁静致远是很有道理的。"奶奶这段对生命过程既是思考更是要求的话，至今仍在我的耳边回响。

奶奶既有传统的大家闺秀的善良贤淑，更有作为一个长辈的宽容豁达。上世纪90年代后期，奶奶的身体日趋衰老，她老人家的双腿在两年间接连动了两次大手术，体内留下了两根长达1.5尺的不锈钢。但生性乐观的奶奶坦然地面对病痛，反倒安慰起了在一旁哭泣的我："小黎不要哭。我不是蛮好的嘛，这要感谢党，感谢医生，感谢亲人又给了我第二次生命。"奶奶就是这么一位凡事感激的老人。

手术后，奶奶的生活难以自理。我为奶奶请来了安徽小保姆来照顾奶奶的生活起居，而奶奶把她当成了重孙女，笑着对她说："小王，我们分工不同，人格平等，我们就像祖孙般相处好吗？"乐得小姑娘一口一声："太太好。"几年下来，小王竟然从奶奶那儿学会了简单的英语对话，还能够弹奏好几首优美的钢琴曲。小王的言谈举止、待人接物毫不逊色于大都市的姑娘。奶奶的教诲，使这位农村小姑娘获得了享用一生的做人道理。

奶奶的一生经历了宣统、民国和共和三个时代。祖国的兴盛，是奶奶永远的心愿。记得1999年春节前的一天，奶奶对家人说道："即将到来的21世纪，澳门快回归了，但我怕是看不到了，那时我们的国家会更加繁荣昌盛、国泰民安的，那时，请你们代我看看回归后的澳门，我已快80年没见到澳门了。"奶奶的双眼充满期盼，饱经风霜的脸上满是无奈。

2001年初春，我带着奶奶的遗愿专程去了澳门，寻访了奶奶童年的足迹。（注：奶奶的父亲陈少衡先生当年为民族先驱廖仲恺先生的首席秘书，她的童年是随父母在澳门度过的。）

奶奶的身影，奶奶的笑容，奶奶的声音，奶奶的教诲，我永远都不能忘怀。

华　黎

注：因为从小到大，我们这一辈一直把外祖母称为奶奶，此文是在外祖母去世四年半时写的。

有一种幸福叫"四世同堂"。

亲爱的外祖母：我们与后代会珍惜与您的这份情感。

我们永远怀念您！

感悟《思念》

《思念》是一首爱的长诗,
《思念》是一幅爱的画卷,
《思念》是一曲爱的赞歌,
《思念》是一种爱的方式。

爱,是人类的灵境、是万物的精华,她赋予生命以活力;爱,是生活的希望、理想的风帆,她赋予母亲为之奋斗一生的动力!

大千世界、芸芸众生,人们所需要的感情是相通的,人们所能够得到的慰藉也是相同

的。父母之所以能够得到子女的爱,是因为他们给予子女以生命、关怀、爱护和温暖;子女之所以能够得到父母的爱,是因为他们给予父母以慰藉、希望、快乐和幸福。人不仅是爱的接受者,更是爱的给予者;没有给予爱的能力,也就没有接受爱的权利。《思念》以她独特的方式全面而立体地诠释了母女之爱、手足之情。

母亲5岁那年,外公惨死在日寇的枪托下,留下年仅30岁的外婆和5个年幼无知的孩子。目睹着自己的兄弟姐妹被迫去做童养媳、送人收养、做学徒、做用人,12岁的母亲只能背井离乡,来到沪上一家纺织厂做童工。苦难的生活,塑造了母亲善良、真诚顽强、敢爱、敢恨的人格特征,正是这种性格,使母亲在她的一生中经历了很多的磨难。尤其是"文化大革命"运动中,父亲被再次清算内定右派的账。舅舅被迫害致死(1975年被追认为革命烈士),母亲被强加反革命罪名关押在牛棚、劳改农场长达5年之久,父亲为母亲尽力申述,被七次关押在地下室,刑讯逼供,在这段时间,是外

婆陪伴我们姐弟三人度过了难忘的岁月。人生的磨难，积淀了母亲对生命孰轻孰重的思考。

母亲是一个普通的女人，但是在她的生命中孕育着优秀。她希望自己的事业、家庭、爱情、子女——人生的每一部分都不逊色。如今母亲已是年近70的老人，退休10年中她以坚强的毅力，完成了一百余万字的创作。《思念》是一部真实的、挚朴的、体验人生酸甜苦辣的作品。母亲经常说：体验生活，是为了证明自己。只有真正体验过人生的人，才能写出真正的人生作品；创造生活，是为了提升自己。一个有尊严的女人，无论地位高低，她的生命都是有质量的！

华 泽

2003年12月27日

问世间情为何物
世间亲情最无价

这几年来,每当看到母亲独自一人默默地长跪在外祖母和迪平舅舅的墓碑前,默默地流泪、默默地祈祷,我的心里有说不出的感慨和酸楚。迪平舅舅离开我们已整整35年了,外祖母也走了4年多了。我常对母亲说,远去的亲人在天之灵会保佑我们活着的人活得一天比一天更好的,他们会安息的。然而连我自己也马上意识到这些话对母亲来说是很苍白的,在外祖母去世的这几年中,母亲的情绪总是被深深的怀念、追忆或许还有隐隐的内疚所缠绕,挥之不去,唯有不尽的思念。

再一次读完母亲用一个个不眠之夜写就的《童年的梦》,和一气呵成的《思念》,找不到什么华丽的字句,能够深深感怀到的就是她永远不能释怀的母女之情、姐弟之情。外祖母出身读书世家,知书明理,贤良坚忍,在国破家亡的战乱年代,她含辛茹苦地带大了母亲姐弟五人,一辈子操劳,默默无闻,她把所有的希望寄于母亲姐弟五人的平安幸福中。如今,虽然母亲姐弟之间天各一方,但是浓浓的思念之情常可以从她们互相之间一些细微、平实之处读出来!

而今,母亲也已近古稀,但她老人家在我面前讲得最多的就是要珍惜现在人与人之间的情和义。她和父亲时常叮嘱我们姐弟要多互相关心和帮助,共同长进。她总是回忆我们幼时的点点滴滴……父亲和母亲常常感叹,在这物欲横流的世界再要保持一份往昔的亲情是多么地不易和可贵!

而今,我们姐弟也早已成人,也早已为人父母。我们读了《思念》,我们教育自己的孩子:人世间,唯有亲情最无价,我们要把这份浓浓的亲情一代代延续下去,发扬光大,因为这正是我们中华民族的优秀品质。

贾 文

2003 年 12 月

(人到无求品自高)

小暑一声雷，半个月黄梅倒过来。

短到冬至长到夏至。

男怕二分（春分、秋分）
女怕二至（夏至、冬至）

秋分到没老少（节气对身体的影响）

成功是从失败中走出来的。

有志者立志长，无志者常立志。

黄连树下弹琴苦中作乐

生活要有目标，用钱要有计划。

隔层肚皮，隔层山。

两个哑巴睡一头没话说了

坐如钟，站如松，行如风。

生活节奏，快中求稳。

陈淡如

第四篇

青松自高洁,丹心照明月。

人生应拼搏,雄鹰当翱翔。

关怀心相连,日夜守相望。

春晖寸草心,谈笑在人间。

翻开尘封已久泛黄的相册，瞬间感到时光已穿越了半个世纪。那些早已淡忘的记忆，定格成一轮又一轮季节的雨雪风霜、风和日暖，伴随着叮当作响的一勺一碗，鲜活地在眼前闪现。

岁月悠悠，往事多多。我们一路向前，留下了人世间最美、最纯的记忆。

父亲于1965年秋季和1976年春季，分别带着泽、文去了南京，游览了"中国近代建筑史上的第一陵"——中山陵。

从此，年幼的泽、文就知道了"民族""民权""民生"这六个字。

问世间，什么爱是永恒不变的？那无疑是父母给我们的爱。
（摄于1980年上海北蔡）

遇见你是我最大的幸福，
遇见你是我永远的欢乐。

手足情深,血浓于水。

上图和右图:父亲与他的胞兄(我们的伯父)。

下图:父亲、黎、文去看望伯父。

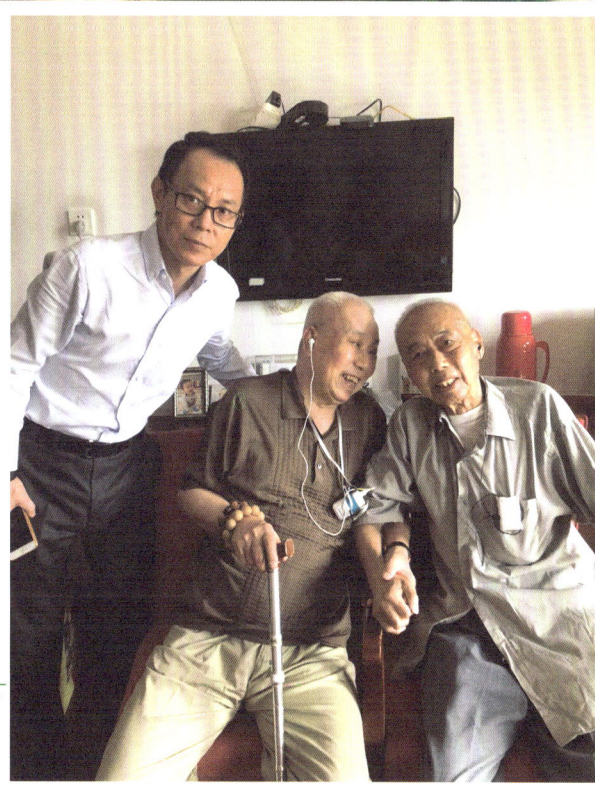

同胞手足，
姐弟情深。

父母和黎到
常州看望迪
科舅舅。

表姨到家中看望母亲。

《老兵印存》的魅力

　　一眨眼这本书出版已将近20年了,这是父母亲合作的第一本书。这本书是以父亲的印章和母亲的诗文相融合而成的,这些印和诗展现了父母亲他们丰富的精神世界和充实的生活状态。今天我们从全书上下两册128枚印章中遴选出其中20方印章和相配的20首诗文编入《一路走来》图文集,其目的是向世人展示父母亲虽是老骥仍伏枥,虽是暮年乃英雄的豪迈气概。他们的努力,他们的奋斗,他们的热情,他们的干劲实在是令我们儿女自惭不如。

　　我们为有这样的父母亲而自豪和骄傲。

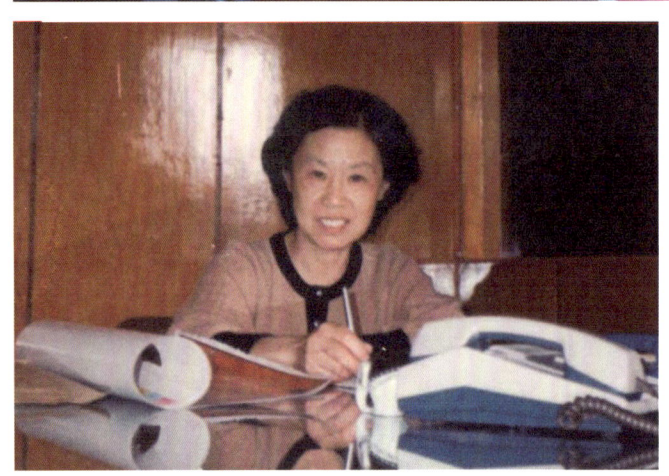

俗话说：书中自有颜如玉，书中自有黄金屋。父母既不求美玉，也不求金屋，他们求的是精神上的充实。

华迪平烈士

抗争饥寒,你曾唱过《热血》
除暴安良,贡献了青春的魂魄
英年三十,忠良一世
你实现了小时候说过的话:
我爱岳飞
我要精忠报国

缅怀革命先烈

你们的鲜血滋润着中华大地
你们的生命换来了鲜花和平和阳光
你们的业绩将永受后世缅怀
你们的理想已谱入史诗篇章
神州放眼,巍巍丰碑
你们永远活在我们的心上

党在我心中

万里长征,举世无双
百万雄帅,横渡长江
人民战争靠的小米加步枪
终于推翻了反动蒋帮
新中国能建立
因为有了共产党

金石可镂

风霜雪雨寻常事
甜酸苦辣尽尝来
人生历练即财富
逢春枯木正当时

我把党来比母亲

这是一首不朽的诗篇
这是一曲永恒的颂音
从眼中冒出激动的泪水
从心里涌出永远的深情
唱支山歌给党听
我把党来比母亲

笨鸟先飞 志在千里

古时《陈母教子》
我和你有个比喻
我们那灵禽在后
你这等笨鸟先飞

保和平 卫祖国

1950年10月的某一天
举世瞩目，滚滚铁流，同声吼响
保和平，卫祖国，就是保家乡……
石破天惊，天地共鸣，声震四方
中华儿女再一次
用血肉谱写壮丽的诗章

孔融让梨

孔融三岁分五只梨子
大梨送到爷奶父母手里
爷爷见他吃着手里小的
笑着问这是什么道理
孔融回答大梨比小梨好吃
你们当然要吃那些大梨
这个故事并无什么深奥
说的是中国人珍贵的孝和礼

父亲是如此专注地篆刻着手中的印章。

沐浴在夏日晨曦中的父亲开怀大笑。

石上抒怀

你是大自然神工鬼斧的杰作
你是改变我命运的精灵
童年时我把你藏在口袋
才勉强到了招工的体重
半个世纪过去了
石头呵石头
我仍对你感恩有加

富而思进·致富思源

曾经辘辘饥肠
曾经裤带勒紧
我们没有呻吟躺倒
挺起胸迎风迈进
中国人富起来了
很多人过上小康年景
我们要思进思源
把穷根彻底拔净

春长在

跋涉过泥泞沼泽
翻越过险峰峻峭
现在已远离崎岖
眼前是金色大道
人虽老，春长在
欢笑中白发飘飘

百花齐放 百家争鸣

有过激情燃烧的年代
有过燃烧激情的朋友
但这一切
已随着岁月远去
留下的是记忆
还是失落、启迪和感悟

抬起头,映入眼帘的是一片火红的枫树林。枫林尽染,一叶知秋。

母亲酷爱红枫,看着亲手种下的枫树苗日长夜大,脸上挂满了笑容。

月是故乡明

生我养我的是故乡
那里有童年的梦幻
父母的歌声仍在耳畔
血浓于水的亲情难忘
故乡留着我儿时的欢乐和悲哀
故乡是我一辈子的眷恋和遐想
我深深地爱着你，我的故乡

言传身教

父母是人生第一老师
子女受他们言传身教
近朱者赤，潜移默化
甘辛自品，春华秋实
传教中以善为首
善是做人的第一需要

红枫

一片霜叶，霜叶一片
古往今来，令人倾醉
大将仰啸，墨客低吟
千古绝句，行云流水
我爱红枫，红枫爱我
逢秋必晤，年年岁岁

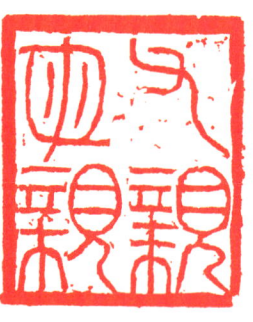

父亲·母亲

父亲，依然是慈祥的眼神
母亲，依然是温暖的怀抱
你们的音容长相追忆
你们的恩德无以回报
你们的呵护精心而又无私
你们的教诲是传世的财富

秋天来了，
枫叶红了，
红得似霞，
红得如火。

吾妻爱红枫

她有一个苦难的童年
枫树下，抹去弟弟脸上的泪
红叶寄托着姐弟俩对生活的希望
今秋她又在树下寻找记忆
弟弟心爱的红枫被西风送上云天
她则把一片落叶珍藏心中

残阳如血

不在乎活多少岁
而在乎活着时干了些什么
回首往事
有多少喟叹，有多少感悟
多行些善事吧
就会少留些遗憾

读书乐

昏昏台灯，淡淡茗香
书把我引入神圣殿堂
沿着自己人生轨道
追逐时潮沉浸遐想
无须为失去机遇惋惜
不必为碌碌无为懊丧
书能使人精神升华
让我们一起来共享

脚踏实地

一步一个脚印
能从没有路的地方走出路来
人生短暂，来去匆匆
只有心路，没有足痕

相濡以沫著华章
记作家贾华岳、华荫庄夫妇

贾华岳，1933年生于如皋西北乡黄蒲庄。一个大地主家的"二相公"，11岁就考取苏中军区抗日第一临时中学，投身革命。1948年他从如皋中学（现为国家级示范高中）结业后，1949年由华东军管会开介绍信去中国人民解放军第九兵团第一期干校报到，驻守在上海（宋时轮上将时任第九兵团司令员兼上海警备区司令员），1950年第一批入朝参战。

两片白参见深情

1950年冬，中国人民志愿军第九兵团机关驻守在朝鲜北部江界盛芳洞附近。第二次战役发起前夕，贾华岳突然接到命令，命令他到司令部报到，为宋时轮司令员抄写作战文书。他跟着宋司令的特务长，踏着满地的冰碴积雪，一步一滑地向兵团司令部前进。宋司令住在一个紧贴山脚的很大的防空洞里，防空洞是用就地砍来的大松树圆木修建的，相当坚固。洞里分内、外两间，外间住警卫员，里间是司令员的办公室兼卧室。室内设备简陋，只有一张用松木段架起来的小床和一张用木板钉起来的小桌。一会儿特务长拿来一份文稿交给他，约莫五六张纸，要他迅速誊清，并再三叮嘱："这是绝密材料，对谁都不许说它的内容，千万要记住！"文稿十分潦草，很多字辨认不清。他坐在小床上就着小桌费力地辨认着，迅速抄写着。抄着、抄着，上下眼皮打起架，眼睛渐渐模糊起来。难怪呀，半个月来，紧张的战前准备，实在太累了，坐下来时间一长，怎么也抗不住阵阵袭来的倦意，他竟伏在桌上睡着了。也不知过了多长时间，突然觉得有人在拍打肩膀，他惊醒了，恍惚中，有一个人捡起散落在地上的纸和笔。揉了揉惺忪的睡眼，他一下惊呆了：这不是宋时轮司令员吗？啊，我怎么就睡着了，任务还没完成哩！等着挨批吧，如果误了事，杀头也挽回不了损失。司令员见他醒来，把纸和笔重新放回桌上，微笑着说："小鬼，是从电话排来的吧？怎么在我这里架起这么多的电话线和电线杆呀！"他眨巴着眼睛说："报告首长，我不是电话兵，没干过架电线工作。"司令员没有责怪他,反而十分怜爱地说:"小鬼,你的字写得很认真,很清楚,笔画横平竖直,横笔就像电话线,竖笔就像电线杆,你这不是在竖杆架线吗?哈哈!还有半张纸,写好赶快去休息吧,你太累了。"司令员又要警卫员拿来两片白参交给他,说:"快把这两片白参含在嘴里,五分钟后拿出来用干净纸包好藏起来,留以后有急事疲劳时再含,记住吧?"贾华岳曾听说,白参是金日成将军送给志愿军首长的野山参,是首长的保健品。首长的保健品他怎能用呢?他赶忙站起来说:"首长,这是您的保健品,我不能用。"宋司令严肃地说:"不行,你得执行命令!"说着就把两片白参送进了他的嘴里。他顿时感到心里一阵激动,精神振奋起来,目光格外清亮,迅速拿起笔抄写文稿,不到半小时,便完成了第一次抄写任务。宋司令拿着誊清的文稿满意地笑了。从此,贾华岳就在宋司令身边抄写文稿,多次得到司令员的表扬。一直到第五次战役结束他才离开宋司令员,奉命到五十九师秘书科工作。

文友相恋结伉俪

朝鲜停战协定签字以后,志愿军胜利返回祖国。贾华岳随军回到上海,不久转业到上海一家大型纺织厂任工会宣传主任兼俱乐部主任。他负责工会宣传和文艺工作,经常要写文稿,由此,他和文学打起了交道,并爱上了文学。在老一辈作家罗洪的指导下,他写下了十多万字的文学作品——散文、小说。

搞宣传、写文章,贾华岳经常要到单位的各个部门、各个车间了解情况,收集素材、采访先进、组织文稿。这时一个小姑娘进入了他的生活。她就是华荫庄,在厂团委宣传部负责黑板报工作。

华荫庄,常州人,出生于名门望族,母亲也是大家闺秀,本来有一个美满幸福的家庭,由于日寇侵华,生灵涂炭,家破人亡,父亲被日寇毒打致死,孱弱的母亲靠着给人洗衣、倒马桶苦苦撑持着,将几个嗷嗷待哺的儿女养大。为了帮助母亲,减轻家用,上小学三年级12岁的华荫庄辍学到上海纱厂做童工,受尽了拿摩温(工头)和厂主的折磨,落下了一身疾病。坚强的她和厂里的姊妹们凑了一首快板:

拿摩温 欺负人 随口骂 随手打 兔子尾 长不了

到那天 算总账 众姐妹 一条心 不怕你 不讨饶

快板贴在厂里黑板报上,吸引了许多工人观看,大家都说写得好,真解气,有的人竟把快板背熟了,有机会就念就唱,这就是她的第一首"诗歌创作"。

可是严重的肾病得不到治疗,她病得奄奄一息。

解放后,厂工会让她住进了上海南洋医院。经过一段时期的治疗,她的病得到有效的控制,她带着笑声、歌声离开医院,回到了姐妹中间。她边劳动、边自学,天天写日记,也爱上了文学,经常写写涂涂。

贾华岳、华荫庄因工作关系经常接触,共同的爱好让他们越走越近,修改文章、探讨文学,两个年轻人走到了一起。相识、相知,日久生情,两颗年轻的心碰撞出爱情的火花,他们相恋了!有情人终成眷属,他们走进了婚礼的神圣殿堂,结成伉俪。婚后相互鼓励,努力工作,华荫庄也成了工人阶级先进分子——共产党员,并被提干。

患难时刻相搀扶

1957年厄运降临。贾华岳因为秉性耿直,在"大鸣大放"中讲了几句真话,加上他出身地主家庭,于是被打入另册。他从科室贬到了车间、农场劳动,"脱胎换骨"。车间里最重最脏的活儿要他去干,常常肩扛粗纱蹒跚在纺纱车间,文弱的书生只能咬紧牙关坚持着。下班以后,拖着疲惫的身躯回到宿舍,为了他的文学梦,又孜孜不倦地耕耘,直到趴在桌上睡着。

华荫庄不顾政治压力,经常和他在一起研讨文章、切磋学问,这给他冰冷的心添加了暖意。他们相互安慰着、勉励着,度过这漫漫长夜。可是在那个年代里,谁又敢发表他的文章?他的一篇篇小说、散文除了让心上人品读外,只得锁进抽屉。

之后,在那个"特殊年代"里,更使贾华岳几乎"没顶",他被关押、拷打,刑讯逼供,备受煎熬,就连童工出身、他心爱的华氏姐弟也难逃厄运。

华荫庄有一个小弟叫华迪平,是一个饱受旧社会磨难摧残的少年,是一个对共产党、对新社会无比感激、热爱的青年。迪平从北京工业学院(现为北京理工大学)毕业后,被挑选到解放军总后勤部军械部从事尖端武器(导弹)研究,他和战友们攻下装备科研的难关,受到敬爱的周总理的检阅。但是,在那个"特殊年代"里,年仅30岁的迪平弟弟被迫害致死,一颗未来的科技将星陨落了。

华荫庄深知自己在苦海里泡大的弟弟是党和人民培养的,他刻苦学习,努力工作,为国防科技事业的发展贡献了一份力量。她多次写信向有关部门申诉,要求查清弟弟的死因。华荫庄的反抗,更激怒了施暴者,他们伙同上海的爪牙,把华荫庄关押起来,受尽折磨,最后被送到安徽白茅岭劳改农场,度过了数年的囚徒生涯。

华荫庄因在劳改农场，贾华岳关在单位牛棚，三个年幼的孩子伴着年迈的外婆，靠着父亲每月42元的生活费，艰难地撑持着。

贾华岳带着一身伤痛，终于走出了牛棚。他一走出牛棚，又带着家人继续申诉上访。他的申诉材料经总后勤部贺诚副部长之手直呈刚复出的邓小平同志。在邓小平同志的干预下，总后勤部不得不给华迪平等人平反，追认为革命烈士。1975年12月24日在北京八宝山革命公墓举行了华迪平烈士骨灰安放仪式。

此后，北京总后勤部领导多次与原上海市委"华荫庄专案组"联系，要求释放受牵连的华荫庄。从北京归来的贾华岳第一件事就是带着12岁的儿子贾文，去安徽白云山劳改农场探监。这时的华荫庄被病痛、饥饿折磨得皮包骨头。在好心的管教干部安排下，贾华岳从干部食堂买来食品，华荫庄一下吃了三碗粥（三两）、三个馒头、两个咸鸭蛋，似乎还没有饱。贾华岳潸然泪下，她在家里最多吃一两粥、一个馒头啊！为了让华荫庄增加点营养，贾华岳第二天清晨又跑了几十里山路到山村里，用嘴里省下的几包上海户口计划烟向村民换来几斤花生、虾干带回农场。山里的天气，孩儿脸说变就变。回去的路上，天公不作美，下起了倾盆大雨。山路泥泞，他连爬带滚，像落汤鸡一样回到劳改农场。华荫庄看到浑身泥水的丈夫，心里在滴血，怎能咽下那美味的花生、虾干？

1977年华荫庄终于获释，可是他们的冤案仍然平反无望。他们冒着再次被关押的风险，又重走上访路，到北京申诉。可是曾帮他们申诉的总后勤部贺诚副部长因病住进301医院。正当他们走投无路时，中顾委常委宋时轮将军得知小贾的处境，拍案而起，亲自为他们将申诉信送交有关部门领导批示。在党中央的直接干预下，上海市委终于给贾华岳、华荫庄彻底平反，恢复工作。

离休著书诉衷情

历经寒冬的人才知春天的温暖，平反后的贾华岳夫妇，全身心拼命扑在工作上，废寝忘食地弥补失去的时日。在宋时轮将军的鼓励、支持下，华荫庄又重新拿起了笔，撰写纪实性自传体小说《童年的梦》。她时刻记住宋将军的教导："应该写，要让后来人记住：忘记了过去，就意味着背叛。"不久贾华岳离休了，人离休了，思想可没有离休。他协助妻子整理修改文稿，小说终于在 1994 年问世。小说用血泪的文字真切地描述了她童年的家庭遭遇和悲惨命运。作品受到社会的欢迎，特别是青少年，许多学校、青少年文化宫邀请他们夫妇去举办读书会、作报告、签名售书，取得了良好的社会效益。1993 年宋时轮将军辞世，军事科学院决定出版《宋时轮纪念文集》《宋时轮军事文集》，编委会委派贾华岳为上海地区编辑、组稿特派员。他全力以赴组织稿件，撰写文章，一些老首长年事已高，他主动协助整理文字工作。上海地区为文集编选了 10 多篇有分量的稿件，如中国军事科学院外国军事研究部部长、第二军医大学校长、党委书记粟亚，上海警备区副司令员、安徽军区司令员余光茂，上海警备区政治部主任何振声，上海海军基地副司令苏荣及上海市委副书记陈沂等革命老前辈的回忆录，保证了纪念文集能如期出版。

在这一时期，贾华岳夫妇又共同出版了诗印集《老兵印存》。这部由贾华岳篆刻、华荫庄配诗的作品，收集金石篆刻作品 128 帧，配诗 128 首。印章用刀粗率自然，朴实无华，章法饱满、端庄，直抒心臆；诗歌深含对祖国、对事业、对亲人感人至深的爱。诗印相配，珠联璧合，琴瑟和鸣，达到至臻至美的艺术境界。书刊的装帧古朴典雅，真可谓是一部不可多得的艺术珍品。

贾华岳夫妇的文思一发不可收拾，2003 年华荫庄又出版了千行长诗集《思念》。全诗用一种发自肺腑的呐喊，一种一泻千里的热情，一种催人泪下的哀愁，尽情抒发了对母亲和弟弟的忧思和怀念。长诗是用血泪铸成的诗魂，可谓字字句句滴血溅泪，句句都是虔诚的祭拜和叩首。

贾华岳 2003 年也出版了小说、散文集《冬天的暖流》。这部文集凝聚着他对老一辈无产阶级革命家——宋时轮将军无限的爱戴与尊崇之情，那是人间最美好、最高尚的革命深情啊！读来撼人心扉，催人泪下。文集还收集了他在 20 世纪 50 年代在老作家罗洪指导下写的一些作品，这些散发着浓郁生活气息的作品流露出他对新社会、对工人阶级的深沉的爱。我们从这些作品中也可以窥见他初涉文坛时稚嫩的足迹。

贾华岳夫妇都已年过 70，何况他们身上还留下了"文革"时期的伤痛，两人身上加起来有四五个肿瘤，但这些都不能摧垮这两位坚强老人的意志，他们以旺盛的精力工作，每天清晨三四点钟即起床，一直到午休坚持笔耕不辍。用他们的笔把所有的爱和恨、苦和乐、经历和感情、奋斗和理想，在稿纸上宣泄出来，写人生坎坷，写那非常时期的非人生活，终于凝聚成 80 万言的长篇巨著《沧桑》。他们的勤奋和执着，他们的认真和忘我，感动了所有认识他们的人。

他们的努力,得到了人们的肯定。如今,贾华岳夫妇都是上海作家协会成员。

此文摘自南京大学出版社出版的江苏省如皋中学校友风采录《风雨集》,作者:龚德。

注:龚德,1929年出生,1945年参军,中共党员,《解放军报》记者、编辑,中国作家协会会员,曾任江苏省南通市文化局副局长,南通市文联主席。

父母日常最喜欢的事,是在知识的海洋里荡漾,汲取营养。

写作是陶冶情操、净化心灵的过程。通过一字一句的书写,使父母的人生更加丰满,更有价值。

夜深了,一天的忙忙碌碌之后,终于可以想些什么,写些什么了……

2007年11月21日，文陪父母参加上海市作家协会第八次会员大会。

父母与邓伟志

父母与叶辛

2013年9月23日,泽陪父母参加上海市作家协会第九次会员大会。

时光缓缓前行,父母渐渐变老,在这个让我们哭和笑的人世间,留不住永远的生命,但能记录下永恒的瞬间。

2018年12月17日,黎、泽、文、好好(孙)陪父母参加上海市作家协会第十次会员大会。

尝尽酸甜苦辣,我们会发现变老是一种风景,即使退休,也有我们仨专属的快乐和幸福陪伴父母。

父母、泽、文、好好看望著名文学家罗洪。

上左图：母亲与王裕如（心理学家）合影。

上右图：父母与余秋雨夫妇合影。

中左图：母亲与同事吴佩瑶（诗人）交谈。

下图：父母和家人与罗希贤、吴觉明、张一群合影。

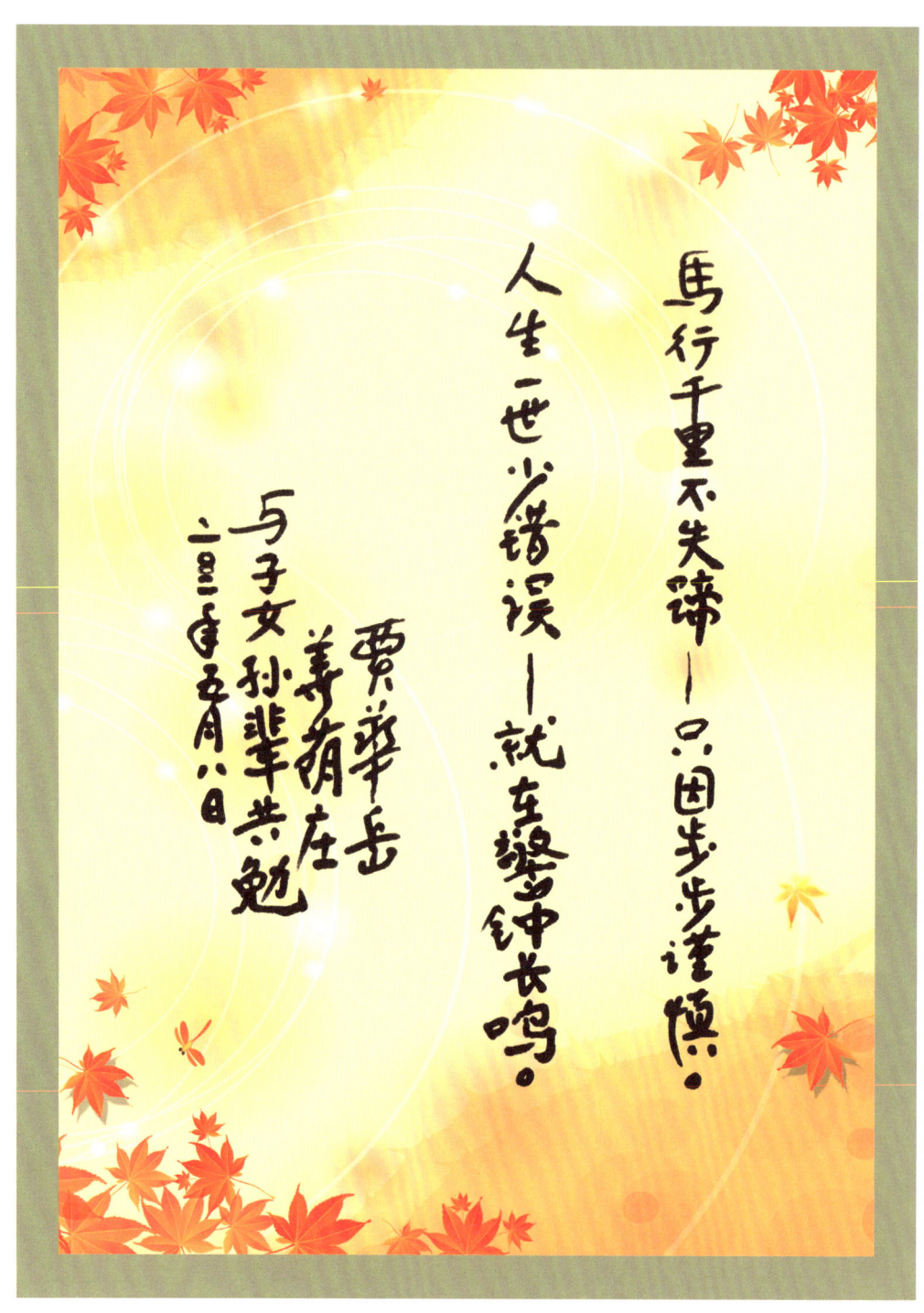

父母给子女、孙辈题写的警句。

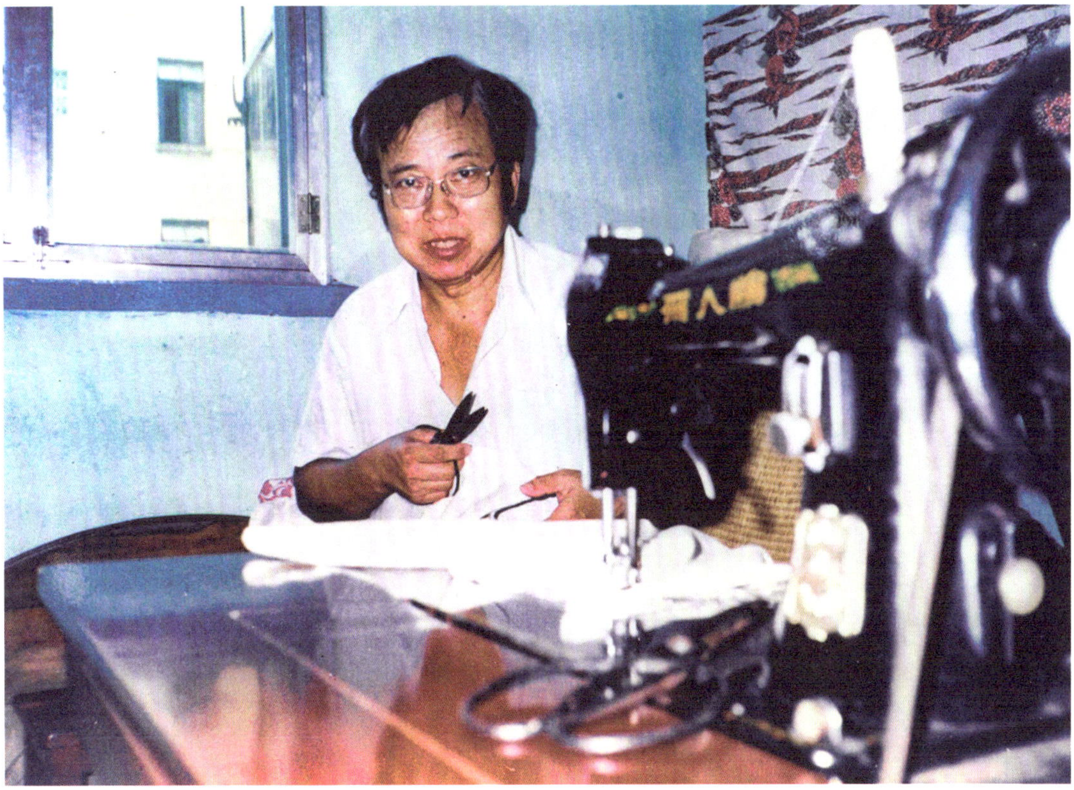

慈母手中线和布,缝缝补补又三年!严父手中的小剪刀和身旁的缝纫机,在对儿孙们述说:要勤俭持家过日子。

母亲爱意浓,父亲情义深。

同心同德，幸福相随，
情比钻坚，爱将永存。

母亲正在弹奏《可爱的家》。

母亲,您是一堵墙,为我们挡风避寒,您是一棵树,为我们遮阴乘凉。

人生漫漫，初心不改。
正心正念，敬天爱人。

岁月添华发　恩爱犹青春

一路走来,母亲是一位具有感染力的榜样,女儿以您为自豪。

时光荏苒，岁月如梭，蓦然回首，父母已早生华发，我愿陪伴你们慢慢变老。

舐犊情深，血浓于水，
骨肉之情，寸草春晖。

父恩比山高
母恩比海深

但愿经历的岁月，是温润如玉的美好。

母亲站在人民英雄纪念碑前,越发感受到岁月的厚重,使命的神圣。

万里长城是中华民族的骄傲与象征。父母虽然多次到过长城,但故地重游,心中仍然激情澎湃。

1991年—1994年间，父母多次前往深圳这座充满活力的城市。这里气候宜人，蓝天白云，海天一色，红花绿叶。还有那些乔、灌、草、花科学配置的绿化带，以及庭院式的造型，无不让人惊叹其精美与别致。

天有阳光海有浪
心底无私天地宽

2004年秋，黎、泽和朋友奇明陪同我们的母亲参观梁平波先生《走进西藏，走进雪山》的画展。

父母来到黄浦江上第一座跨江大桥——南浦大桥。极目远望，心情大好。拍照留影是必须的！

春回大地的2003年3月，父亲为大病初愈的母亲献上了心中的玫瑰。祈愿生活平安，岁月静好。

著名人物画家罗希贤为贾华岳、华荫庄所作《南无观世音菩萨》。

父母一路走来，经历了坎坷和风雨，但他们的感情坚如磐石。

2001年的冬季，父母在黎和牛儿的陪同下，来到了海南岛。

这里没有春暖花开、细雨绵绵的含蓄；也没有秋风瑟瑟、落叶飘零的悲壮；更没有冬寒陡峭、白雪皑皑的苍凉。常年鲜花盛开，四季如夏。

那些天，太阳总是抽空出来陪伴着我们，充足明亮的阳光，让父母神采奕奕，心旷神怡。

今天是2000年的5月20日，儿女们为我们创造了"新、马、泰"十一日游。谢谢你们了！我们将十分珍惜这个时光。

执着，拼搏，拼命了半个多世纪的我们得去"境外游"了。

（摘自母亲"新马泰"游记）

母亲在"新马泰"旅游时写的游记手迹。

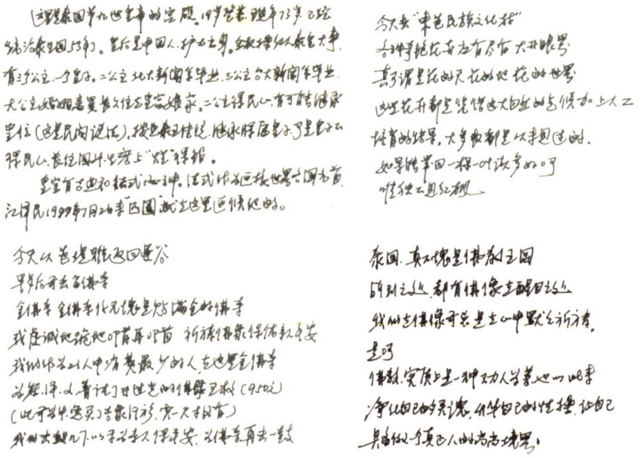

母亲在"新马泰"旅游时写的游记手迹。

泰国，真不愧是佛教王国。所到之处，都有佛像在醒目之处。我们在佛像前总是在心中默默祈祷。（摘自母亲写的"新马泰"游记）

父母喜欢用镜头记录岁月，以脚步丈量人生。对他们来说，摄影是心灵的净土，是心灵的寄托。

徜徉在千姿百态、姹紫嫣红的花海里,令父母亲目不暇接,流连忘返。

愿得一人心,白首不分离。

2002年8月父母在中哲、泽、兔儿的陪同下，来到了新疆。这是一块阳光宝地，在这片浑厚的土地上，充满了无数动人的传说。它的景色是粗犷的，天那么高，地那么广，山那么静，水那么秀，一切都朴实无华，浑然天成。

2002年8月，中哲、泽和兔儿陪同父母游览了祖国西北充满阳光的新疆。这里，明镜似的湖泊，壮丽的雪山雄峰，辽阔的戈壁沙漠，一望无际的大草原，热情好客的少数民族，让年迈的父母神清气爽，流连忘返。

人间正道是沧桑，
美好的生活向前看。
（天山脚下之一）

吐鲁番、楼兰古城、天池、那拉提草原留下了我们最美好的记忆。（天山脚下之二）

2005年秋季，父母在黎、文一家的陪同下，来到了祖国的第三大岛——崇明岛。

半个多世纪前，不到而立之年的父亲曾经作为垦荒者，在那里"劳动改造"了两年多……

大江东去浪淘尽，千古风流人物，还看今朝。

父母边弹边唱
永奏知音乐章

父母恩难报,他们给予了我们一生中不可替代的——生命!因此,孝顺父母要及时,让我们用心去感恩。

父母亲的爱,撑住了我们仨人生的底气。
随着时光的流逝,我们越来越体会到,很多事情是不能等待的,尤其是父母亲的岁月。

2006年，中哲陪同父母去了陕西。

父母先后游览了延安、兵马俑博物馆、大雁塔、钟楼、碑林、乾陵等名胜古迹。这座十三朝古都，真不愧为闻名中外的文化古城。

琴瑟永谐千岁系
芝兰同好百年春

区里为金婚五十年的父母拍摄了一组艺术照。

杜鹃花映红了年过半百母亲的脸庞。

时间的伟大,在于它可以见证一切真实与浮华!这个世界没有偶然。

六十年牵手,风雨同舟情相依;
六十载同心,相濡以沫爱如歌。

世界上最宽阔的是海洋，
比海洋更宽阔的是天空，
比天空更宽阔的是人的胸怀。

路漫漫其修远兮
吾将上下而求索

以简单的心态来看待这纷繁的世界，
那么我们看到的一定是最美的风景。

二人一心，白首不离，
是父母婚姻的真实写照。

父母是属于那种非常容易满足的人！他们不怨天，不尤人，他们坦然面对生活赐予的一切。

走过艰难的昨天,我们无怨无悔,珍惜幸福的今天,我们心怀感恩。

凡事不要等以后,凡事也别奢求重来。拥有当下,才是王道。

天色将晚，灯火阑珊，游轮作短暂的停泊，此刻黎拿起相机为父母和泽留下了幸福温馨的瞬间。

父母因恩爱而精彩，儿女因感恩而幸福。

伟大的母爱如同一潭湖水，柔波荡漾；深沉的父爱如同苍茫的草原，广阔无垠。女儿的成长饱含着父母的辛勤养育，谢谢你们——亲爱的爸爸、妈妈！

用宁静的心来领悟，用平常的心去生活，用包容的心来善待，用感恩的心去对待身边的一切。

岁月静好,阳光明媚,栉风沐雨,春华秋实。

眼前的卡通玩具,让童心未泯的父母心情超好。

我们曾经历过人生的至暗时刻,几多悲伤,几多软弱。当我们熬过太多的苦难岁月后,再回首,会发现当年咽下的辛酸和泪水,早已成为了一身铠甲。

北蔡,父母和我们曾经在这里生活了近三十年,留下了太多的记忆,今天我们故地重游了。

上海世博会让世界看到了日新月异、无与伦比的我们伟大祖国美好的明天。

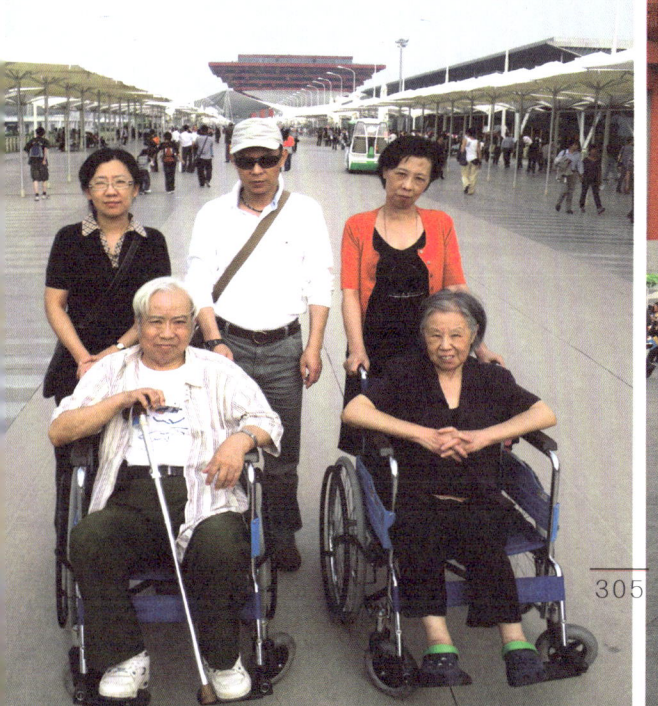

长大后的我们，忙着学习，忙着工作，忙着生活，忙得停不下脚步……然而，蓦然回首，我们的父母已经日渐苍老！

美满幸福，岁月俱增。
心宽似海，世事看淡。
百福皆来，内心安然。

万爱千恩百般苦
疼我熟知皆父母

秋高气爽，兔儿组织了一次长兴岛之游。我们仨陪伴父母兴高采烈地摘了很多橘子。

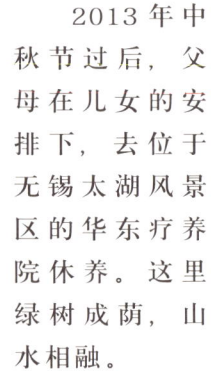

2013年中秋节过后，父母在儿女的安排下，去位于无锡太湖风景区的华东疗养院休养。这里绿树成荫，山水相融。

父母怀抱着第一个第四代小正熙，笑开了怀。

在疗养期间，我们经常会去看望，父母每天都生活得很开心。

第二年，2014年的初夏，父母又一次来到了景色秀美、依山傍水的华东疗养院。在休养期间，父母的生活很有规律。在阳光的沐浴下，他们会在清晨去看日出，会在傍晚去小池塘给鱼儿投食，精神非常放松。

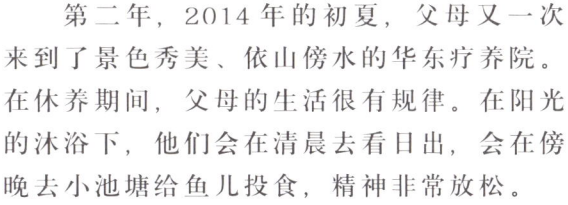

父母住在华东疗养院期间，母亲写的笔记摘录。

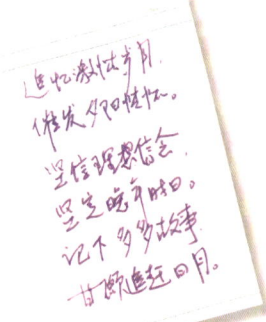

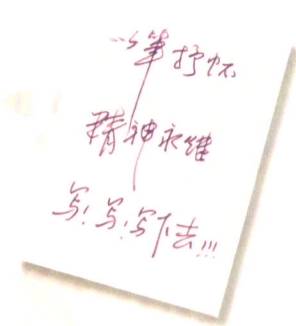

追忆激情岁月，
催发夕阳情怀。
坚信理想信念，
坚定晚年时日。
记下多多故事，
甘愿追赶日月。

追不回的是光阴，
"抢"不走的是记忆。
紧抱"财富"——笔。

2014年7月11日

以笔抒怀，
精神永继。
写，写，写下去！！！

分别与黎、泽、文都通了电话。这是每日必须完成的计划。哪怕双方一声问候也是精神上的满足！！！在这个世界上，亲情是第一位的，除掉亲情还是亲情。特别是我们已进入生命倒计时了，要珍惜生命！！！

2014年8月3日

弹指一挥间，1973年8月8号已经远去41年了。

当年三十七岁的我，如今已经七十九岁了。就算能够活到九十岁，也还只有十一年，而这个十一年，就不能与以前的十一年相比了。就今年2014年与2013年相比，也相差甚远，最明显的是记性特别差。最简单的几个字也会写不出。所以强迫自己每天几行字一定要写！！！今天是立秋第二天，还比较凉快。

2014年8月8日

父母住在华东疗养院期间，母亲写的笔记摘录。

活着为什么？！为什么活着？！
是因为父母给了我生命。
活着就要去拼命，
去干一番能够成就自己的事业！
对我来说，
只能是写出我胸中的爱恨情仇……
归根结底一个字：恩！

要提高生命的质量，
就在于不停地为自己加油，
向前进，
向进步的人学习，
然后才能开足马力，
取别人之长，
补自己之短。
啃书本，啃报刊，啃笔杆，
啃，而不是吞。
一支，二支，三支，多支，越多越好。
知识就如爬山坡，
人生就如不断攀爬金字塔。

不要战胜你的对手，
要靠你的能力，你的才华，
让你的对手尊重你，佩服你，
直到被你深深折服。
由远而近……
我们都老了，
那一幕幕远去了，
可是没有忘记。
应该说胸中的火焰燃烧了，
谈不上火光冲天，
也算是大大的烧了几把。
远去的岁月啊，
那些人和事，
仿佛就在昨天。

2014年8月19日

母亲随笔之一

舍得与不舍得

在我人生刚刚起步，或者说是启蒙时期，在我刚刚拥有记忆时，或者说是人之初，我亲爱的外婆就给我留下了（至今70年）无论怎样也抹不去的记忆：

庄：外婆，你怎么都是挑不好的麻球和分成两个的油条买？

外婆：丫头啊（这是外婆对我的爱称），要知道，买东西的都是挑好的往篮子里放，多下来差的，难道麻球阿姨自己吃吗？不可能。麻球阿姨舍得每一天送一个麻球给科科吃，她自己不舍得吃一口呀！这叫穷帮穷……

如今我也75岁了。可是五岁时的我留下的人生最难忘怀的记忆，却随着越来越老更加清晰，70年以前我亲爱的外婆给我的教诲。

因此，在我的生命中，经常会自觉或不自觉地把自己也十分喜欢用的或吃的东西，放到别人的口袋里去。这样的结果，我十分高兴，心情轻松。

母亲随笔之二

蚂蚁搬家

"宁可吃蚂蚁千千万，不吃苍蝇一只脚。"

这是童年留给我的记忆。

这句谚语说明，蚂蚁对生命没有危害。

随着岁月无情流逝，童年的我已到了年逾古稀，对蚂蚁越来越有太多的想法：

小小的蚂蚁团队精神十分令人钦佩。一块又硬又大的骨头，在成群结队的蚂蚁努力下，竟留给了人类"蚂蚁啃骨头"的精神。一种不怕困难，非达到目的不可的精神！！也可称得上是可歌可泣了！

眼下，华荫庄与贾华岳又开始了蚂蚁搬家。（尽管我们争争吵吵，尽管我们各不相让，尽管我们固执己见）……尽管，还有许多尽管。然而我们在大是大非，在节约"一分钱"精神下，我们今天又开始一次蚂蚁搬家了。

2010年9月27日

母亲随笔之三

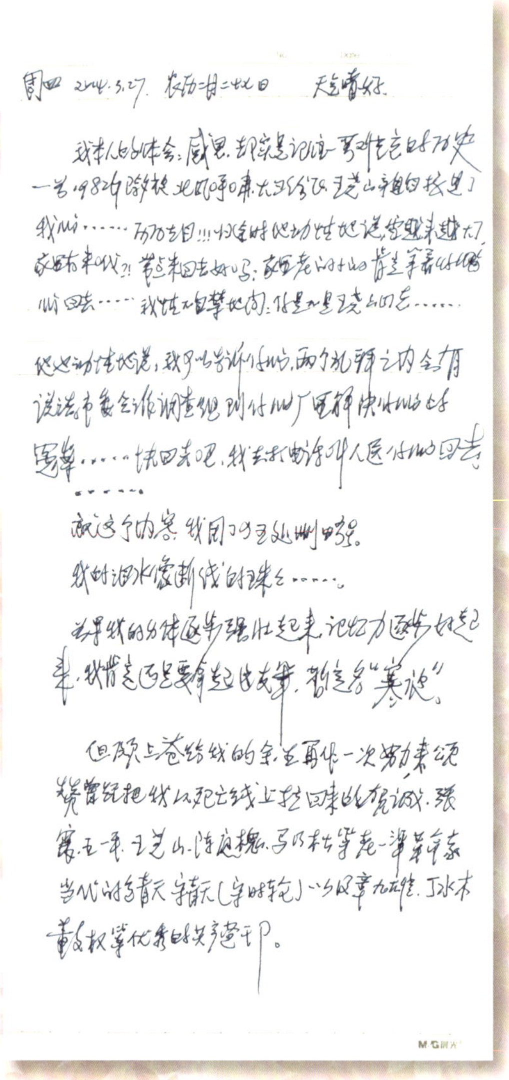

记住感恩

我本人的体会：感恩，确实是记住一段难忘的历史。

——如1982年除夕夜，北风呼啸，大雪纷飞，王尧山亲自接见了我们……历历在目！归途时他动情地说：雪越下越大了，家里有米吗？带点米回去好吗？家里老的小的肯定等着你们回去……我情不自禁地问：你是不是王尧山同志……他也动情地说：我可以告诉你们，两个礼拜之内会有说法，市委会派调查组到你们厂里解决你们的冤案……快回去吧，我去打电话叫人送你们回去。

……

我的泪水像断了线的珠子……

就这个内容我用了四五处省略号。

如果我的身体初步强壮起来，记忆力逐步好起来，我肯定还是要拿起这支笔，暂定名"寒夜"。

但愿上苍给我的余生再做一次努力，来颂赞曾经把我从死亡线上拉回来的贺诚、张震、王一平、王尧山、陈庭槐、马乃松等老一辈革命家，当代的包青天，宋青天（宋时轮）以及章九雄、丁水木、董文权等优秀的共产党干部。

2014年3月27日

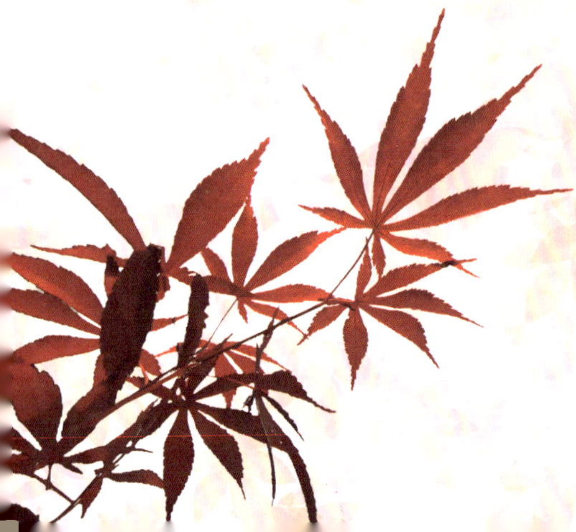

笑容，就是笑着包容一切的不完美。

在父母身边，我们永远是孩子。

感恩每一天
平安就是福
愿吉祥如意永伴父母

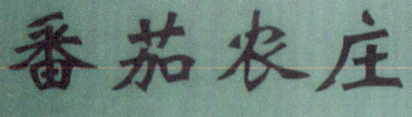

惟孝顺父母可以解忧

岁月的路值得回忆，相遇的人不能忘记。愿我们一起拥有平安、健康。

尊重历史，感恩生活。

让我们齐颂母亲生日快乐!

父母用心血哺育我们茁壮成长,我们用行动陪伴他们慢慢变老。

家是一种文化,
家是一段时光,
家是一种情怀。
感恩父母的养育,
感恩大自然的恩赐,
感恩食之香甜,
感恩苦难逆境。
　正是这一切的存在,才铸就了我们今天美好的生活。

让幸福健康同在,让吉祥平安相随。

在灿烂的笑容中定格,
记住这美好的时光。

永远有着陪伴在父
母身边的踏实和安心。

有你的陪伴，我不会感到孤独，让我们一起慢慢地变老。

面朝阳光,春暖花开。

沐浴在午后温暖的阳光下,仿佛身处世外桃源。

一杆在手,其乐无穷。

目标一致,牵手漫步在秋高气爽的清晨。

幸福就是迎着阳光，微笑会忘却所有烦恼。

我要牵着你的手，一起走到地老天荒。

陪伴是最长情的告白。

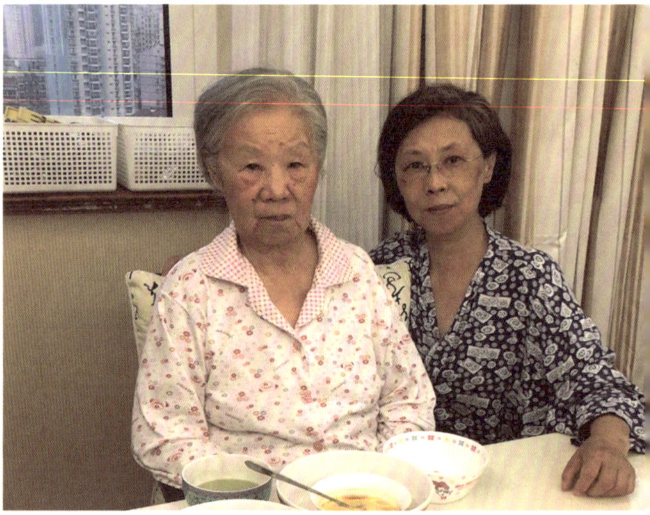

人生易老天难老，
岁月无情亦有情，
弹指挥间一甲子，
与子偕老真情在。

岁月的长河会渐渐浸没人的一切，但流逝的时间却难以清空记忆屏幕里收藏的如烟往事。也许一个闪回就能激活父母心中那些遥远的情感……

多少人用真诚或假意，爱过你的容貌和短暂的青春，但只有一个人，爱你朝圣者的灵魂，爱你渐渐衰老的脸上的悲戚。

父母的婚姻，经受住了时间的考验，六十多年来，他们相濡以沫，共度时艰。如今他们正在享受着生活带来的喜悦。

岁月在父母的脸上留下了深深的印记，如今的他们，生活在国泰民安的太平盛世。父亲常常会情不自禁地吟唱着他自编的小曲：想想、想想开心，越想越开心。

2018年秋，父母和黎、泽、文，中哲、韶菁、好好，在上海人民公园。

时光如水，斗转星移。经历岁月的洗礼，使我们懂得了，人生出现的一切都无法拥有，只能经历。无所谓失去，只是经过而已；亦无所谓失败，而只是经验。用一颗浏览的心，去看待人世间的一切得与失，隐与显，都是风景与风情。

这一牵手就是60多年，多么温暖，多么难得。

父亲对当年的上海"制高点"国际饭店情有独钟。他老人家说：今后我们每个月都要来这里举办家庭聚会……

行武出身，一向神情严肃的父亲，此刻面对他的第三代牛儿、君来，返老还童，笑容可掬，乐不可支。

感谢命运的眷顾，让我们成为了彼此的一生。

梅花香自苦寒来
阳光总在风雨后

每到春节,大蕙兰总会如约而至地来到父母家中。(2019年春节前)

2018年的除夕,从不喝酒的母亲,在儿孙的鼓动下,端起了红酒杯……

2019年初春,我们陪伴父母在复兴公园。

如今儿孙绕膝，这是生活对父母历经坎坷与磨难的补偿。

母亲，您是我的良师益友。

父母在儿孙们的陪伴下,沐浴着早春二月的明媚阳光,品尝美食,喝喝午茶,爱的暖流在心中涌动,生活是如此美好。

我们无法改变自然规律，但我们可以努力让陪伴多一点，再多一点；让遗憾少一点，再少一点……

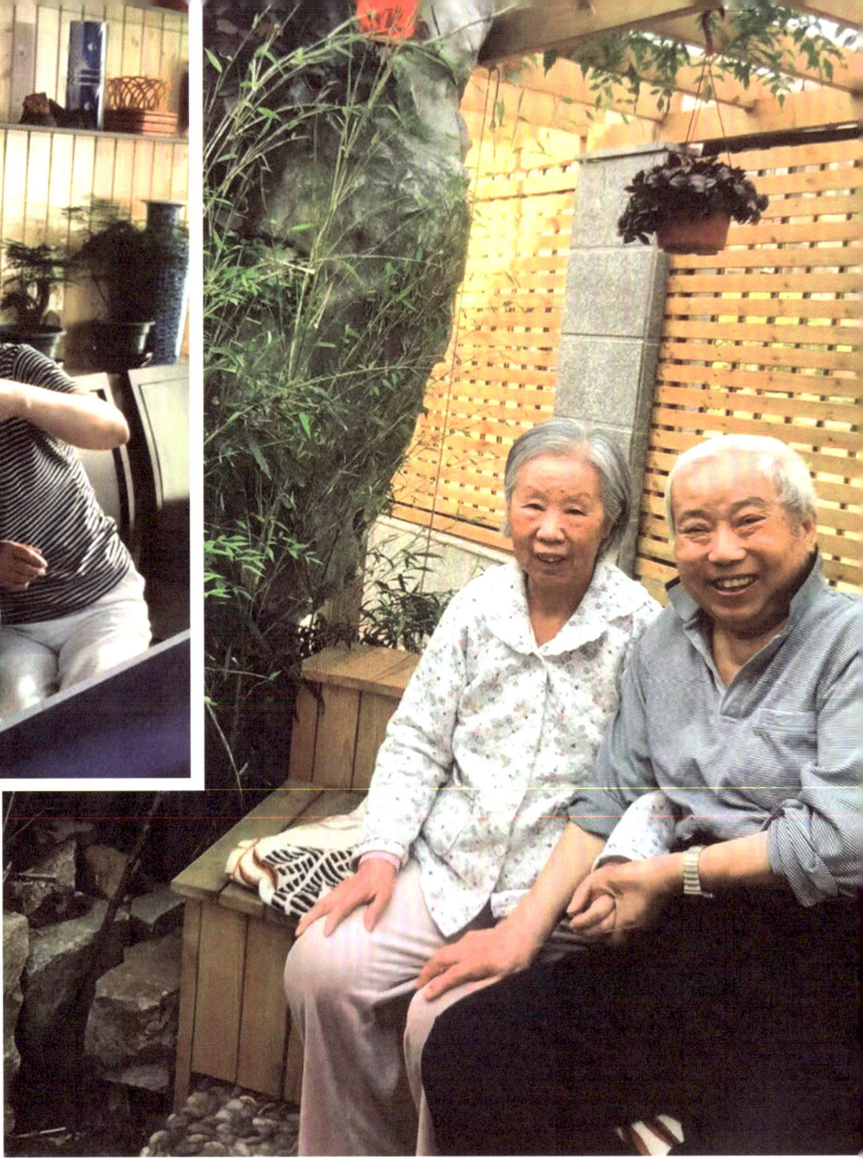

父亲挥拍乒乓，
母亲茗茶观看。

2018年国庆节后，在做了大量精心准备后，年迈的父母在儿孙的陪同下，踏上了赴北京的旅程。

这个春年，曾在20多年前，照顾过我们的外祖母。现在她又来到了我们家照顾父母亲。今天，她与我们一同去北京，开心地笑得像一朵花。

父母在我们仨的陪同下，游览了大型皇家园林颐和园。

我们仨推着父母在去往故宫的路上，引起了过路行人的注目，他们纷纷友善地与我们打着招呼。好好及时抢下了这个镜头。

在这举国欢庆之时,我们陪伴父母来到天安门广场和人民英雄纪念碑前,祝福祖国欣欣向荣,永远安康。

　　我们仨陪父母游览了距今五百多年历史的故宫，那天父母精神很好，参观游览了太和殿、中和殿和保和殿，还有北边的御花园。游览快结束时，父母提议，由贾一拿起相机，为父母和我们仨在故宫大门口合影留念。

在雄伟的天安门广场,父母手持国旗。历经沧桑的父母,永远深爱着这块养育他们的土地!

北京"鸟巢",以它巧夺天工、浑然天成的气势,成为了中国人的骄傲!

父亲在我们仨陪伴下，来到了一同参加抗美援朝老战友耿佃良伯伯的家。但遗憾的是，92岁的耿伯伯在我们到京前夕已与世长辞了。这是我们和他的夫人、女儿的合影。

我们仨陪父亲到当年同在装甲兵部队的老战友，年过九旬、双目失明的王家苗伯伯家，看望了他和夫人李阿姨。

雷渊深叔叔（曾任宋时轮上将的秘书、军制部部长、少将）在艰难的岁月里，给了我们很多关爱和帮助。

苦尽甘来，春华秋实。今天我们仨一定要代表年迈的父母，好好地敬雷叔叔一杯酒，祝他和夫人健康长寿，万事顺意！

在家附近的虹口公园里,母亲看着前面的景色,似乎又开始了新一部作品的构思……

"执子之手,与子偕老"。2018年11月中旬,父母在人民公园。

母亲喜欢竹子那种昂首挺立、不屈不挠的清纯之形、青翠之色、清幽之气。竹子的一生向人们展示着苍劲坚强的性格和高风亮节的风范。

每天清晨彩霞阿姨都会搀扶着母亲漫步在自家的小竹林中。

(摄于2019年秋)

父母怀抱着第二个第四代,今天正是小诗玟降生一百天,小不点依偎在太外公、太外婆的怀抱里,很温暖,也很放松,又很任性……

周围新生的绿色伴着热烈快乐的场景,一切都变得如此温馨美好。

太外公、太外婆和祖母祝福小诗玟百年百月百天,长久长顺长安。

父母的两件"小棉袄",都出生于酷热难忍的七月流火之时。这天正逢其中的一件"小棉袄"六十岁的生日,大家也都为她送上了祝福。

　　70年风雨征程，带来了今天祖国的繁荣昌盛。天高云淡，金风送爽。我们的父母苦尽甘来，沐浴在秋日温暖和煦的阳光下，今天接受了国家颁发的建国七十周年纪念章。他们感慨地对我们仨和第三代说：一个时代有一个时代的主题，一代人有一代人的使命，不变的是努力的姿态和实干的精神。

　　我们永远不能忘记那一天：1949年10月1日，国旗与太阳一同冉冉升起，毛泽东主席一句："中华人民共和国中央人民政府成立了！"中国人民从此站起来了，人民成了国家主人！在辽阔的中华大地上，一代又一代的炎黄子孙，用自己的聪明才智和勤劳的双手创造了灿烂的中华文明。（父亲身旁的一位是他单位负责老干部工作的张迪同志。）

2020年,是中国人民志愿军抗美援朝70周年。历史永远不能忘记:70年前刚入伍不久、16岁的父亲,跟随部队来到朝鲜,在九兵团司令员宋时轮身边从事机要文书工作。那一年,朝鲜遭遇了百年不遇的极寒天气,在长津湖战役极端困苦的条件下,冒着零下40摄氏度的严寒,靠着雪水伴炒面充饥,最后连干粮也断了……志愿军战士们忍饥忍寒,坚持到了战役的胜利结束。

今天,虽然窗外寒风凛冽,屋内却温暖如春。病中的父母硬撑着虚弱的身躯,艰难地从床上起来,迎接单位分管老干部工作的王思芳同志,她专程为父亲送来了以中共中央、国务院、中央军委名义颁发的"中国人民志愿军抗美援朝出国作战70周年"纪念章。

1954年3月母亲华荫庄光荣地加入了中国共产党

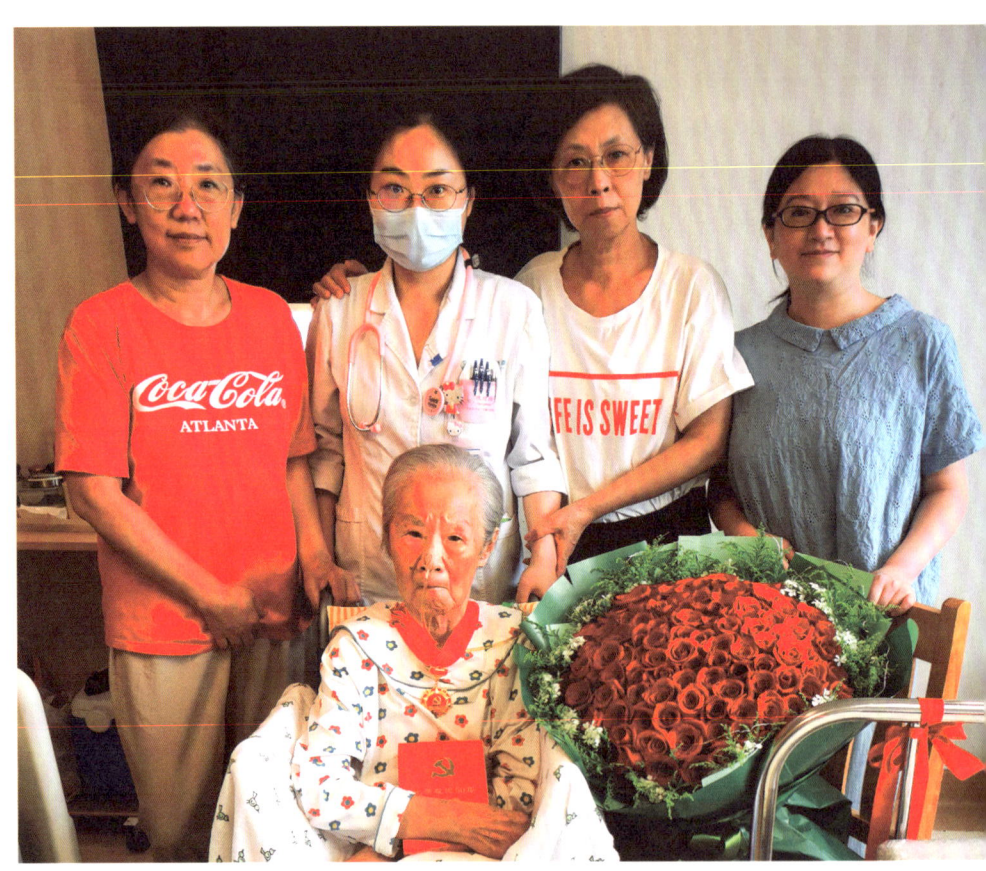

今天，母亲接受了中共中央颁发的"光荣在党五十年"纪念章。母亲于1954年18岁时入党。从68年前，在党旗下宣誓的那天起，她一生向党。不管经历了多少坎坷磨难，她始终把80字的入党誓词刻在骨子里，作为座右铭。不忘初心，牢记使命；为民服务，为党奉献，体现了一位中国共产党党员对党的忠诚。

此时，母亲正住在上海天佑医院，那位穿白大褂的是主治医生沈原。

心灵相约
岁月相守

护理日记

    一直以来，我都觉得自己与护理有缘。虽然离开临床工作已经有35年了，但是自从选择了护理专业，好像从来就没有离开过护理工作。

    我的父亲20年前就患有脑垂体肿瘤（因长在蝶鞍部，手术风险大，所以选择保守治疗），二型糖尿病，胆囊炎胆结石，老慢支、冠心病，低血压等基础性疾病。3年前又患上了免疫系统疾病——成人still病和体位性眩晕症，由于年事已高，病情复杂，加上长期服用激素，免疫力低下，如果不按时按量服药，就会发高烧，一旦高烧就会非常危险。近三年，已多次住进瑞金医院重症监护室（ICU），好在经过医护人员的全力救治，每次都是有惊无险，转危为安（院长都说这是奇迹）。为了更好地照顾父亲，我们制定了一份护理记录单，主要记录父亲每天的出入量，体温，血压，心率，氧饱和，详细描述饮食内容、服药的时间、大小便的次数和量、翻身的时间和朝向等护理情况。

    我的母亲2003年患重症肝炎，在市传染病总院巫善明院长亲自救治下得以痊愈。2013年患乙结肠肿瘤，在仁济医院行微创手术后，屡次复查相关指标均正常。2015年在华山医院确诊为帕金森综合症，虽然经多方面积极治疗，但病情还是没有得到理想的控制。

    为了更好地照顾父母亲，我们请了两位全职阿姨，加上我们子女轮流24个小时在家值班。一般不了解家里情况的人，走进我们这个家，会被眼前的一幕惊到：由于父母都是全护理老人，因此我们将他们分别安排在了两个朝南的房间居住，每个房间里都安置两张床，一张是父母睡的护理床，一张是阿姨睡的单人床，而我们子女则是在父母房间里打地铺或睡沙发。在每个家庭"病房"里，都分别摆放着空气净化器、氧气机、雾化机、血压器、指脉氧夹、血糖仪、温度计、轮椅等各种医疗和护理器械。2020年1月，母亲的帕金森综合症出现了吞咽困难，医生在征得家属同意后，给母亲留置了胃管。相较于父亲而言，照顾护理母亲要复杂得多。为了保证母亲每天能

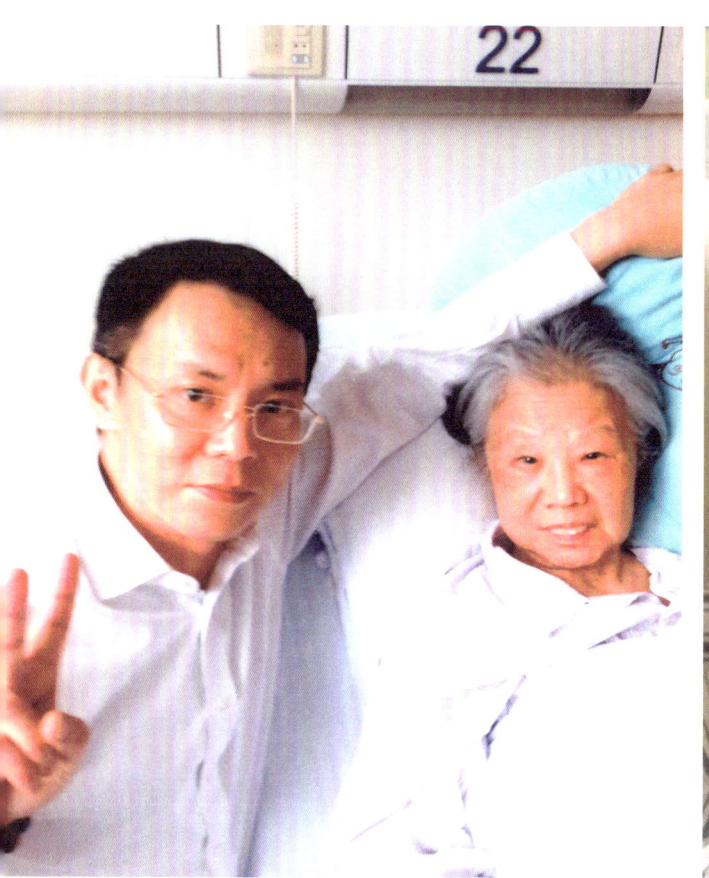

重症手术后的母亲，安全地度过了危险期。她的微笑总是那么慈祥和善，使陪伴照顾她的黎、泽、文感到温暖和欣慰。

定时定量、准确无误地摄入水分、食物和药物，确保一个个护理项目按照规范要求操作，我们也制定了一份《护理记录单》，每日一单，也称"护理日记"。这份记录单会根据病情状况的变化，在医嘱下做相应的调整，从2020年初至今，已经修改了40多次。其主要内容有：1.根据母亲的病情，测量血压，心率，氧饱和度，根据母亲的体重，制定餐食里的动、植物蛋白质，脂肪，碳水化合物，蔬菜，水果，盐的配比，以确保必需的营养。2.根据母亲的基础测量指标，食物消化程度，设定了餐食的温度、厚薄及总量，以及给水、给药、给果汁的时间。3.打胃管时抬床的高度设定在35度左右。打主食时，适当地抬高角度，速度在每分钟10ml。一顿餐食加冲水的总量在220ml左右，控制在30分钟左右打完。打药和水的时候，因为量少，角度可以适当稍偏低一些，否则容易出现呛咳。过程中，根据母亲所表现出来的神情，再确定是否需要做相应的调整。

帕金森综合症是一种慢性的进行性疾病，目前还没有办法加以治愈。随着母亲病情的发展，我们唯有做好以下各项护理才能提高母亲的生活质量。

第一，口腔护理。自从置入胃管后，口腔护理就成了一个关键的环节。除了早、中、晚三次基础的口腔护理以外，只要发现母亲咬紧牙关或者出现频繁的咀嚼状态，就说明口腔里有唾液或痰液积聚，必须立即清除，保持气道通畅。有时这样的口腔护理一天要进行七八次。

第二，记录出入量。这也是一项非常重要又比较困难的事情。母亲患帕金森综合症已经有6年多了，尿失禁后使用纸尿片也有三四年了。如何记录尿量？一开始是看尿片上尿湿的面积大小来估算，用尿量大、中、小来描述。置入胃管以后，为了保证进出量的平衡，准确记录尿量，我们购买了一个1kg规格的电子秤，把每次尿湿的尿片都在电子秤上称过后，扣除尿片的重量（干尿片每块一般为31克），即为单次尿液的量。母亲的大便，是在一天三次服用乳果糖，每晚服用便塞停和大便当日用两只开塞露，肛门热敷，揉肚皮的前提下才能排出。我们不仅要观察和记录排出量的多少和软硬质地，还要观察排便时的表情。准确记录尿量和大便情况，为医生治疗、调整药物和食物，提供了可靠的依据。

第三，皮肤的护理。因为母亲肌肉僵硬，自主活动能力较弱，每天卧床要20多个小时。每天下午会坐起来做按摩，泡脚，雾化，经颅磁治疗等。为了改善皮肤的血液循环，增强皮肤的抵抗能力，防止褥疮发生，我们必须做到每两三个小时翻一次身。每次翻身后必须拍背，以防止长期卧床导致的

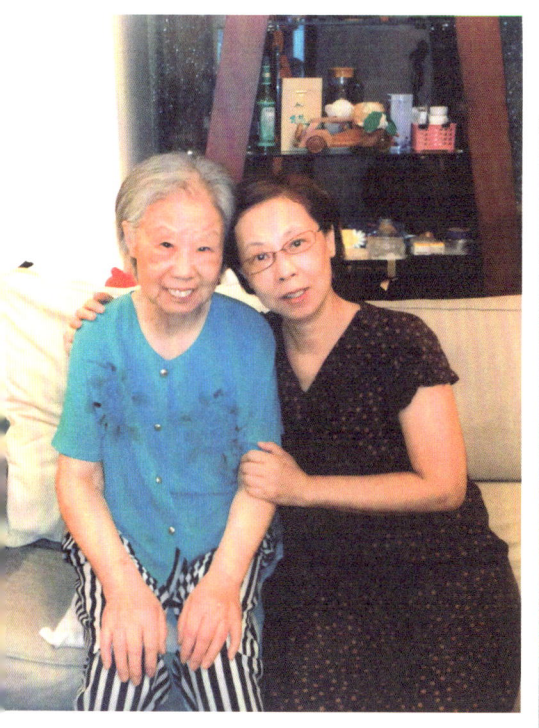

在你们需要的时候,
无论如何我都不会离开。

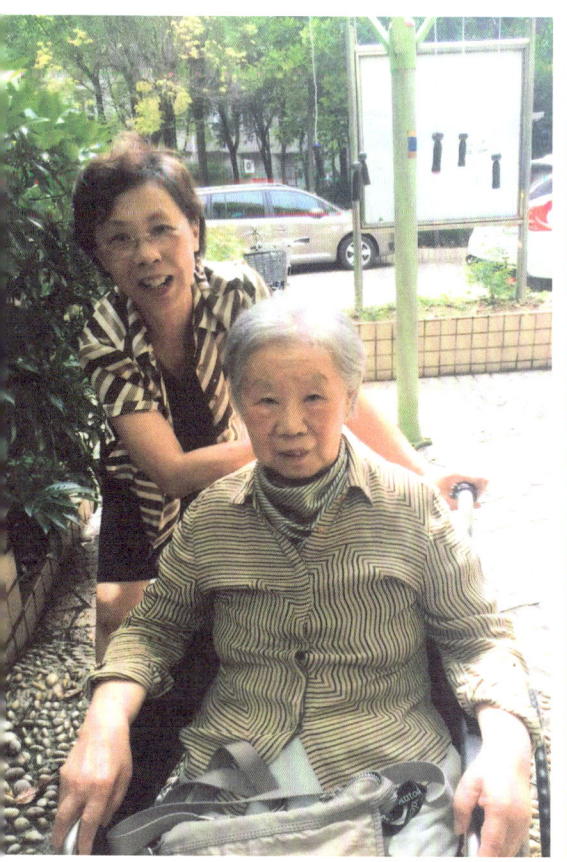

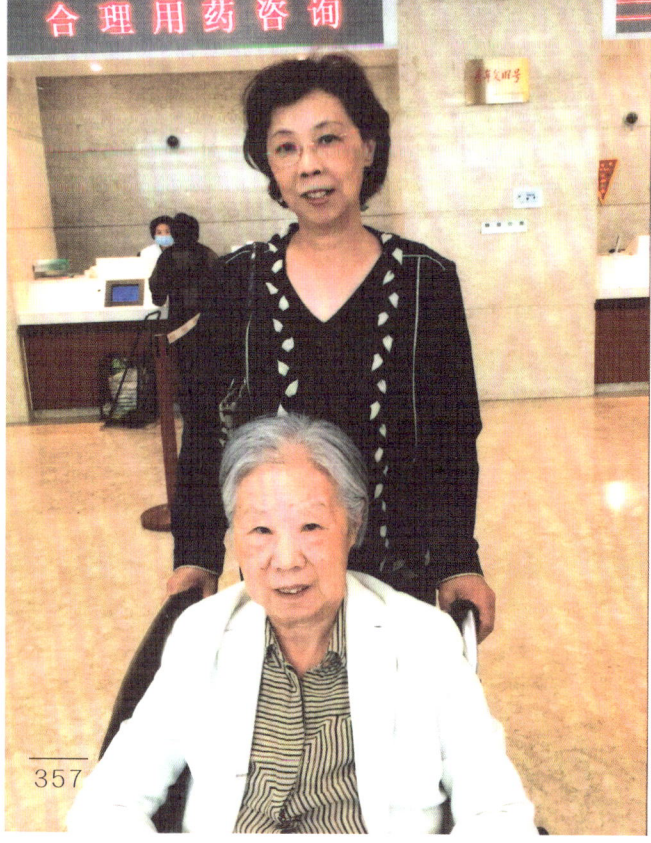

肺部感染。

　　第四，腹股沟护理。母亲因为植物神经功能紊乱，每个饭点都会出现不同程度的抽搐，并有不同程度的出汗，这时双侧腹股沟很容易被汗水浸透，如果不及时擦干就会形成湿疹。于是我们就动脑筋，想办法，除了涂赛肤润、达克宁粉剂、金霉素软膏以外，大姐发明了每天用"三水"清洗腹股沟两次。所谓"三水"就是用生理盐水、冷开水和开水掺和在一起的水进行擦洗。擦完以后，用电吹风吹干，每天坚持不懈。一个月以后，终于根治了顽固的腹股沟湿疹。

　　第五，营养餐的制作。早、中两餐有丰富的蛋白质（鱼，虾，鸽子，牛肉，猪肉，海参，鸽蛋，蹄筋等），晚餐相对清淡些。三餐共有 15 种蔬菜，8 种以上杂粮（黑、红枸杞，黑、白木耳，芋乃，薏米，藜麦，黄豆，核桃，红枣，山药等）。有时为了防止抽搐后大汗淋漓可能导致的电解质紊乱，我们就会及时添加水和在饮食中添加盐，还有香蕉、橙子等果蔬类食物。

　　第六，严格执行给药时间。母亲的帕金森综合症，最经典的治疗药物就是"美多芭"，严格"美多芭"的给药时间直接关系到它的吸收和作用，同时必须注意与蛋白质在时间上的隔离。于是我们严格执行"美多芭"饭前一小时饭后两小时服用的规定。合理安排一天四次的"美多芭"服用也是非常关键的，我们的时间安排是早 6:00，中 11:00，晚 6:00，夜 10:00，当然也会随餐食时间的延迟而做适当的调整。如调节心率的"比索洛尔"，每隔两天服 1/4 片，当心率低于 52 次 / 分则停服，这就要求服药前监测心率，不能遗忘。再如抗精神类药物喹硫平，每八小时 1/2 片，就必须严格执行。一旦错时，抽搐的时间和强度就会增加。

　　第七，鼻腔的护理。自从植入胃管以后，为了固定胃管，减轻胃管对鼻腔黏膜和皮肤的刺激，每天要清洁鼻腔和更换鼻贴。我曾经在一个老年护理院，看到鼻饲老人的鼻贴就会有一种莫名的难受。因为那里的老人鼻贴就用一块大大的胶布包在鼻子上。一点点都不透气，而且看上去有许多天没有更换了。一般的胶布不透气且长期贴在鼻部皮肤上，就会出现皮肤损伤，还容易堵塞毛孔，出现疹子。我们咨询了临床上工作经验丰富的护理人员，她们认为目前最好的鼻贴还是 3M 专用贴。于是我们用 3M 专用贴心剪出了各种有利于透气且造型各异的鼻贴，每天给母亲更换。其目的就是为了既能固定胃管又能保证透气性。

　　第八，《陪护父母安排表》及《护理记录单》。为了更好且有连续性地

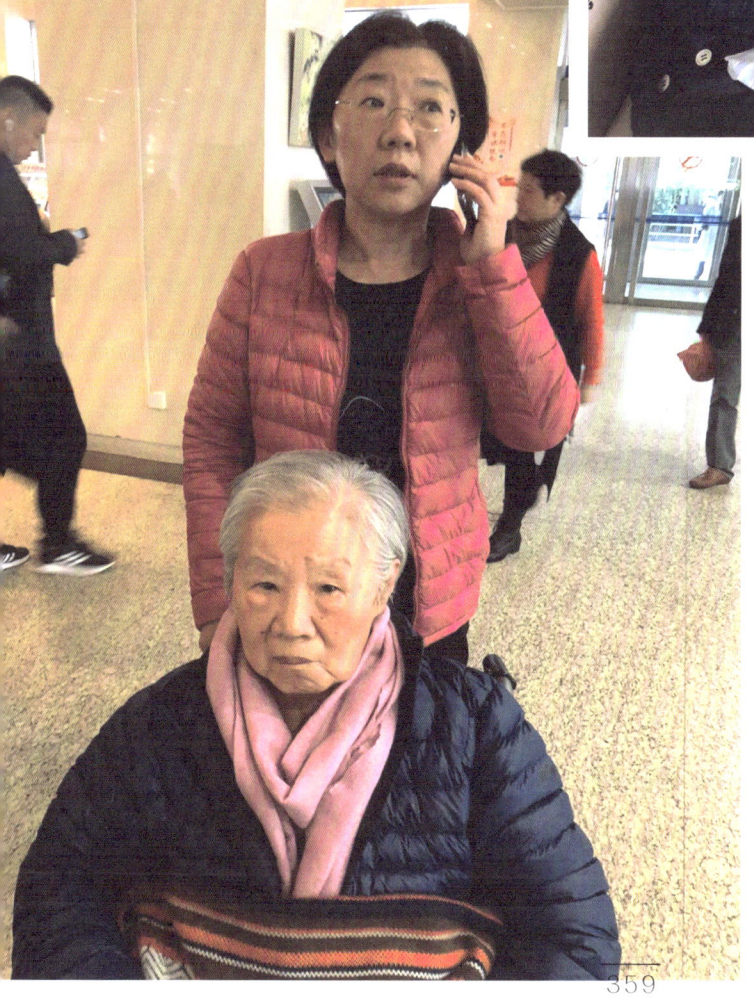

感恩上苍，在医护人员的全力救治下，父母一次次与死神擦肩而过。

护理好父母亲,我们分"黎、泽、文"三组,制定了《陪护父母安排表》。陪护五天,休息十天,遇到特殊情况及时调整。毕竟我们也都是60多岁的人了,精力和体力已经明显不如从前。一旦我们累垮,对父母亲的照顾就会出现问题。因此大家都严格遵守《陪护父母安排表》,非常有序地做好每一天的规定工作,并且认真地在《护理记录单》上写好"护理日记"。真是苍天不负有心人,目前,我们的用心得到了命运的眷顾,在悉心照料下,父母的病情稳定,看到他们红润的脸色,我们作为儿女的心里比啥都开心!

  大千世界,芸芸众生,人的感情都是相通的,所得到的慰藉也是相同的。父母之所以能得到子女的爱,是因为他们给予了我们生命、关怀、爱护和温暖。"护理日记"体现了我们子女对父母的一份感情,一份爱心,一份孝心,一份责任。"护理日记"以它独特的方式,全面而立体地诠释了父母与子女之间无法割舍的爱。我们还将一如既往,持之以恒,竭尽全力地侍奉父母,祈望父母能够长长久久地享受这盛世年华的美好时光,我们和儿孙也可以多多陪伴苦尽甘来的父母。

华 泽

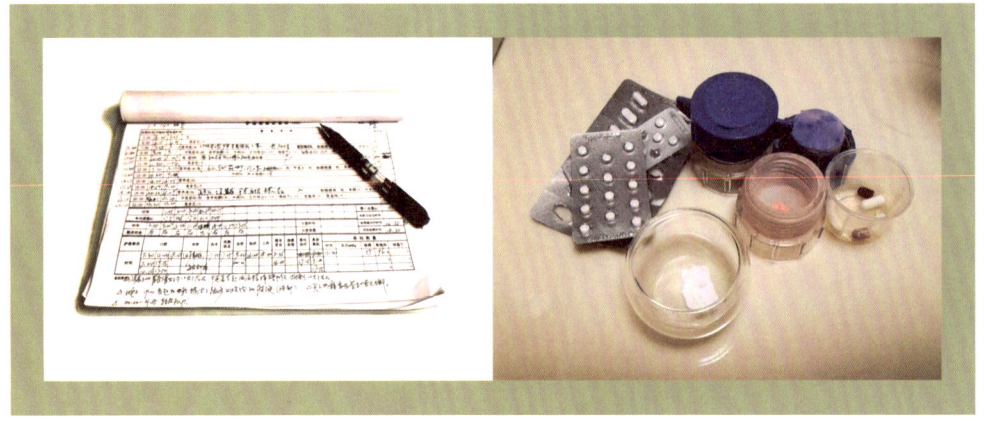

著名人物画家罗希贤为贾华岳、华荫庄所作《春怡图》。

我的岳母

我与我的妻子是1983年11月27日经人介绍认识的。1984年春节前，我和岳母第一次见面，是在宝钢医院，当时大舅在此治疗，或许这是命运的安排，这辈子我去医院的次数比同龄人多。

岳母为女儿准备好的出嫁的被子等生活用品放在家里，我正好有便车、也有钥匙，就自说自话地把这些都拉走了，她肯定很生气，这儿乎就是抢亲。

张庙铺地板、刷油漆，我做岳母的小工。在我的记忆中，岳母一直在忙碌，似乎不知道什么是累……

我尊重岳母，更佩服岳母，她是位坚强的女性，更是善解人意的母亲……在"文化大革命"期间，她遭受迫害数年，但平反后，她所做的第一件事，就是缴党费，我辈很难理解。

平反后，落实政策，她放弃闹市区几套住房，而坚持到张庙，理由竟然是为了一家人要在一起。

由于"文革"迫害，岳母身体很差，进出医院是家常便饭。有一次住院，她的病友是得白血病的外地女孩，她坚持几年给她寄治疗的药，尽管家人也有反对意见，但她一直坚持着……

为了自己的追求，退休后岳母一直坚持写作，《童年的梦》我是流泪看完的，接着她又写《思念》《沧桑》等书，因为是写她所经历的痛苦，所以我是反对的。我担忧，回忆苦难就等于折磨，几乎就是与自己过不去，可惜没有人支持我的意见。回忆过去，对岳母身心伤害极大。

生活中，我经常会与岳母抬杠，但我认为她是最善良、最宽容、最能忍辱负重的人。她比我母亲更苦，因为家里成员众多，有老母亲、求学的弟弟、姐姐的女儿、自己的儿女和老公……做人难、难做人，做得面面俱到，让所有家庭成员都满意，几乎是不可能的……

由于常年操劳、焦虑，岳母身体越来越弱，对岳母时下的状况，我非常伤感……

我的岳母很伟大，又很无奈，这或许就是人生吧！

伏中哲
2021.11.18

我身边的红色家庭

我认识身边这个红色大家庭有小 20 年了。

就是辈分上至今还没捋顺，为什么这样说呢？我父母的战友，管他们的父母叫叔叔阿姨，可是在我心目中叔叔阿姨一直是慈祥爷爷奶奶的感觉，离休老干部不都是老爷爷吗？为了对内避免心里感觉上的不适应，对外避免装小扮嫩的嫌疑，我就称呼老爷子贾老了。

来说说我知道的贾老家，情感催化剂贾老和家庭主心骨华老师吧。

早就知道贾老是抗美援朝志愿军司令员的文书，可是啥是首长身边的机要文书呢？直到看了主旋律电影《长津湖》才有感觉。苏轼说过，民不知兵，富而教之。普通老百姓不知军事，先使之富裕然后施以教育，说明开展红色思想教育工作的重要性。我现在能把首长宋时轮司令员人物立体化了，否则他只是一个名字，也对啥叫战地司令部文书有了大概的了解。所谓"兵者，国之大事，死生之地，存亡之道，不可不察"，那文书必须有文化啊，大老粗可是干不了不行的。贾老自年轻时就做事认真，不仅写字横是横、竖是竖，一笔是一笔丁丁整整，而且性格沉着冷静，任凭战壕外炮火纷飞，该记录啥记录啥，该誊写啥誊写啥。《东周列国志》里说，为将者，有勇不如有智，有智不如有学。贾老在战场上专心致志，一不出错二不害怕，抗美援朝苦战之所以能胜利，离不开每一个当兵的人。

身为人类，有着最普通的感情，有时会痛，受苦会哭，是什么使得亲历过长津湖苦战的贾老几乎从来不主动说战斗故事？对此，我认同 20 世纪德国思想家本雅明的话，就是说很多人以为战场上回来的人必定有很多故事要说，但是本雅明敏锐地观察到刚刚打完第一次世界大战的士兵总是满脸疲惫，无话可说。凡是见过地狱的人，就知道世间有言语无法形容的虚无，人的感情有不能承受的界限。同理，老兵不是给战争"打傻了"，而是实在无话可说无泪可流。他们太艰苦了，天寒地冻，我就知道贾老说冻得身子都麻木了、僵硬了，太苦了。

所以我眼中的贾老，是一个很稳很精很劲的老头。稳，即使病重躺在瑞金医院的高干病房，他也没有夸张地哼哼唧唧，稳定后当然也没有有事没事占据紧缺的医疗资源把医院当疗养院使。在命运的颠沛中，是很容易看出一个人的气节的。精，贾老有句名言，不开口么像一只傻瓜，开口么傻瓜一只。他就是教导我们小辈要敏于事而慎于言，办事勤勉说话谨慎，做人要多做实事少说废话，尤其是不乱说话。劲，贾老谨言慎行，他把心里的澎湃用刀，一刀刀篆刻成了一枚又一枚的印章，快剑长戟，镂心刻骨！总之他在卧床不起丧失生活自理能力之前，该治疗治疗该干吗干吗一码归一码，这一点给我印象极其深刻。

贾老得了免疫性疾病成人still病和体位性眩晕症，因为服用激素药物所以脑袋大大的，像无锡大阿福一样，又可爱又可怜，大脑袋瘦身体，看着着实让人心情复杂。现在更老了，病身最觉风霜早，归梦不知山水长，吃喝拉撒都离不开床，一点也不夸张地说，真的是到了风烛残年垂暮老人的时候。我爸爸也是转业军人，爸爸因病突然离世，现在每每看到病床上的老父亲老兵贾老，总有想去亲亲人家爸爸额头的想法。

贾老即便身体再虚弱，对华老师情比金坚的坚定感情，仿佛不会打折扣。他不放心她一个人在家，能早点出院回家就早点出院，能两辆轮椅并排摆放就两辆轮椅并排放，他牵她的手，舍不得放开，这一牵，已超过70年。这种真诚的情感真是让人心服口服，羡慕嫉妒没有恨，只有深深的祝福，祝福这对红色伉俪长命百岁。

朋友们，同志们，你们能想象吗？华老师和贾老，出过五部书，五部巨著哎！《童年的梦》《老兵印存》《思念》《冬天里的暖流》和《沧桑》上中下三册。啥也先不说，就说体量说字数，100多万字，我的妈呀，可谓"华贾文章在，光焰万丈长"！皇皇巨著，都是两位老人手写的，一个字一个字写出来的，这废寝忘食的创作激情！这挑灯夜战的惊人毅力！我觉得不可思议，实在是想不通，他们怎么做到的。二老不是专业作家，论贵是而不务华，事尚然而不高合，言论正确符合事实不力求辞句华丽，尊重正确而不推崇迎合，的确就像出版社专业编辑在《童年的梦》序里写的，诗三百篇，大抵贤圣发愤之所为作也；《诗经》的写成，出自于抒发胸中愤怨之情；贾老夫妇就是身边以笔书我心奋笔疾书的人，也不用扯西周春秋的古人了。

"文革"期间遭受迫害的人多了，但是平反后华老师所做的第一件事就是缴党费，我辈真心很难理解。老党员的觉悟，大概是我们要受很多很多爱国主义教育，上很多很多党课，才有可能企及一星半点的。

华老师很喜欢拍照，留影很多，我也就纳闷了，一个老太太怎么那么爱拍照？爱美。她爱一切的美，尤爱心灵的美。善良的华老师自己，就拥有一颗美丽的心！有一次住院，非亲非故完全萍水相逢的病友，白血病患者，条件比较贫困的农村人，华老师不仅言语安慰她，还坚持数年给她免费寄治疗的药，不求回报。在物欲横流的现实社会里，能有这么执着这么干净的人，听着像故事，但是是事实。

现如今，年在桑榆间，影响不能追，人到晚年的贾老和华老师都早已是白头人，问鬓边，都有几多丝，真堪织。我们也许不用也不必太伤感，他们二老在大家心目中温暖的正面的形象也不是两三千字能书得尽的。学习他们的精神，是我们的财富啊。

百岁光阴半归酒，一生事业略存诗。

推介大家有空读一下《沧桑》。

军　军

我的外公外婆

我的外公、外婆是和蔼可亲、善解人意的老人，给人亲近感。我和外公、外婆认识已有十多年的时间，第一次与两位老人相识是在长征医院分院，闸北区中心医院，记得当时和两位老人交流较少，相处也就半个多小时，但给我这个晚辈留下较深的印象。

在十多年的时光里，随着我对外公、外婆认识的逐渐深入，知晓两位老人在平凡的外表下，都拥有一颗不屈的心和不平凡的经历。外公和外婆均出生于书香门第，家风严谨，都十分重视教育，并不断延续了良好的家风家训，培养的子女都很优秀。

外公外婆年轻时，都积极投身到中国的革命建设当中，虽然当时生活条件都比较困难，物资匮乏，但都过得开心充实、幸福美满。外公在上高中时，就参加了中国人民解放军。今年是中国人民志愿军入朝作战 70 周年，外公当年也光荣地参加了中国人民志愿军，入朝后在华东野战军第 9 兵团司令员宋时轮将军身边从事机密文件工作，参加了震惊世界的第二次、五次战役，并荣立三等功，深得宋司令的赏识。长律湖战役为志愿军入朝作战留下浓重的一笔，震惊中外，长了中国人民志愿军的志气，打败美帝野心狼。

外婆很善良、正直，总是热诚地帮助他人。外婆日常最喜欢去的地方是书店和文具商店。由于她经常去文具用品商店买笔和纸张，时间一长，便与该店的一位年轻姑娘熟悉了。当她得知这个女孩结婚多年而不孕，小夫妻和公婆经常为了此事闹不愉快，精神压力颇大时，动了恻隐之心，想方设法，解囊相助，带她去沪上多家医院求医问药。经过多年的坚持，最终让这个女孩如愿以偿地做了妈妈。

外婆单位里的一位同事家在农村，上有两代老人要赡养，下有三个孩子要抚养，经济上常常入不敷出，外婆得知后，便以"小草"之名，常年给他们寄去慰问款。她还常年补助一位身体弱、子女多、家庭困难的老工人。

她热心公益慈善事业，扶危救困，经常给街道、居委会里有困难的居民捐款捐物，这样的例子不胜枚举。

1990年外婆住院治疗期间，认识同一病室中的一位小病友，因得白血病心中产生恐惧，意志消沉，精神处于崩溃的边缘。外婆讲述自己磨难的经历开导她、安慰她。老人的爱使这位小病友感受到犹如自己母亲般的爱，化解了心中的恐惧和压力，有了重拾生活的信心和活下去的强烈欲望；为了提高身体免疫力，外婆舍不得喝家人炖的鸡汤，全部给这位小病友喝了，使她的身体得到较好的滋养。后来的30多年里，外婆还给这位小病友提供了许多精神上的慰藉和物质上的帮助，陪她度过了许多艰难的时光，这是多么难能可贵的优秀品格啊。这位小病友很感激外婆的关心和帮助，多年的交往使得两人的关系发展成为不是亲人胜似亲人的母女关系，像这样的热心帮助他人的例子还有很多，外婆就是这么一位对所有人都非常好的人！

由于"文化大革命"的影响，两位老人身心都曾遭受过不公正的迫害，但他们都有坚韧的性格和一颗不屈的心，一直坚持到平反。外公外婆又积极投身到社会主义建设当中，外婆担任浦东一家大型国有纺织企业的领导，为企业的经营发展辛勤地工作、呕心沥血，帮助工人解决各种困难，许多工人都比外婆年龄大，但都很尊重外婆。外婆的父亲被日寇暴打致死，当时外婆年仅5岁，为了整个大家庭的生存，外婆12岁来到纺织厂当童工。苦难的生活塑造了外婆善良、真诚、顽强、敢爱、敢恨的人格特质。正是这种性格，使得外婆的一生经历了许多磨难。这些磨难磨砺出外婆做人有格局、做事稳重踏实的优秀品质，深受纺织工人们的爱戴和拥护。

两位老人离职退休的十年中，以惊人的毅力完成了一百多万字的创作。如百花文艺出版社出版的自传体小说《童年的梦》、画报出版社出版的长诗《思念》、外公篆刻外婆配诗的《老兵印存》。最难能可贵的是，与外公一起合著了80万字的长篇自传体小说《沧桑》。这些作品体现了外婆的爱和恨，苦和乐，经历和感悟，理想和奋斗，勤奋和执着，认真和忘我。外婆是一位普通的女性，但是在她的生命中，孕育着优秀和一颗不屈的心。

我作为晚辈，又是一名中共党员，能强烈感受到外婆对信仰的执着追求、对梦想的坚持不懈和对美好生活的憧憬。即使在"特殊年代"遭受迫害期间，外婆对党依然保持着绝对的忠诚，平反后，所做的第一件事情，就是缴纳党费。在建党一百周年纪念日，外婆又上缴了一笔数字可观的特殊党费。外婆的一生虽然充满坎坷，但无怨无悔，对党组织坚贞不移，始终热爱我们伟大的党，紧紧跟党走。外婆的言行深深感染着我这个晚辈，这也是对我们年轻一代党员的言传身教，比教科书更加真实、接地气。记得有次外婆给我讲"人"字是由一撇一捺构成，要我们勇立于天地之间，浩然之气充满全身，堂堂正正做人，踏踏实实做事，做个对社会和家庭有用的人。我谨记外婆的教诲，勤奋地学习工作，不断完善自我，充实自我，挑战自我。

现在外公外婆已进入耄耋之年，身体状况不如前几年，作为晚辈看到外公外婆身体状况很是心疼。现在我们生活在新时代，生活条件和医疗设施等和以前相比有天壤之别。我们作为晚辈深深地祝愿两位老人身体状况逐渐变好，健康长寿，给后辈人更多的孝敬机会，留给后辈人更多的陪伴时间。

戈新良

注：戈新良是一位从事金融工作的博士晚辈，他把我们的父母称为外公、外婆。

第五篇

历史人所造,人因历史留。

祖辈历沧桑,吾辈更图强。

无知应更勤,毋骄也毋谄。

人生终有限,相期日日新。

春风化雨,
　夏露凝香。
为每一次不变的纯真。

岁岁重阳今又是,少先队员们祝外祖母重阳节快乐。

感谢尊敬的长辈——太奶奶、爷爷、奶奶为我们上了生动的一课。

彼此的点亮

"回望过去的同时,定要用微笑点亮未来"。

【今】

前些日子的一个周末,厨艺不精、不咋下厨的我,给两岁半的小女儿做了一道菜。

"宝贝,这是爸爸小时候最爱吃的菜哦,你要不要尝一口,试试看什么味道?"

"好呀——啊,这个好吃好吃的,叫什么名字的菜,爸爸?"

"这是糖烧土豆块,是爸爸小时候我的外祖母经常会做的菜。"

"是太太做的吗?"

"嗯,是你的太太,也就是太外祖母做的……"

今日此刻的上海,温度骤降,冷到连手都得放到带绒的西装口袋中去,再不想拿出来。近两年的秋,也是短得几乎没有什么存在感,夏日的酷暑,一瞬,变成冬日的凛厉

【菜】

1994年冬,我9岁。也是这样寒冷的傍晚,我和7岁的表弟两人在外祖母家附近的梧桐树下玩耍得忘却了时间与寒意。一般这时候,外祖父都会出现,来叫我们回家吃饭,只隔一条马路就能到的住所,他却每次都会使出他老人家所有的气力,运于双掌,死死地拽紧我和表弟的小手,过那条其实并不怎么宽,车也谈不上多的马路,嘴里嘀咕着"车很快,很危险……牵你们俩我要用吃饱人参的劲道才行"。到家,已双手通红又疼痛的我们,在看到那一小圆桌却满到已放不下的,外祖母做的红烧肉、腌笃鲜、切片香肠、青菜双菇等等佳肴,瞬间就忘却了手上的痛,没等她从厨房把汤端来,我们就张开双臂扑上前去。当然,我们都爱的这道菜,糖烧土豆块,永远都在显眼的位置,热腾腾地摆放着。

父母第一个第三代——牛儿，自幼受到外祖父母的疼爱，在他们温暖的怀抱里享受着幸福。

【信】

后来随着长大,去外祖母家的次数就越来越少了。不过她知道我喜欢用六神花露水,喜欢那种让我备感振奋的味道。有时,就会给我捎上几瓶,同时写几张寄语卡片(现在看来,这可归为一种简信),然后通过我的母亲一并给到我。关于卡片信,这里稍作下解释:外祖母喜欢收集和制作卡纸,比如一些比较硬质的药盒和牙膏盒等。她会悉心将其裁剪、修边,并用皮筋捆扎成一叠,小心地放好。于她而言,这些硬卡纸背面的空白,褐中泛灰的材质和卡片尺寸,都是极好的书写媒介:工整,不透墨,易于手写,易于留存和收纳。所以于她而言,这些卡纸,是她作为摘录、写谨言及写"信"的既好用又易得的物料。她将信念通过它们,落地成了信件。

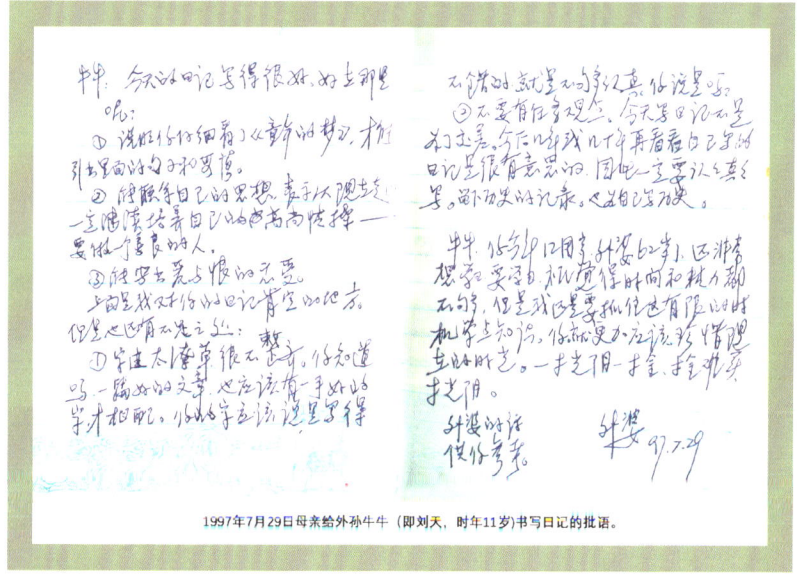

1997年7月29日母亲给外孙牛牛(即刘天,时年11岁)书写日记的批语。

【力】

在记忆中,外祖母那种坚韧的精神力,也给我留下了深刻印象,包括给我的信中,她也反复提到一点:"人一旦找到了自己的方向,就要拼命地去努力,去追梦,不要留下后悔,有毅力的人会完成自己的目标。" 那时候,我看到这段话,并不能切实体会其中的意思,但现在回想起来,她其实一直都在身体力行地做着表率,虽然对于她而言,这只是种常态,而并非刻意为之。

回想后来我大些了,读中学了,寒假住她家,每当我和表弟钻进热腾的被窝昏昏入睡之时,她依然在案前的格子纸上,一笔一画地埋头书写着文章,时而又静静地阅读,直到深夜。 就这样,在我的记忆中,伴着老旧台灯映射在天花板上的暖色光芒和外祖父连绵起伏的低沉鼾声,我们都相继深深进

在牛儿的记忆里,从小就得到了外公、外婆太多的关怀和爱护,你们为我辅导功课,给我写信,给我讲了很多做人的道理。

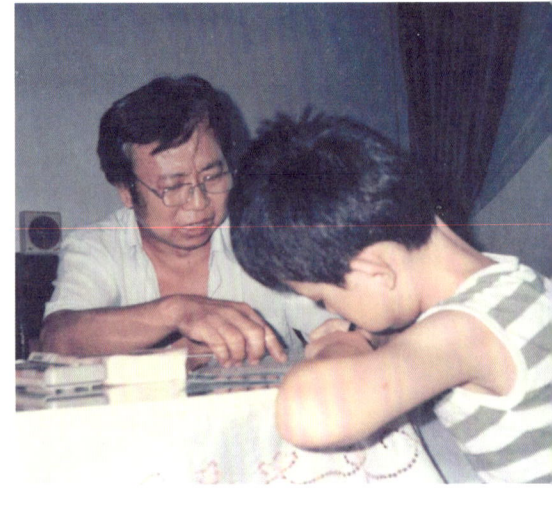

入梦乡。有时，因内急而起的三更夜，隐约，那个有力的身影和那道浅浅的暗黄色暖光，仍辉映在我回到暖床之后继续熟睡的脸上。

【爱】

"刘天，你推荐我看的《乔布斯传》，这本书真的很好，外祖母认真地看了两遍。你们赶上了一个好时代，外祖母小时候没上过几年学，不像你们都上过大学，但我还是读完了，有时间跟你说说。对了，你最近还看了什么书呀，可以再推荐我看，我会看的，因为外祖母很爱很爱看书哦。" "好的，外祖母，那个……" 哔哔哔……电话那头挂断了，与她老人家的通话，有时也会毫无准备地结束……想来其实这是一种老人家过度的识趣和怕打扰到小辈的担心，担心他们觉得自己像别的老人一样年纪大了啰嗦而主动设立的善意边界……虽然，她说话反而是经常言简意赅和突出重点。

上面那段电话的彼时，转眼间，我已是开始工作了。由此可见，很明显，

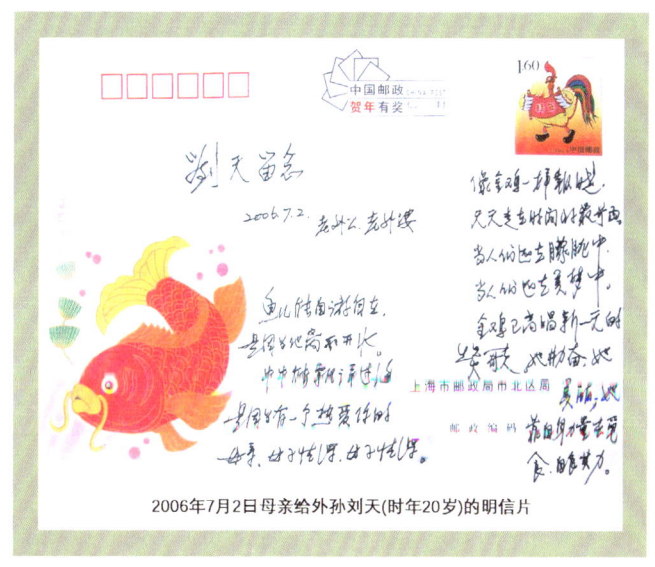

2006年7月2日母亲给外孙刘天（时年20岁）的明信片

她那种对于阅读的痴和爱，是完全不容置疑的。同样，那也演变成我与她，两个个体的，独特的沟通方式。所以，再再后来直至今日，发生在我身上的这种近乎"报复性"的高强度阅读习惯，现在想来，其实也受到了我外祖母不小的意识启蒙和积极影响。

【礼】

如今，花露水和书籍这两样东西，是我不论，住在哪个地方，位于哪座城市乃至国度，都会带着，且必不可少的物件。因为这也是我的外祖母曾经送我的那些小礼物中，我最爱的两件。当然，书和花露水，对于不少人来说，

愿幸福与欢乐与你们同在——我亲爱的外公、外婆。谢谢你们对我的教诲！愿岁月静好，时光不老！

或许并没什么了不起，尤其是花露水。

但时至今日，它们对于我这个家族中的一员而言，早就不是一种简单的"礼"了，它们是一道"菜"，是一封"信"，是一种"力"和永恒的"爱"。

＊外祖母曾在回忆苦难时会说一句：

"忘记了过去意味着背叛。"

＊允许我补充一下它的下半句话：

"若活在过去将导致灭亡。"

所以，我不会变的主张就是：

"既然已被点亮，未来就向前看。"

【过去，可作为片面的参考和浅浅的指引】

- 但它已落叶

【未来，才是那个可以触达的梦想与星空】

- 而它将结果

"回望过去的同时，定要用微笑点亮未来。"

刘 天

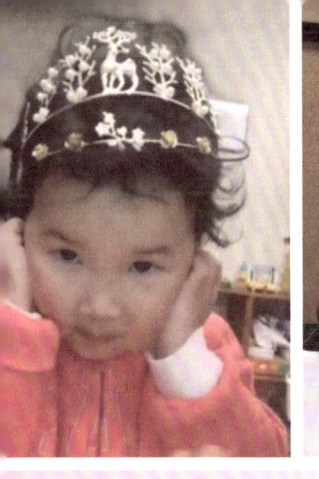

迎着阳光,幸福成长。

脊梁与催化剂

在很小的时候，我的父母都很忙，家住在宝山的长江边，每隔一段时间最开心的事儿就是可以乘车两个小时去外公外婆家和我的表哥一起打今天的"扔小炮"（这是一种会发出声响的纸质小炸弹）。

记忆中的外婆总是不断地忙碌着，每天清晨四点多就起床，她总是一个人趴在地上把家里所有的地板用几块很破但是很干净的抹布擦拭两遍，然后给我和表哥烧早饭。辣肉面加荷包蛋居多，外婆看着我们狼吞虎咽三下五除二地吃完，立即把碗收拾干净。外公起来后会让我们先练一会儿字（这对我们影响很大），然后就开始了一天没大没小的生活。逛公园，看日出，骑自行车，去花鸟市场……记忆中的点点滴滴在我长大以后慢慢感觉到，外婆是承担整个家族的"脊梁"，而我的外公呢，是整个大家庭所有心情变化的"催化剂"。开心的时候他会和我们一起趴在地上做游戏，玩玩具，演绎警察抓小偷的角色游戏。但是，他也有突然不开心的时候，也许只是一张老照片，一段关于往事的对话，或者一瞬间自己的回忆，慢慢地我也能感知他的许多后悔、无奈、忧伤……慢慢地他们都老去了，外婆不再有能力重复地做体力劳动来宣泄心中的不满了，外公也不再无数次述说早就没人想听的往事了。现在的我们只想记住他们给我们的爱，给我们的快乐，并且传承下去，把一切痛苦的、不开心的往事随着记忆文字的叙述在我们这代随风飘远。

伏寒

2021.11.18

注：伏寒出生在1987年，是丁卯兔年。父母为伏寒取的小名叫"兔兔"，希望他天真活泼、认真细致、慈悲谦让。

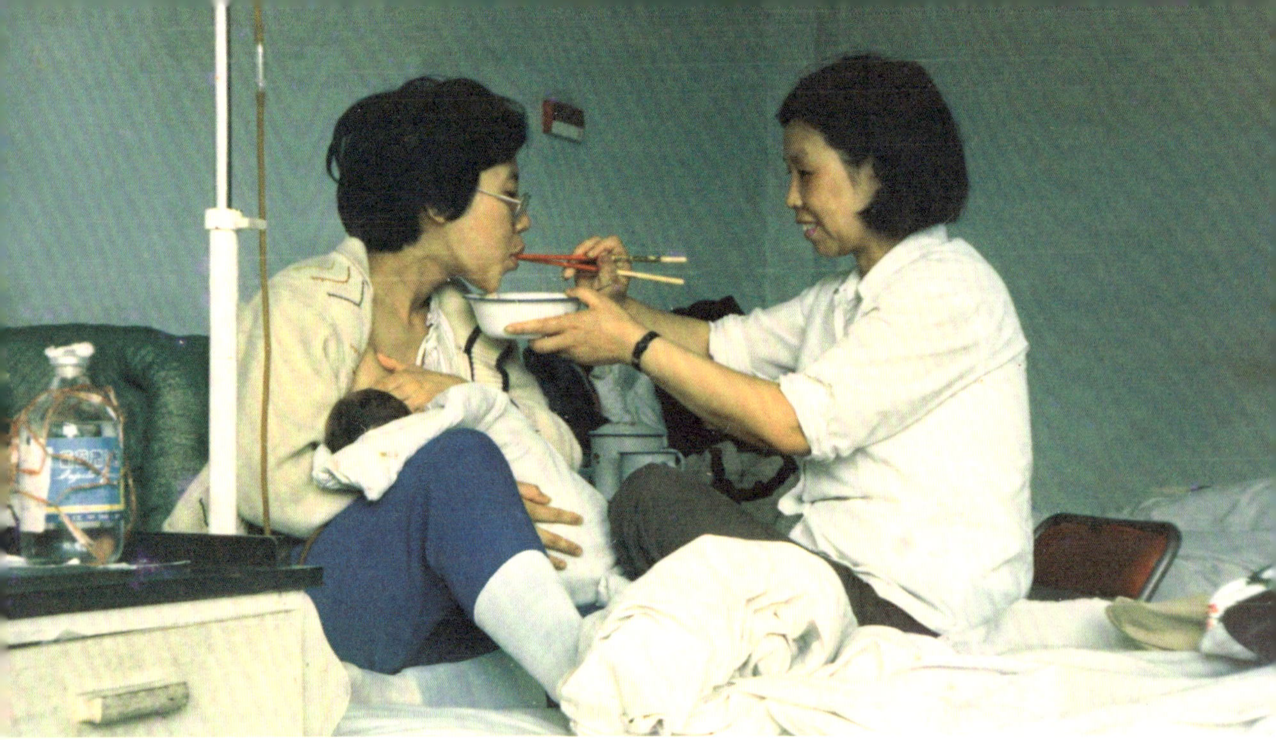

母亲，因您的爱，我成长为母亲，我又重演着您的角色。

眼有星辰大海，心有繁花似锦。

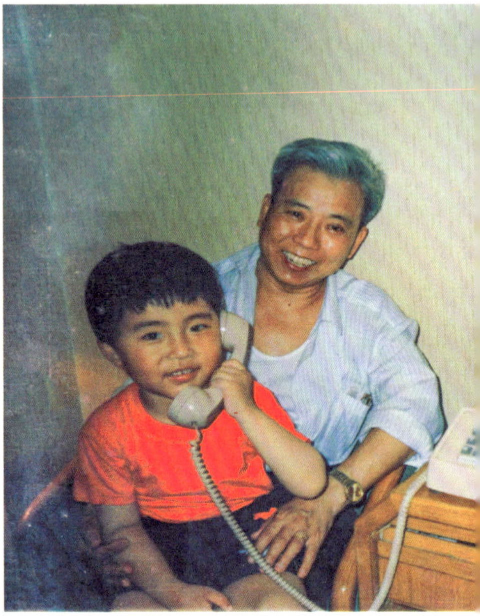

外祖父教兔儿打电话

传承

这几天我晚上回家比较晚,老是看到母亲半夜一个人趴在桌子上在为《一路走来》这本书写东西,有时候看到她一边写一边在流泪。

夜深了,我给她倒了一杯热水,就坐在她身边,轻轻地问了一句:"老妈,每天晚上弄到这么晚您累不累呀?"母亲眯着眼跟我说:"心累呀,毕竟是回忆那些尘封的记忆,现在抓紧时间做这些事,就是希望外公外婆能开开心心地看见这本书的出版。"说完这些话,她又继续写她的东西,而我却愣在一边很久很久。

在我心里一直觉得对待长辈的孝敬、恭顺主要应该体现在:你们想吃点啥,我就去买;你们想出去玩玩转转,我来安排;你们去医院看病,我来开车;你们的需要,我来执行就可以了,也不曾考虑过其实我们家的老人有很多精神上的需求。联想到我小的时候,那时候太太年纪已经很大了,她住在姨妈家,而外婆总会去帮她洗头、洗脚、擦身、剪头发之类的,当时总觉得这些生活上的事情让保姆小王阿姨做就可以了,外婆应该多休息休息才是。转眼,现在的外婆外公也老了,母亲和姨妈他们这些长辈又开始周而复始地做着老一辈曾经做过的在我们小辈心中劳力伤神的事情,这些日复一日、年复一年的行为就在那天晚上突然让我触动很深。原来生活是可以战胜观念的,生活中的许多东西会使我们的生命状态发生一种根本性的变化。原本我觉得母亲也好,姨妈也好,有时间应该好好享受一下退休生活,出去旅游,享受美食,甚至跳跳广场舞,可是他们仍然亲力亲为,不辞辛劳地对外婆外公(这方面姨妈是很厉害的,精细到每一餐)在精神上、生活上加以照顾和护理……其实这一切都是刻在中国人骨子里最深层的孝道,并且他们的言行已深深地感染了我们这一代,我相信这种"家风"将在我们这个家族一代代地传承下去。

这也许就是长辈们出这本书的初衷吧。

伏 寒

相濡以沫——
　　甜甜的爱，
　　深深的情。

江山代有才人出，
各领风骚数百年。

兔儿自称：
虽非栋梁之才，
也非寻常之木。
男儿当自强！

父母的第一个第四代伏正熙。

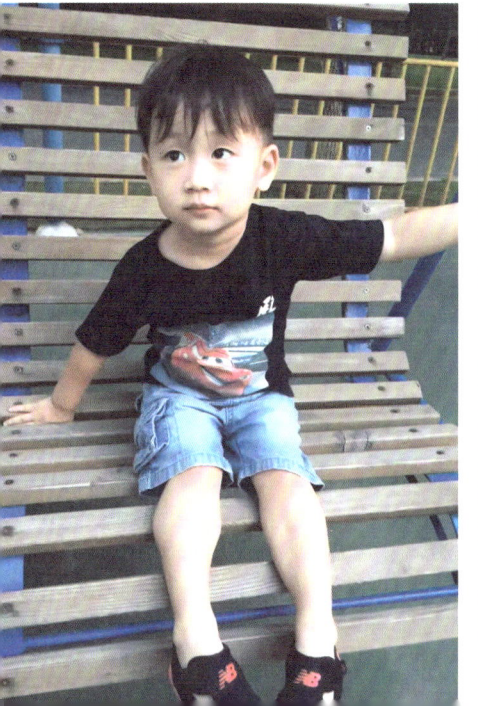

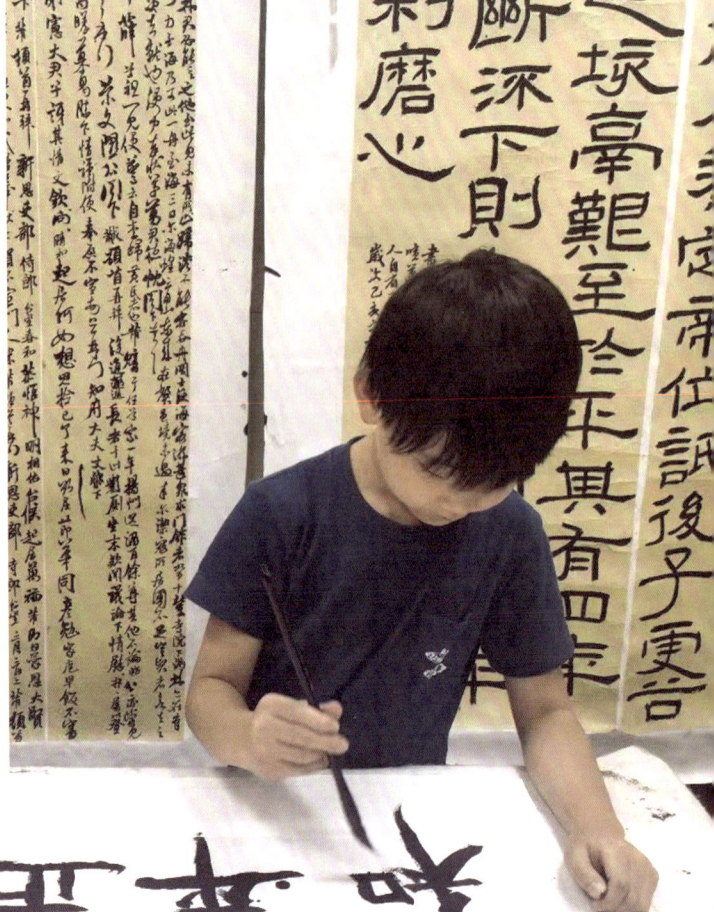

天生我才必有用

对我来说

他是一位作家，一位在我小时候每天盯着我练字的老人，71 年前是一位抗美援朝的中国军人。

他是我的爷爷，贾华岳。

她是一位作家，一位从我幼儿园毕业便教我用胶片相机拍照的老人，73 年前是上海一家纺织厂的童工，当时仅 12 岁。

她是我的奶奶，华荫庄。

我是一位企划工作者，三年前是一名摄影师。

我是贾一。

我们 90 后，鲜有提笔写字的机会，同龄人中我的字迹大概算得上点画略有筋骨，字体自然雄媚。大家给面子，常点赞我字好看，这完全归功于爷爷的书法启蒙。

小学每逢寒暑假，我总会住到爷爷奶奶家开启"诗书画假期"。那时年幼无知不懂事，每当爷爷让我练字的时候，我心里多多少少有一丝丝反感和抵触，字会写、别写错，不就得了么，为啥字还要中透边透要洞达，字还有疏密肥瘦，当时我并不知道练字这些事有啥好处，会给我以后的人生带来什么帮助或者说变化。而爷爷似乎早就看透了这一切！他逐渐为我减少每天练字页数，并没有逼着我一定要完成，他培养和引导的是我对书法的兴趣，否则男孩子的爱好不多是打电游吗？现在的教育理念都说兴趣是最好的老师，这样想来我爷爷还挺超前的，若野蛮填鸭式，野蛮地跑量，我写出来的字兴许也逃不了是蟹爬体的。

记得那时早上，我睡眼惺忪刚醒的时候，经常可以朦胧地看到爷爷伏在南阳台那边的写字台上，一笔一画为我写好练字的范本，用尺子横过来竖过去为我画好写字的空格，在早晨的阳光下，逆着光的爷爷，宛如家里的一座

爷爷、奶奶慈爱的目光中,蕴含着多少祝福和希望。

山，显得那么厚重那么温暖。妙手何人为写真，只难传处事精神！爷爷高大的背影，让我有了敬畏感。

我父亲小时候写作业时被爷爷没收橡皮的故事，估计我这一生都会记得。爷爷对我是隔代亲，虽然没有按照一个字都不能写错的高标准严要求，苛求我这个唯一的孙子，但这种做人画竹必先得成竹于胸中的格局观，做事意在笔先一丝不苟的法则，形成了我如今在工作中心正笔正、追求完美的态度。

所以，每次小时候的假期过了三分之一，我就没有那么反感练字了，甚至可略略体会欧阳修说的，明窗净几笔砚纸墨皆精良，亦人生一乐事也。那是与看动画片不一样的快乐。现在爷爷耄耋老矣，我也早已不是小孩子，真心体悟到《次韵答舒教授观余所藏墨》说的——非人磨墨墨磨人。

人要获得长期的发展和内在的完整性，不能仅满足外在的期望，必须唤醒自我。人需要有自我核心和保持自我核心的勇气。

谢谢爷爷啊，您以身作则，潜移默化告诉我字如其人，做人要有骨气。

摄影技术，成为了我不可或缺的技能。

奶奶，给我的深刻记忆，除了她总会做我最爱吃的红烧土豆块，无外乎就是她特别喜欢拍照！哪怕后来的数码相机功能越来越多，成像越来越清晰，她对她那个黑色外壳胶片机的钟爱程度也从来没有一丝改变。

现在走在路上，我也常会用相机抓拍生活中最真实的影像，没有硬拗出来的造型，没有夸张做作的表情，更多的是那种灿烂的笑容、安静的等候和不经意间所形成的巧合。不夸张地说，奶奶是我们大家庭里的 Marc Riboud，奶奶总爱用相机记录我生活中的点点滴滴，譬如说，我笑嘻嘻拿着与我人一样高的扫把在阳台上但却并没有扫地的搞笑样子，我和牛哥在床上光着膀子头顶头汗津津互相嬉闹的样子，一切都是那么自然。现在，每当内心世界无法被表达的时候，瞬间的记录，我就用镜头说话。日常出门带的相机也从单反变成了最简单的胶片相机，胶片机的成像往往都会让我想起小时候，奶奶拍的海量相片，用这种复古行为大概是怀念奶奶健康的模样。

奶奶现在老了病了，她再也拿不起心爱的相机了……

我成为了一名摄影师。

《起跑线——贾一日记作文选》是我五年级时出版的一本书，为这本书，奶奶花的心思和我完全无法相提并论，我在这本书中的付出，有一半甚至三分之二都得归功于她！若没有奶奶每天督促我、鼓励我练笔写日记，也不会有这本书的出版。最开始写的时候，我经常会觉得没有内容可以写，硬凑字数的事也是常有发生，从一个日记本上两三行字的小朋友，到后来如何变成可以灵感一来，就辞人赋颂，为文造情，字数早已不是问题的人，是奶奶告诉我，不学博依，不能安诗。

奶奶说，生活中的很多细节都值得被记录，广泛地比喻，志足言文，情信辞巧，写文章的金科玉律就是思想要充实，语言有文采。真诚且巧妙地去写，每天哪怕写一两句话也都可以，不要怕写不出，要敢于练笔，智勇双全面对困难。奶奶时而严格时而宽容，才有了我之后初中时比较愤青的笔锋，乃至后来留学后，学生会需要我写一点什么时，我感受到了啥叫文若春华，思若涌泉。

活出真实的自己，是一个很奢侈的话题，太多人其实儿童时就关闭了这方面的探索，要知道我曾经是个写作文常常难产的超级困难户唉，语文老师都快要拿我没辙了。

谢谢奶奶，言传身教，此身合是诗人未，细雨骑驴入剑门。我大学时告知家里想由热门的商科转冷门的艺术人文，奶奶和爸爸表示理解，这是很可贵的支持。

爷爷，对我来说，是唤醒我的人。

奶奶，对我来说，是接纳我的人。

他们俩，都深深地，深深地影响了我的人生。

贾　一

注：贾一出生在1996年，是丙子鼠年。父母为贾一取的小名叫"好好"，希望他聪明机灵、纯良温和、具有强大的生命力。

祖孙对弈，童叟无欺，欢乐无穷。好一幅含饴弄孙的天伦之乐画面。

爷爷、奶奶看着孙儿一天天长大，脸上挂着慈祥而灿烂的笑容。

铭记历史，发奋图强。

一晃眼，好好已经长成一个聪明可爱的小学生了。今天爷爷、奶奶、爸爸与学校校长、老师在一起合影留念，对好好来说是难忘的时光。

爷爷、奶奶希望好好珍惜光阴，刻苦学习，怀有兼济天下的胸怀与抱负。

风雨沧桑坎坷路,放下奔波享人生,儿孙膝下多缠绕,天伦之乐共此时。

有一种幸福叫"祖孙同乐"。
岁岁年年,祝福平安。

寄语父母

这本《一路走来》图文集，是父母继完成了《童年的梦》《思念》《老兵印存》《冬天里的暖流》《沧桑》之后一直想圆的梦。今天由大姐发起，在罗老师的艺术指导下，要在一个月内把一万多张照片分类，把几十年前的书信整理，把子女对父母、孙辈对祖辈所思所想转化为文字，完成一本用真实文字还原那段真实历史的作品，这工作量之大，远远超过了我们的想象。因为我们也已经是60多岁的人了，如果我们不做，将来很难会有人来做这件事。这就是我们必须时不我待快马加鞭来完成出版这本书的原因之一。

父母的人生充满了故事，而这些故事又启发和影响着我们的人生，使我们接受到了传统教育，有了正确的三观，为我们日后的学习、工作、生活打下了基础。

父亲是一个有追求的人。"老贾的追求是永无止境！"这是他单位的党委书记对他的评价。由于他的执拗和率直，在历次运动中，都没有逃脱被整的厄运，但也正是他的坚持和永不言败的精神，成就了他精彩的作家梦。在他离休以后，先后出版了《老兵印存》《冬天里的暖流》《沧桑》等作品，使他的夕阳更加灿烂。

父亲是一个一丝不苟的人。誊写一万个字，不会错一个字。这是他在首长身边工作练就的硬功夫。用在我们子女身上，就是我们小时候铅笔盒里是不允许放橡皮的，这就意味着不能写错字。在做家务时，要求我们切韭菜，长短要一样，这些近乎苛刻的要求，培养了我们一手还算拿得出手的好字，也养成了我们仔细规范精益求精的良好习惯。在漫长的学习、工作中受益匪浅。

父亲又是一个很"潮"的人。从前家里有一把他从朝鲜战场上，从美国鬼子手中缴获的刻有USA字母的精致小刀，在那个动荡时期被抄家带走，就是这把小刀差点被视为敌特分子，挨了好多整，吃了好多苦。上世纪50年代，他用转业的经费买了一辆德国产的自行车。要知道那时候拥有这样的自行车，是多么的酷。1976年，电视刚出来。他就率先买了一台电视。左邻右舍都到我们家来观看电视节目。1982年家里买热水淋浴器了，结束了到澡堂子去洗澡的生活。1985年电脑刚出来不久，他就开始自学文豪机，打字的速度比年轻人还要快。1989年开始玩摄像机，留下了许多珍贵的影像作品。再接下来，他就开始玩手机、iPad和微信，并在手机上每天完成2000字左右的回忆录。他的这种善于学习、善于钻研、接受新事物的能力，绝对不逊色于年轻人。

母亲是一个灵魂饱满、内心坚定的人。《童年的梦》是她的处女作，也是爱国主义教育宣传读本。她不辞辛劳先后为少年儿童签赠送书达2000多本。她始终教育我们，人生要有目标，要立志。她说，有志者立长志，无志者常立志。少年立志，长大才能成才。她为我们姐弟仨设定的目标是：大姐当文学家，我成为医学家，弟弟成为艺术家。为了这"三家"，"文革"期间屡遭批斗，饱受苦难。

母亲是一个情感丰富、个性鲜明的人。长诗《思念》是她的代表作，她用长诗的形式，叙述了对母亲的思念和对弟弟的追忆。她把生活的细流汇聚成澎湃的思想，也充分展示了她最圣洁、最温暖、最柔弱、最动人的内心世界。

母亲是一个极具社会责任感和使命感的人。近80万字的纪实小说《沧桑》的出版，给"文革"历史留下了宝贵的研究资料。正如在《沧桑》的研讨会上，原上海市副市长谢丽娟女士说：华荫庄是一位时代的勇士，我敬佩她的才华，更赞赏她的勇气，她用客观、公正的视野记叙了一段难忘的历史，我向她致敬。著名的社会学家邓伟志先生说：含着泪读完《沧桑》手稿以后为《沧桑》写了序，这80万字是"天合之作"，是经过漫长的10年时间由夫妻反复切磋才得以完成的作品。这需要的不仅是行动上的努力，更需要是一种心智上的勤奋。《繁花》作者金宇澄先生在《沧桑》研讨会上说：这是一部让人感到有魅力的书，这个魅力包括语言的魅力、文字的魅力、思想的魅力和生命的魅力，这是对历史的贡献。

我的父母是普通的人，也是平凡的人，但他们用自己的普通和平凡，给我们子女留下了丰富的精神宝库，使我们拥有一份丰盛而饱满的生活。

华　泽

2021年11月20日

参与编辑《一路走来》的心得

在收集、整理、编辑《一路走来》资料的日子里，时常会在我的眼前展现出一幅幅真真切切的景象：一对出生于不同文化背景下的男女，分别踏上了求索、奋斗的漫漫人生之路。他们拥有才华，勤于努力，不懈追求，他们本应该有美好的前程。

然而，他们却经历了战争，经历了颠沛流离，经历了生离死别，经历了十年浩劫，经历了桩桩冤案，经历了太多太多常人难以忍受的苦难。但是，他们始终坚信一定会看到真理的光芒。

苦难造就了他们的坚韧与顽强，坎坷坚定了他们的梦想与追求。他们闯过了一道道生死关口，有幸存活了下来。

随着时代的变迁，他们终于盼到了平反昭雪的那一天！

尝尽人间苦与寒，蹉跎半生志不息。

幼学壮行犹未晚，日月如梭争朝夕。

回顾岁月的艰辛、遭受的冤屈，他们没有抱怨，更没有消沉。他们满怀的是对党和人民的感激，对曾经给予他们帮助和支持的人们的感恩。他们把余生投入到了之后的工作中。

他们是幸运的，也是幸福的。那些曾经的苦难，成为了他们的精神财富，成为了对社会奉献的动力，也成为了这个家庭的深深印记。

这是一个情感人家。在这里，处处有情，事事见情，声声道情，字字书情，物物思情，时时都生活在情感的世界里。

现如今，已是耄耋老人的他们，儿孙绕膝，生活在盛世年华，他们在儿女的悉心照料下，乐享天伦，颐养天年！

一路走来，是人生的历练，是善恶的搏击，是岁月的磨砺，是信念的执着。

一路走来，是对真理的追求，是对亲人的怀念，是对生活的感恩，是对生命的感悟。

我有幸参与了编辑组的工作，让我感触良多，获益匪浅！

《一路走来》编辑组　凌　风

2021年11月23日

后 记

在2022年新春到来之际，我们编写的这本《一路走来》即将付梓出版了。她真实记录了一个历经百年风雨沧桑的家族历史，摄录了四代人艰难又敦实的脚步，旨在让人们了解这个家族的昨天、今天和明天。愿这本经过两个多月编辑出来的图文集，能够作为一份新春礼物，献给我们亲爱的父母亲和普天下的父母亲。

在本书编辑过程中，得到了原上海市副市长、市政协主席蒋以任，原上海市副市长、市政协副主席谢丽娟，原上海市副市长、市政协副主席左焕琛，原上海市政协副主席陈正兴，原南京军区空军副司令员韩德彩中将的关心和支持。他们分别为本书题字和题写了书名，这使我们感到非常荣幸。在此，向他们表示衷心的感谢。

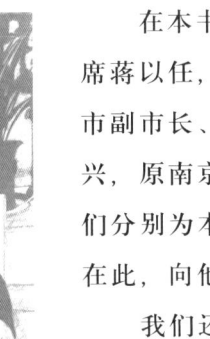

我们还要感谢原全国政协常委、上海大学终身教授邓伟志先生，在百忙中专门为本书作序（他在18年前，曾为我们父母80万字的自传体小说《沧桑》作过序）。

在编辑过程中，自始至终得到了著名人物画家罗希贤老师、罗一老师的鼓励指导和大力支持，提出了许多很好的意见和建议。他们克服时间紧、内容多、任务重的重重困难，不厌其烦，尽心尽力，一遍又一遍地修改和编排。编审校对是件极为细致和耗时的工作，他们加班加点，发扬"啄木鸟"精神，当起了图文集的"大夫"，一次又一次地把文中的病句、错别字找出来修改纠正。在此，向他们表示诚挚的感谢。

本图文集通过一幅幅照片和一段段文字，汇集成了近一个世纪以来的家族写真集。我们在编辑时，坚持一个原则——原始的叙述。以尊重历史，尊重个性为前提，既要有鲜明的时代特征，又要以坚持思想性强、观点正确为宗旨，以达到追溯与感悟心灵之源、呼唤灵魂之声、启迪后辈的初衷。

在国泰民安、盛世年华的今天，我们驻足回望，把目光再次投向近百年以来的风雨变幻，那个曾经生活其间的历史阶段，给我们带来了巨大的心理冲击，时不时地会有一股浓烈的辛辣滋味涌上心头。一路走来，是艰难坎坷的，也是满怀希望的。前辈们执着的追求，不懈的耕耘，为国为家，奉献社会的艰辛历程，凝结了他们太多的心血、汗水和泪水；那跨越时代的坚韧，以及从苦难里萌发出顽强的生命力和积极面对生活的态度，是值得我们一代代铭记的人生文化。

一分耕耘一分收获，春华秋实，我们迎来了丰收的季节：外祖母生前就拥有了第五代，父母也早已有了第四代。

正言正行正思维，才能获得源源不断的正能量。传统文化的教育，是根本的教育，唯有以德传承，才能让后代真正地成人成才。很长时间以来，总想把发生在我们身上的普通而不寻常的、平凡而又坎坷的故事，告诉给下一代，再下一代，要让现在的年轻人了解近一个世纪以来的风雨岁月，希望能带给后代对中国传统文化的感动和召唤，帮助他们加深对时代和生活的理解，珍惜现在的时光，对于推动社会、家庭和个人的文明进步起到积极的促进作用。这是我们编写这本书的目的所在。

由于编者水平有限，时间仓促，疏漏错误在所难免，敬请读者批评指正。

编　者

2022 年 1 月于上海

图书在版编目（ＣＩＰ）数据

一路走来 / 黎泽文编著 . -- 上海：文汇出版社，2022.11
ISBN 978-7-5496-3897-0

Ⅰ.①一… Ⅱ.①黎… Ⅲ.①回忆录－作品集－中国－当代 Ⅳ.① I251

中国版本图书馆 CIP 数据核字 (2022) 第 185016 号

《一路走来》

编　　著／黎泽文

策　　划／罗希贤

责任编辑／戴　铮

装帧设计／罗　一

图片整理／凌　风

书名题字／徐　梅

出版发行：文匯出版社
　　　　　上海市威海路755号
　　　　　（邮政编码200041）
经　　销：全国新华书店
印刷装订：上海颢辉印刷厂有限公司
版　　次：2022年11月第1版
印　　次：2022年11月第1次印刷
开　　本：787×1092　1/16
字　　数：360千字
印　　张：26
ISBN 978-7-5496-3897-0
定　　价：98.00元